博士文库

U0884993

建设高等教育强国：城市群视野下的大学群发展新论

Jianshe Gaodeng Jiaoyu Qiangguo:
Chengshiqun Shiyexia de Daxuequn
Fazhan Xinlun

刘祖良◎著

知识产权出版社
全国百佳图书出版单位

图书在版编目（CIP）数据

建设高等教育强国:城市群视野下的大学群发展新论 / 刘祖良著. —北京: 知识产权出版社, 2015.3

ISBN 978-7-5130-3075-5

Ⅰ.①建… Ⅱ.①刘… Ⅲ.①高等教育－发展－研究－中国 Ⅳ.①G649.21

中国版本图书馆CIP数据核字（2014）第232259号

内容提要

城市群正在改变着我国社会综合版图，成为国民经济发展新模式。所以要进一步做强城市群需优先考虑做强城市群地域大学群；做强城市群地域大学群又可以成为建设高等教育强国的重要抓手，是“化整为零，集零为整”的建设高等教育强国策略；大学群与城市群耦合集聚—溢出，从地缘战略上打造中国多极、多轮驱动的“小极化，大均衡”的创新强国格局，尽快缩小东中西部差距，加速我国整体向强国跨越；做强城市群地域大学群还有助于“部分地”打破我国当前各省高等教育“割据发展”局面，促进城市群高教资源整合、优势和特色化发展。

城市群地域大学群一般由核心圈层、辐射圈层和散射圈层构成。要使大学群与城市群共生发展，需将大学群从自然集合体状态转变为组织共同体发展状态。任何一个城市群地域大学群发展都肩负着国家与国际发展使命、城市群地方发展使命和大学个性化发展使命。“四项使命”需协调有序发展，遵循大学群高教资源内外循环系统关系、大学群与城市群功能“三环”匹配和大学群功能匹配化、互动化、同城化和开放化发展有效实施。

责任编辑：安耀东

建设高等教育强国：城市群视野下的大学群发展新论

刘祖良　著

出版发行：	知识产权出版社有限责任公司	网　　址：	http：//www.ipph.cn http：//www.laichushu.com
电　　话：	010－82004826		
社　　址：	北京市海淀区马甸南村1号	邮　　编：	100088
责编电话：	010－82000860转8534	责编邮箱：	an569@qq.com
发行电话：	010－82000860转8101／8029	发行传真：	010－82000893／82003279
印　　刷：	北京科信印刷有限公司	经　　销：	各大网上书店、新华书店及相关专业书店
开　　本：	720mm×1000mm　1/16	印　　张：	15.5
版　　次：	2015年3月第1版	印　　次：	2015年3月第1次印刷
字　　数：	252千字	定　　价：	48.00元

ISBN 978-7-5130-3075-5

专家导语

本书选题是当前高等教育发展战略规划处于最前沿的重大问题。这个命题——建设高等教育强国，已被确定为国家中长期高等教育发展规划的战略主题。作者刘祖良参加了导师承担的国家社科基金重点课题、中国高等教育学会重大课题“建设高等教育强国”的研究达两年之久，作为核心研究成员，做了大量比较系统的基础研究工作，在此课题基础上，他又进一步生发——研究城市群视野下的大学群发展对建设高等教育强国的意义、理论与发展策略，研究方案合理，有较大的学术创新性。

教育部高等教育教学评估中心主任、研究员　吴　岩

视野开阔，作者跳出教育看教育，把高等教育发展研究的具体问题放在中国社会转型的大背景下，放在全球化过程中的国家整体协调发展的总目标下，以城市群和大学群的耦合集聚—溢出效应，辐射带动发展关系为切入点，对中国如何基于空间、地缘条件、经济、文化和社会发展结构，打造城市群、做强大学群，使大学群与城市群共生发展，形成多极互动、多轮驱动创新发展格局的现状与前景，进行了全面分析，提出很好政策建议。一些内容和观点，如大学群与城市群耦合集聚—溢出效益的分析，大学群运行特征及发展政策（四维政策组合螺旋）分析，“小极化，大均衡”，“化整为零，集零为整”的建设高教强国战略政策建议等，比较具有新意。

清华大学教育研究院副院长、教授　史静寰

大学群发展是我国建设高等教育强国的重要战略选择之一，该书以此为研究

对象，选题视角新颖，具有较强的现实意义和一定的理论意义。本书从城市群与大学群概念、作用的分析论证出发，利用全国性的统计数据，对我国初步形成的十七个大学群的现状、特点、组织模式等进行了描述和分析，提出了进一步发展大学群的总体目标、战略框架和功能匹配发展、互动化发展、同城化发展、开放化发展等具体战略，并对大学群发展的评价作了专门分析。其中有许多具有实践启发意义的思想火花，本书对于进一步认识大学与大学的关系、大学与城市发展的关系等都具有一定的理论价值。

北京大学教育学院院长、教授　文东茅

本书基于我国建设高等教育强国和创新型国家实践路径，探讨大学群建设与城市群发展的内在耦合机制，进而为从政策的视角为实现高教强国和科教强国献策献计，研究有较强的时代感、现实性、也有较大的理论价值。

北京师范大学教育学部教授　毛亚庆

大学群的形成是伴随着城市化进程和高等教育发展必然出现的现象，大学群的发展对我国迈向高等教育强国，建设创新型国家起着重要作用。因此，本书研究大学群发展的相关政策具有非常重要的现实意义和一定的理论价值。本书从宏观视角展开讨论，涉及与大学群形成和发展有关的十分广泛的问题。

北京航空航天大学人文社会科学学院研究员　雷　庆

本书的创新之处在于，能够将大学群的发展与城市群有机结合起来，关注作为空间概念的大学群对国家、地区经济发展的作用，视角独特。

北京航空航天大学人文社会科学学院教授　赵婷婷

前　言

城市群是综合国力的核心引擎，城市群地域大学群是国家高等教育的主体，城市群与大学群有耦合发展特点。在非资源型经济逐步强盛时代，大学群对城市群的核心竞争力有无可替代的支撑作用，这是城市群地域大学群作为国家战略资源的重要价值组成部分。对我国来说，在建设创新型国家和实施主体功能区战略的大背景下，城市群正在广泛地孕育着一体化发展趋势，正在改变着我国经济、文化、科技、教育等社会综合发展版图，成为我国国民经济发展的新模式，所以，要进一步做强城市群需要优先考虑做强城市群地域大学群。

建设人力资源强国和创新型国家，需要强有力的高等教育支撑，《国家中长期教育改革和发展规划纲要（2010—2020）》及时而明确地提出了“科教强国”的新目标——建设高等教育强国。可是，建设高等教育强国的工作抓手是什么呢？做强城市群地域大学群可以成为建设高等教育强国的重要路径之一。大学群与城市群耦合集聚—溢出，辐射带动东中西部整体发展，从地缘战略上打造多极化，多轮驱动的“小极化，大均衡”的创新发展战略格局，通过城市群大学集群发展尽快缩小东中西部差距，加速我国从大国向强国整体跨越。做强城市群地域大学群还有助于部分地打破我国各省当前高等教育“割据发展”的局面，促进城市群高等教育资源整合、优势和特色化发展，这对21世纪我国城市群崛起格外重要，也是“化整为零，集零为整”的建设高等教育强国策略。

城市群地域大学群一般由核心圈层、辐射圈层和散射圈层构成。要做强大学群，使大学群与城市群共生发展，需要城市群地域大学群从自然集合体状态转变为组织共同体发展状态。一方面，同一城市群大学因为同地域、同文化和同历史等原因，与其他地域的大学相比，同一城市群的大学更具有交流便捷和地缘凝聚的基础；另一方面，城市群地域大学群组织化发展需要政府、大学和城市群精英等多方努力。城市群地域大学群的发展组织有多样性，一般可分为官方、半官方、非官方和混合模式等，大学群的组织建设有助于政策制定和实施，大学群发展政策的制定实施又会反过来推动大学群的组织完善。

城市群地域大学群运行主要有整体系统性、多重使命性、功能匹配渐近性、资源密集流动性、空间溢出衰减性和共同利益性等特征。任何一个城市群地域大学群发展都肩负着国家与国际发展使命、城市群地方发展使命和大学个性化发展使命，只是这“四项使命”在不同城市群的大学群身上表现的结构和水平不同而已，当然对不同大学来说表现的结构和水平更不同。城市群地域大学群发展需要保持“四项使命”协调有序发展。而大学群高等教育资源流动的内循环与内外循环两个系统关系对大学群“四项使命”协调发展有重要的影响意义。

城市群地域大学群功能匹配化、互动化、同城化和开放化发展是城市群地域大学群四个发展政策设计维度，也是大学群四维发展目标，但“四项使命协调发展”是大学群发展政策的总目标，“四维政策”组合螺旋推动大学群“四项使命”协调发展。城市群地域大学群功能匹配化发展的核心是大学群与城市群功能“三环”匹配发展，互动化发展的关键在于促进大学与城市群社会机构间的高等教育资源高效流动，同城化发展目的在于促进跨省大学群均质发展，开放化发展目的是促使大学群以全球化、信息化状态合作与竞争发展。最终形成了“大学群发展政策的4+4设计框架”，这一框架有基本的系统性、概括性和组合性特点，对城市群地域大学群现实管理发展有一定参考意义。

目　录

第一章 导 言

本章关键词：大学群；城市群；选题缘起；研究对象；研究意义；文献述评；研究思路

第一节 研究问题的提出

知识创新是当今世界各国软硬实力竞争与发展的关键，大学，特别是城市群地域大学群成为这其中的焦点。胡锦涛在清华百年校庆时强调指出，“高等教育作为科技第一生产力和人才第一资源的重要结合点，在国家发展中具有十分重要的地位和作用”。[1]奥巴马在得克萨斯大学演讲时说道：美国要制衡中印，教育是重要一环，而且在美国历史上每一个关口，美国人民生活中都要“以教育为本”才能前行。他还特别告诫美国人：未来属于那些能够为其公民提供最好教育的国家。所以，教育，尤其是高等教育名副其实地成为国家的战略资源，“不仅要为民族国家的行政和经济利益服务，而且要成为发展民族身份的重要方面，不仅要成为国家的一个工具，而且要成为社会的灵魂和人民大众的有机组成部分。”[2]这些论断都是非常现实的，而做强城市群地域大学群就是这“现实中的现实”。

正是基于上述原因，美国最近采取了学贷大变革，目的要“让每一个美国

---

❶ 胡锦涛.在庆祝清华大学建校100周年大会上的讲话[EB/OL].[2011-10-03]. http://www.gov.cn/ldhd/2011-04/24/content_1851436.htm.

❷ 克拉克·克尔.高等教育不能回避历史：21世纪的问题[M].王承绪，译.杭州：浙江教育出版社，2001：10.

人都能接受高等教育”；印度教育经费投入计划要从占GDP比重5%向6%努力；韩国实施高等教育“卓越发展计划”；英国高等教育实行新改革计划——“更高的雄心：知识经济时代大学的未来”——有800年高等教育发展史的英国首次明确地把大学置于保障国家经济复苏和长期繁荣的核心地位。我国建设“211工程”和“985工程”高校，也在努力追赶世界一流大学。这一切都昭示着现代高等教育是现代社会发展引擎和母机，这是发达国家和发展中国家的普遍共识。

在从工业大国向工业强国、从人力资源大国向人力资源强国迈进的关键期，我国社会对高等教育的需求和重视程度超过了以往任何时代。而值得庆幸的是我国高等教育历经百年探索和奋争，终于建成了世界上规模最大的高等教育体系，“我国高等教育将进入追踪和自主并重的发展时期”，站在了从高等教育大国向强国发展的新起点上。《国家中长期教育改革和发展规划纲要（2010—2020）》（以下简称“纲要”）又及时提出了“建设高等教育强国”的新目标，这是我国高等教育从大国向强国进军的指导性文件，也是我国高等教育对中华民族伟大复兴的行动响应。建设高等教育强国，质量是生命线，整体做强是关键（如图1.1所示）。

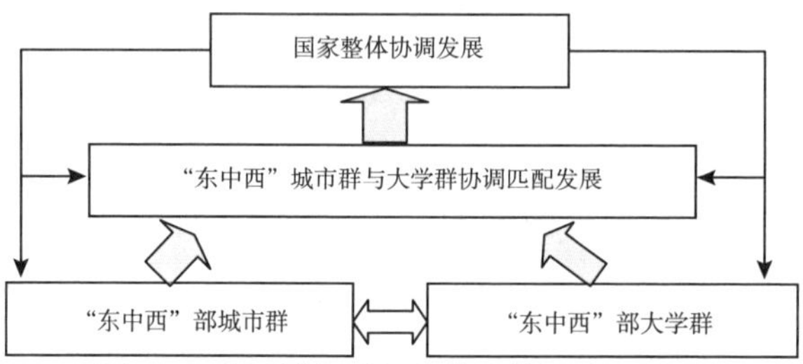

图1.1　我国城市群与大学群协调发展关系

可是，我国高等教育如何才能配合“中长期科学技术发展规划”和“中长期人才发展规划”而整体做强，如何进一步提升国家发展对本土高等教育的依存度呢？这些正是本书思索“怎样发展和做强城市群地域大学群”的问题起点和要努力探索的答案。除了要解决建设高等教育强国的工作抓手的原因以外，探究以城市群为基础的大学群发展政策，还有其他几点原因：

第一，国家核心竞争力需要城市群与大学群合作发展。从世界历史来看，城市自诞生以来一直扮演着社会经济、文化、教育、科技等核心区角色。“二战”

后，科技经济与管理推动城市分工发展和空间布局连绵化，于是，城市群成为国家发展中心和引擎，发展城市群成为国家要务。在对城市群调查研究中惊奇地发现，大学群总是与城市群相生相伴、相互辅弼。城市群分散分布在沿海和内陆各地，对周边社会繁荣有辐射带动作用。可以说把握住城市群就是抓住了国家核心竞争的关键，城市群是国家发展重心和发动机，城市群地域大学群是国家高等教育的重心和发动机。这“两大引擎”在城市群地域上合为一体，相当于把国家核心竞争力的两个关键要素双双落到了实处。

第二，做强城市群地域大学群有利于我国宏观国土空间形成地缘性的整体均衡创新发展态势。大学群多极平行发展，有利于从国家地缘战略上整体实现科教强盛国家，用科技和人才手段尽快缩小我国“四大板块”差距，缩小“东中西”部差距，“优势优先发展”带动“整体均衡发展”，用“小极化，大均衡”，“化整为零，集零为整”的策略，根据质量关系理论来建设高等教育强国❶和创新型国家。从而使大学群与城市群科学、协调发展、一体化发展和集聚—溢出辐射影响周边地区创新发展，用分散的多极化创新发展手段推动国家宏观整体均衡强盛，用城市群与大学群二者结合发展手段先缩小东中西部城市群创新发展能力差距，从而缩小东中西部大板块之间的整体差距。

第三，城市群正在打造我国国民经济发展新版图，而城市群大学有组织地集群发展却尚未起步。改革开放几十年的市场经济发展，我国确立了既避免完全市场化自由垄断竞争又避免了单一片面计划的有我国特色的稳健的市场经济体制，1998和2008两次经济危机都证明了我国新经济体制鲜活强大的生命力。2010年第六次全国人口普查数据显示，我国31个省级行政区的城镇居住人口比例已经达到了49.7%，而25个城市群2009年经济总量占全国的97%，这足见城市群已经成为我国经济社会主体，正在打造我国经济、文化、科技、教育等发展的新版图，这也是我国学者和政治家们所公认的，基于此才有2008年以来中央对城市群发展规划的连续和高密度批复出台（见表1.1）。这使我国城市群对大学群的合作需求超过了以往任何历史时期，可是我国与城市群相匹配的20多个大学群

❶ 马丁·特罗对高等教育大众化发展提出了“量变先于质变”的理论判断。中国教育家潘懋元认为，发展中国家的高等教育“在从精英教育到大众化教育进程中，存在一个质的局部变化先于量的总体达标的‘过渡阶段’”。

（大学和在校生数量都占全国总量的80%以上），无论在历史上它们是什么原因和背景下形成的，目前基本都保持在“自然集合体”的沉寂状态，没有形成有效的组织化发展形态，这与我国快速崛起的城市群发展需求不相适应，如果持续下去，或许会成为阻遏城市群发展的瓶颈，所以推动城市群地域大学群组织化整体发展是本研究一个重要目的。

表1.1　国务院最新密集批复的城市群发展规划

年份	发展规划
2008	《长株潭城市群区域规划（2008—2020年）》《武汉城市圈“两型社会”建设综合配套改革试验总体方案》《广西北部湾经济区发展规划（2006—2020）》
2009	《我国图们江区域合作开发规划纲要》《鄱阳湖生态经济区规划》《珠江三角洲地区改革发展规划纲要(2008—2020年)》《青海省柴达木循环经济试验区总体规划》《黄河三角洲高效生态经济区发展规划》《关中—天水经济区发展规划》《江苏沿海地区发展规划》《辽宁沿海经济带发展规划》《横琴总体发展规划》《促进中部地区崛起规划》
2010	《长江三角洲地区区域规划》《皖江城市带承接产业转移示范区规划》《武汉市城市总体规划(2010—2020年)》山西省国家资源型经济转型综合配套改革试验区、《海南国际旅游岛建设发展规划纲要》
2011	《海峡西岸经济区发展规划》《成渝经济区区域规划》《山东半岛蓝色经济区发展规划》

第四，大学集群发展是对我国高等教育“集权—分权”改革有益的新探索。世界各国高等教育管理的普遍共识是：无论单一集权制或单一分权制各自都存在一定弊端，促进二者有机结合是世界各国高等教育改革的普遍努力方向。20世纪90年代以来，我国通过一系列政策和法律文件，简政放权，开始了向集权与分权机制相结合的转型历程，促进大学与地方合作发展。为了减少改革代价，避免以往发生的“一放就乱，一乱就收”的现象重演，在分权改革不动摇的前提下，把握集权、分权内容和恰度就格外重要，城市群大学以“共同体”方式谋发展，把城市群大学变成一体化组织，这毫无疑问是在中央和省“两级管理”中增加了新内容，城市群大学作为“块状组织体”成为我国高等教育“集权—分权”改革管理的新课题。

总之，城市群地域大学群对城市群发展有可持续的政治、经济和文化功能，政治功能主要表现在传播思想，造就政治人才，提供管理智慧；经济功能表现在区域科技贡献、人力贡献和直接的商业消费；文化功能表现在继承传播、创新扶植新文化和国际文化本土化。[1]美国大学与城市群合作最初也只是着眼于经济，后来逐渐向政治、经济和文化等方面转向，并且服务状态逐渐由松散转向紧密而务实，大学担负社区发展责任的态度也日渐积极主动。本研究正是出于对建设高等教育强国的工作抓手问题、国家核心竞争力的把握问题、缩小东中西部差距国家整体均衡强盛问题以及如何打破各省高等教育“块块分割”发展等诸多问题的解决路径的思索，才确定了对城市群地域大学群发展理论与政策展开研究探索的。

第二节　国内外相关研究述评

一、国内外大学群研究现状

目前，国内外有关大学群发展研究内容主要散见于区域高等教育研究中。上世纪60年代，大学科技园区开始在全球盛行后，城市群与大学群关系的研究也随之兴起。美国社会学家埃茨科威兹（Henry Etzkowitz）和雷德斯多夫（Loet Leydesdoff）20世纪90年代提出的政府、企业、大学“三螺旋”理论是有代表性的大学与城市群发展关系理论。进入新千年后，国内学者对长三角、珠三角和京津冀城市群高等教育一体化发展研究比较集中。无论国内还是国外对城市群大学的探讨主要集中在三方面：一是大学与城市企业的关系研究；二是落后城市群的高等教育如何“补差”发展；三是城市群大学如何实现资源共享。

金斯顿（Goldstein）等美国学者的纵向追踪研究发现，“大学对区域经济作用渐趋显著，特别对改善区域人力资本和环境功能等影响经济成长的潜在因素贡献巨大；最近20多年，美国大学把区域产业和经济作为教学与研究的核心使命，尤其近10—15年研究热度更高”，这种越来越强的应用兴趣，使美国大学有“学术商业化”发展倾向。池莉（Chile）主张地方大学要改变“自我中心论”，树立以社会

[1] 李国杰,关嘉.区域高等教育可持续发展的标志研究[J].辽宁教育研究,2007(9):60-63.

为中心的“他方中心论”新观念。虽然这种观念还不能得到70%以上的大学学者认同，但调查显示，美国乃至世界许多大学都或多或少地开始了“大学企业化”发展实践。德鲁克（Drucker）等综合研究了美国研究型大学对区域经济发展贡献度，主张大学所从事的活动，尤其是教学与基础研究等知识活动，对促进区域经济进步的各种措施产生了巨大影响，这与利库耶（Lecuyer）破解“硅谷之谜”所肯定的“斯坦福大学在硅谷企业诞生过程中给予了丰富的人力和技术支持作用”❶是不谋而合的。所以，哈勒（Harloe）坚定地指出，人们长期认为大学、国家和市场在很大程度上是相分离的这种立场已经动摇，越来越多的大学参与到当地经济社会发展中，大学正在从自闭走向一种新的“知识创新模式”。❷

国内学者朱长风等基于对我国苏北城市群的研究分析，提出了应调整和优化人才培养结构，建立大学与地方经济互动发展模式。❸周绍森、胡赤弟、王学成、吴岩等学者先后研究认为，城市群大学应坚持学科建设主动适应地方经济和产业结构调整需要，培养当地急需人才，支持地区形成优势产业，实现学科、专业链与产业链对接，让城市群大学的学科、专业结构与产业结构互动起来，“城市群大学应根据时代发展、区域经济建设需求及学校发展实际而准确定位”，建立与主体功能区发展战略、与城市群一体化发展趋势相适应的政府主导、科教驱动，市场主导、经济驱动，政府扶持、生态驱动和混合动力、多元驱动的区域高等教育发展模式。❹

二、本研究对大学群的关注点

综观国内外有关大学群发展研究的成果，有以下几点值得本研究重视。

（一）城市群与其他区域相比，大学发展有一定特殊性

区域高教概念是一个弹性概念，包括国际区域、国内区域、省际区域、省域

❶ LECUYER C. The rile of the valley[J]. Minerva ,2008,46:127-132.

❷ HARLOE M, PERRY B. Universities, localities and regional development: the emergence of the mode 2 university[J].International Journal of Urban and Regional Research,2004(1):212-223.

❸ 朱长风,杨再明.构建高校服务支撑体系服务于地方经济建设[J].煤炭高等教育,2006(6):100-101.

❹ 吴岩,刘永武,李政等.建构中国高等教育区域发展新理论[J].中国高教研究,2010(2):1-5.

和省内区域等。目前，几乎所有区域高等教育研究都把城市群区域与其他各类区域大学发展等同看待，忽略了城市群区域大学发展的许多特殊性，比如城市群具有高教资源密集、发展先进、生态性显著等特点，而且城市群大学有历史同源、文化同根、资源环境相近等同质性特点，这些都是其他区域大学所不具备的，是探索大学群发展政策值得重视的。

（二）有必要从国家整体利益角度审视大学群发展价值

有很多研究抓住了长三角、珠三角和京津冀等大学群进行了很好的个案研究，但这些研究几乎都是局部的个别研究，而缺乏从国家整体利益角度、整体地缘角度去思考和审视大学群对国家高等教育和国民经济整体发展意义。这不利于科学地谋划大学群或谋划大学的长远发展出路，也不利于整体意义上建设高等教育强国和创新型国家。

（三）把大学群还原回城市群环境来探讨二者如何双赢

大学原本就是城市发展的产物，从古希腊的学园到中世纪和文艺复兴，大学就一直随着城市需求的轨迹运动发展着。大学是城市的一部分，现代大学只有被还原回城市或城市群，我们才更有机会找到大学或大学群发展出路，大学和大学群才有生命。传统研究在这一点上没给予足够重视，尤其缺乏对城市群和大学群整体关联发展的把握，使大学群游离于城市群之外，经常引发大学“一窝蜂”地追捧热点专业、盲目扩张或者发展定位摇摆不定的现象，大学群难于形成地域优势，城市群难于获得大学群长期稳定支持。

（四）大学群发展研究需要广泛的城市群精英参与

随机抽样调查了国内2000年以来52篇论文的74位作者，发现他们100%来自大学，其中82%的作者身份是高等教育的普通人员，8%的研究者身兼领导角色，其他社会部门对大学群发展研究的参与率几乎为零。看来国内的城市群大学发展研究是高等教育部门在唱“独角戏”，这种状况对大学集群发展极为被动和不利，与美国、日本、北欧等发达国家或地区社会对大学发展关注度有差距，不改变这种局面，我国大学群很难在城市群土地上振兴起来，当然，没有发达大学群支撑的发达城市群也是不存在的。

第三节　研究思路与方法

一、研究对象

城市群地域大学群是区域高等教育下的一个子概念，本研究以城市群地域大学群为研究对象，它是一个复杂系统，单就大学群发展政策来说，就可以分为政策制定、执行、支持保障和政策监控反馈等四个子系统（见图1.2）。本研究仅对政策制定有关内容的初步研究。

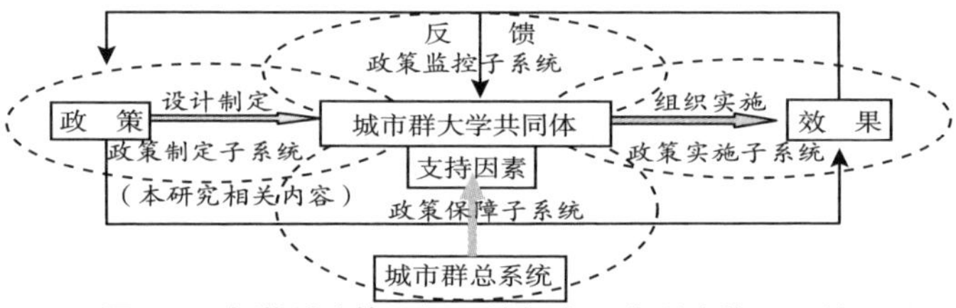

图1.2　大学群政策运行系统与本研究所在的子系统

在全球自然资源日渐枯竭，非资源经济高速发展、强烈需求和激烈竞争的时代，大学群与城市群这种依存关系也超过了人类以往任何时代，大学群在世界城市群发展中也得到了的前所未有的重视，成为城市群不可分割的核心组成部分。正如经合组织（OECD）研究报告所指出："人们广泛意识到，高等教育是推动经济竞争力的重要因素，从而空前地重视优质高等教育，高等教育逐步成为备受重视的国家议事日程。"[1]细数世界典型的城市群，无论是美国的以纽约为中心的波士华城市群、以芝加哥为中心的五大湖城市群，还是以巴黎为中心的欧洲西北部城市群、以伦敦为中心的英国大伦敦城市群都是世界著名大学群所在区域。大学群对于我国打造多轮驱动的"小极化，大均衡"，"化整为零，集零为整"的创新发展格局，在我国城市群兴起阶段，急需大学群同步支撑其高效发展。

---

[1] OECD. Tertiary education for the knowledge society[EB/OL].http://www.oecd.org/dataoecd/59/21/41314515.pdf.

二、研究背景与指导思想

社会问题产生总有特定的历史条件，而政策研究不但要对社会问题有合理认识，更需要提出解决问题的方案。所以本研究也少不了要从时代背景出发，尊重、理解、把握和运用社会历史条件，确立研究指导思想，保证研究的理论与实践意义。

（一）研究的背景基础

本研究正值我国建设人力资源强国、创新型国家、高等教育强国和实施主体功能区战略及城市集群崛起的关键时刻。中央政府接连颁布执行了《国家中长期科学和技术发展规划纲要（2006—2020）》、《国家中长期人才发展规划纲要（2010—2020）》和《国家中长期教育改革与发展规划纲要（2010—2020）》，“三大”有关“科教强国”纲要同时发力，互为表里，相互呼应（见表1.2），这在我国历史上还是首次，高等教育对中华民族发展的核心地位从来也没像今天这样责任重大。所以，本研究立足于四个背景假设：第一，做强大学群是建设高等教育强国的重要路径；第二，做强大学群是现代城市群富强的需要；第三，大学群与城市群共生发展是提升国家核心竞争力的关键；第四，大学具有“部分经济人”的属性。这四个假设是本研究的基础前提。

表1.2 我国“三大中长期发展纲要”有关高等教育事业发展的指标与目标

类别	国家指标	单位	2009年	2015年	2020年
教育纲要	在校生人数	万人	2828	3080	3300
	其中：研究生	万人	140	170	200
	毛入学率	%	24.2	36	40
人力纲要	有高等教育文化程度的国民人数	万人	9830	14500（1.45亿）	19500（1.95亿）
	主要劳动年龄人口受过高等教育的比例	%	9.9	15	20

续表

类别	国家指标	单位	2009年	2015年	2020年
科技纲要	科技进步贡献率达到	%	40（2010）*	55**	60以上
	对外技术依存度降低到	%			30以下
	本国人发明专利年度授权量	位次			进入世界前5位
	国际科学论文被引用数	位次	第8位**（2010）	世界第5位**	进入世界前5位
	公民基本科学素质的比例	%	3.27**（2010）	5**	

*数据来源:杨威.我国科技创新贡献率只及德美一半[EB/OL].(2011-04-26). http://www.chinanews.com-cj/2011/04-26/2997312.shtml.

**数据来源:我国科技部《国家“十二五”科学和技术发展规划》(征求意见稿)。

（二）研究的指导思想

任何研究都有目的，要达到研究目的，首先要确立与本研究相适应的宏观研究思想，这些思想对选择研究方法和保证研究价值具有方法论意义，有了科学解释社会问题的思想工具，才能有影响和改变世界的具体方法和研究成果。

1. 基于“系统动力”思想展开研究

系统动力学极力从系统内部微观结构入手，注重从历史的、结构的和动态角度把握问题，被誉为“政策实验室”。本研究虽然不能就单一一个大学群进行发展政策的系统仿真（Vensim），但是完全可以从宏观角度运用系统动力学思想，而且大学群一般发展政策理论是由一个个具体的大学群发展特征和政策综合起来的。所以，宏观上运用系统动力思想做政策设计研究，也有利于增强大学群一般政策理论对具体大学群的适应性。

2. 基于“国家整体利益”思想展开研究

战略管理学认为，国家利益是一国利益中的最高利益，它始于局部和个体利益，又高于局部与个体利益，是经过组织统筹的更广大的局部和个体利益总和。大学群发展政策研究把视野简单局限于大学发展或区域大学发展，通常会忽略了大学发展利益与国家整体利益，区域大学群发展利益与国家整体利益之间的协调发展，甚至会引发矛盾冲突，使大学、大学群和国家整体利益之间出现此消彼长，片面发展的状况，最终受损还是国家利益。本研究把全国大学群作为一盘棋，从地缘角度整体构思，探索大学群发展的一般特点，以此确定大学群发展政策，促进大学群与城市群共赢，以求建设高等教育强国和建设创新型强大国家。立足于国家整体利益平台之上展开研究，有利于推动国家整体利益、大学个体利益和大学群发展利益等多方协调。

3. 基于“多元共治共善”思想展开研究

民本和多元的新公共管理理念正风靡全球，奥斯特罗姆（Elinor Ostrom）以她的“多中心治理”理论荣膺2009年诺贝尔经济学奖。“多元共治共善”管理是人类社会民主进步的趋势要求。我们面对任何一个社会问题，尤其是城市群大学这样的复杂发展问题，都不能奢望一次性或单个部门就能解决所有问题，而需要调动各级各类社会部门多元化管理，各负其责、各尽其力。政府转变角色是世界政府管理的总趋势，转向间接管理、中介服务，运用经济、法律、政策等手段对公共事务进行宏观调控。所以，本研究重视跳出高等教育的小圈子，而从国家、城市群、大学群和大学的大圈子探究大学群多元共治共善的管理政策。

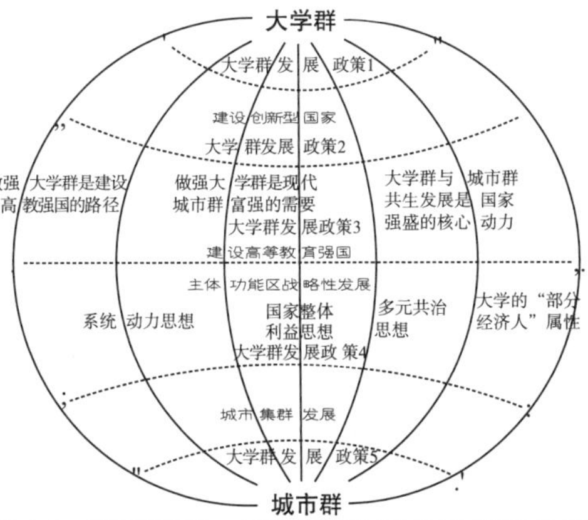

图1.3 研究背景、指导思想与政策的网络关系

总之，本研究把建设高等教育强国、建设人力资源强国、建设创新型国家和实施主体功能区战略及城市集群发展作为我国大学群发展的历史大背景，把国家、城市群、大学群和大学利益结合起来思考大学群发展政策（见图1.3）。从大学群与城市群相结合发展角度支持和完善城市群发展布局，促进我国长远发展的

“五个建设”，即经济建设、政治建设、文化建设、社会建设、生态文明建设协调发展。❶

三、研究定位与方法

（一）研究定位

本研究作为对大学群发展政策的初步探索，第一个定位是要对大学群发展政策的一般性理论思考与探索，力争形成有一定系统性的大学群发展政策初级理论框架；第二个定位是把大学群与城市群紧密结合在一起，向上兼顾国家整体和宏观发展利益，向下兼顾大学优势与特色发展利益，在这样一个立体结构环境中，把握大学群发展政策方向。

虽然这种研究定位具有一定的理想性，甚至还可能是研究者一厢情愿的美好愿望，因为大学群存在与发展环境本身就是极其复杂的，研究者自身对大学群社会环境把握能力也是有限的，但是，把大学群还原回社会，还原回利益相关者环境中，跳出教育把握教育，这样的研究设计，目的是为了使研究更接近于大学群发展的实际生活轨迹，因为政策研究本身就是一种对应用性有极高要求的研究。

本研究以对大学群发展政策为中心，兼顾对大学群与城市群历史发展脉络、大学群运行特征等进行全面追踪与反思，从多角度，用复杂性系统思维方式力求探寻一个对大学群发展决策有一定参考价值的政策理论框架。

一方面，本研究偏重对元政策的探究。社会政策根据其相对价值可将它们分为元政策、基本政策和具体政策。❷元政策是关于政策的政策，是其他各种政策的上位总政策，对其他政策有先导参考、调控指导作用，是一个与哲学理念紧密联系、有一定抽象概括特点的上位政策系统。另一方面，根据国内外发展经验和大学群发展特点反思我国大学群现行发展政策，而提出新的发展政策建议。本研究之所以定位在对政策理论层面的研究还有另外两个重要原因：

---

❶ 中共中央关于制定国民经济和社会发展第十二个五年规划的建议[EB/OL].[2011-11-15]. http://news.china.com.cn/txt/2010—10/27/content_21214760_2.htm.

❷ 张国庆.现代公共政策导论[M].北京：北京大学出版社，2007:23.

第一是为了保护大学群的发展个性。通过对各种政策反思和建构大学群发展总体政策框架，而给大学群具体政策制定和执行预留了更大的创新空间。有利于具体政策制定和执行者具体问题具体分析，增强政策决策的民主性、丰富性和政策实用性。因为每一个城市群和它的大学群配合状况都不同，优势和潜力也各具千秋，偏重提供上位策略，对我国这样的大学群数量较多的国家来说，更切实际，能保证各大学群个性化发展，以便“各级政府用最小的行政代价实现既定目标”，形成大学群个性丰富多彩的局面。

第二也出于从自身研究能力和尊重政策制定主体的职业专长的考虑。作为一个理论研究者，尤其是初步理论研究者，对大学群发展政策进行研究层面探讨符合自身职业能力，对自己来说也更适合。而有关政策制定的更多具体工作还需要专门的职业管理者和政策制定者去完成，因为他们了解国家更多的政策前后历史脉络，掌握更多的政策制定资源，拥有更丰富的政策制定实际经验。这样的多元制定政策思路对保证大学群发展政策的科学制定和实施有不可忽略的益处。现代公共管理有多元治理性，政策制定和执行同样也需要多元合作。这也体现了本研究不是为政策而研究，而是为大学群发展而研究的根本宗旨。

（二）研究方法

本研究把宏观与微观研究相结合，把定性与定量研究相结合，为了保证政策研究的科学和有效而不拘泥于一种理论、一种方法，在复杂性科学思维基础上，力争把问题解决方案整合归纳到一个政策框架内。具体研究方法主要有如下几点：

（1）文献法。本研究侧重于理论层面的研究，文献法是本研究的一个重要的研究方法，包括时间维度的历史研究和空间维度的横向比较。采用了系统动力思想，从历史、结构和功能三个方面对大学与城市的发展文献中去挖掘大学群发展的一般规律，来判断大学群未来走向，并从政策文献中考察我国大学群发展政策的优劣势，提出相关建议。

（2）归纳法。本研究定位在理论层面的研究，所以在研究过程中注重把高等教育与城市群、区域和产业经济等理论相结合，在教育之外把握和研究教育，进行综合归纳，旨在保证大学群政策有的放矢，另外还紧密结合我国当前和未来发展战略，比如主体功能区战略、城市群一体化发展规划等。所以，综合分析与归纳是本研究一个重要方法。

（3）实证法。对大学群发展政策研究最重要的也是最科学的方法就是统计和调查法。但因为条件所限，把全国大学群进行普遍调查是很难做到的，加上本研究仍属于对大学群发展政策的一般性理论研究，所以本研究以《中国统计年鉴》《中国城市统计年鉴》《中国高技术产业统计年鉴》《中国劳动与就业统计年鉴》《中国科技统计年鉴》《中国教育统计年鉴》等全国数据为基础，采用因素分析、主成分分析、聚类分析、皮尔逊相关分析、空间地理信息分析等多元实证分析方法，得到实证结论，用以佐证支持大学群发展政策理论。由于本研究定位在理论层面的探索，所以本研究对实证过程采用了简化处理方式，以突出理论集中性，并对大学群发展政策效益评价体系进行了初步设计。所以本研究采用大量的实证研究方法，实证研究法成为本研究不可或缺的核心方法。

（4）比较法。对大学群发展政策的研究，少不了对各国大学群发展策略的反思借鉴，本研究始终没有忽视这一点，主要涉及了对美国、日本、韩国、加拿大、巴西，英国、法国、德国，芬兰、瑞典、丹麦等国大学群发展政策的比较和经验吸收。因为世界各国大学群发展状况不尽相同，所以，对大学群的比较研究很难从一个国家找出明确完整和系统化的经验，因而研究过程中的比较研究显得较分散，并不集中，另外，为了突出本文理论主旨，对各国政策经验也进行了分散处理，根据研究过程需要而汲取分析。

在研究过程中，涉及的分析软件包括SPSS（多元统计分析）、GIS（地理信息分析）、Vensim（系统动力分析）等。

本章核心结论

本章核心内容是解决“为什么要做强城市群地域大学群”和“为什么对大学群发展政策进行研究”这两个问题。做强大学群是“建设高等教育强国”的必要抓手，也是推动城市群崛起的重要手段，是运用高等教育发展的质量互变关系要实现从局部质变到国家高教整体质量的飞跃。做强大学群和大学群与城市群相结合发展是实现中华民族整体创新发展与强盛的需要。做强大学群一定程度上有利于改变我国海陆分布的被动劣势，而从地缘角度推动大学群多极辐射带动，快速缩小和改变我国“东中西”部城市群发展差距的策略。做强大学群还有利于打破我国高等教育“块块分割”的不利局面，对我国高等教育“集权—分权”改革恰度进行新探索。本章也明确了本研究立足于中华民族建设高等教育强国、建设人力资源强国、建设创新型国家和实施主体功能区战略、城市集群崛起的伟大复兴关键期时代背景，在系统动力、国家整体利益、多元共治共善等研究思想的综合指导下，保护大学群发展个性，尊重政策制定主体的不同职业技能优势，尽量保证政策研究科学而贴近大学群与城市群两方面的发展实际。

第二章　城市群：综合国力的多极动力引擎

本章关键词：城市群；综合国力；多极发展；引擎作用

城市群是建立在具体地理环境中的城市群落，也被称为巨型城市、城市带、都市带、大都市圈、都市连绵区、组团式城市群等[1]（见表2.1）。具体来说，就是在特定空间地域内，一定数量的相互毗邻、密集分布的不同类型和不同规模的城市通过相互作用所构成的一个相对完整的“城市集合体”。

表2.1　世界各国对城市群概念的界定

时间	界定者与国别	研究对象	指标
1957年	戈特曼（法）	大都市带	城市较密集；社会经济联系密切；通便捷相连，人口≥2500万；人口密度≥250人/千米^2
1910年至今	美国	大都市统计区	毗连的中心城市及其所属县，中心城市人口≥5万；非农业劳动力比例＞75%；通勤率≥20%
20世纪五六十年代	日本	大都市圈	有一个或几个大城市为中心，空间直径200—300千米；总人口≥3000万；中心城市人口≥100万且临近有≥50万人口城市；中心城市GDP集中度≥1/3；通勤率≥15%；大都市圈之间的货物运输量不得超过总运输量的25%

[1] 世界最早（1957）提出“城市群”概念的是法国地理学家简·戈特曼（J. Gottman）。戈特曼对城市群认定的五项标准是：①区域内有较密集的城市；②核心城市与都市区外围区域有紧密的社会经济关联；③便捷的交通走廊把核心城市连接起来，各都市区之间没有间隔，且联系密切；④人口规模在2500万以上，密度大于250人/公里^2；⑤有国际交往枢纽作用。

续表

时间	界定者与国别	研究对象	指标
20世纪70年代	俄罗斯	城市集聚区	至少有两个相邻中心城市及其所辖行政区域，中心城市人口≥10万；城镇距中心城≤2小时交通
20世纪70年代	帕佩约阿鲁（希腊）	大都市带	至少有两个基本单元和一个二级单元聚集体，人口密度≥193人/km²；二级和三级聚集体人口分别≥10万和1万
1985年	马可（加）	乡村—城市	有两个或以上毗邻的核心城市；城市范围当天可通勤；人口流动性强；非农业人口增长快；参与非农产业妇女人口；传统产业密集区人口与周围交通方便
1987年	周一星（中）	城市经济统计区	以县为单元的临近区域，中心城非农业人口≥20万；县非农业GDP≥75%；县非农业劳动力≥60%
1992年	姚士谋（中）	城市群	有两个以上特大城市；城市人口≥35%；城镇人口≥40%；总人口1500万—3000万
1997年	王建（中）	都市圈	有明显中心城市；中心城市制造业发达，GNP大约1000亿美元；城市间距≤300千米
1998年	邹军（中）	江苏都市圈	大城市人口≥100万；临近城市人口≥50万；中心城市GDP集中度≥45%；通勤率≥15%
2001年	张伟（中）	南京都市圈	中心城市有一定人口规模；中心城市经济集中度较高；中心城市跨省界；外围城市与中心城市具有一定联系强度；有区域人文、地理、经济和区域城市化、区域基础设施特征，人均GDP≥2000美元；城市化水平达到50%左右
2001年	周一星（中）	都市连绵区	有两个以上大城市和对外口岸，城市与口岸交通便利；交通走廊两侧有中小城市，城乡经济联系密切，大城市人口≥100万

注:上表根据以下文献整理:①李廉水，STOUGH R R，等.都市圈发展——理论演化·国际经验·我国特色[M].北京:科学出版社，2006:37.②张从果，杨永春.都市圈概念辨析[J].城市规划，2007(4):31-47.

第一节　对城市群现实与未来发展的判断

城市群兼具空间和经济双重属性，是区域的一种特殊形式，具有空间连绵、地域完整和文明中心的特点。地理学把城市群理解为地球表面的空间单元，政治学把城市群理解为国家实施行政管理的行政单元，社会学把城市群理解为语言、信仰和民族特征相同或相近的人类聚居群落，经济学则把城市群理解为相对完整的经济单元。无论从哪一角度看，城市群都是国家政治、经济、人口、文化、科教等中心，是社会综合进步的前沿。

虽然，世界各国对城市群的具体判断指标基本达成了共识，包括“城市数量(≥3个)、100万人口以上特大城市个数（≥1个）、人口规模（≥2000万人）、城市化水平（≥50%）、人均GDP（≥3000美元）、经济密度（≥500万元/km^2）、经济外向度（≥30%）、非农业产值比率（≥70%）和核心城市GDP中心度（≥45%）”❶等。但事实上，迄今为止，由于各国人口和经济状况不同，所以各国对城市群空间范围的识别仍然没达成统一标准，无法用一把尺子度量。

一、世界城市群的普遍发展

世界公认的六大城市群包括美国波士华城市群、北美五大湖城市群、日本的太平洋沿岸城市群、欧洲西北部城市群、英国大伦敦城市群和我国长三角城市

❶ 方创琳，姚士谋，等.2010中国城市群发展报告[M].北京：科学出版社，2011:139.

群。[1]1992年雅典统计中心的数据显示，全世界有66个城市群，2000年已达到160多个。[2]尽管城市的出现在人类历史上至少已有五千年，但近200年是世界城市化发展最快的时代，经济全球化更使各国城市以前所未有的规模和速度加快网络化发展，预计到2030年，世界城市人口将接近50亿，约占世界总人口的60%。[3]目前，发达国家城市化进展基本处于饱和状态，平均在74%左右，个别国家，如德国、瑞士、荷兰、奥地利等国已在90%上下，但世界城市化总体上升趋势没有改变。

一方面，发展中国家城市化速度超过发达国家，尤其后发崛起大国成为世界城市化快速发展的主阵营，主要是中国、印度、巴西、南非等国势头强劲；另一方面，世界人口仍然不停地向大城市和特大城市集中，发达国家和发展中国家都存在城市巨型化、连片儿发展趋势。美国大洛杉矶、巴西东南部沿海、意大利北部波河平原、我国的京津冀等城市群，都是接近成熟的世界新兴都市连绵区。所以，世界各国城市化进展速度不同，发展中国家速度稍快，发达国家城市化规模与质量还在进步与完善，目前世界1000万以上人口的特大城市有25个，未来新

---

1. 美国东北部大西洋沿岸城市群:以波士顿、纽约、费城、巴尔的摩、华盛顿几个大城市为核心(也被称为波士华城市群)，涵盖40个10万人以上的中小城市，绵延长度超过965公里，面积为13.8万平方 公里，占美国国土总面积的1.5%，有人口6500万，占美国总人口的20%，城市化水平达到90%以上。这个都市圈是美国经济核心区，制造业产值占全国30%，同时又是美国的政治、金融和科技中心。其主要特点是圈内各个城市功能单一，都有自己特殊功能和优势产业部门。但城市间分工协作联系紧密，其整体功能远远大于单个城市功能的叠加。北美五大湖区城市群:分布于五大湖沿岸，从芝加哥向东到底特律、克利夫兰、匹兹堡，并一直延伸到加拿大的多伦多和蒙特利尔，事实上，这是一个以水道相连的巨型国际城市群。日本的太平洋沿岸城市群:由东京、大阪、名古屋三个都市圈组成，包括从千叶向西，经东京、横滨、静冈、名古屋到京都、大阪、神户的范围，面积约10万平方公里，人口近7000万，占全国总人口的60%。日本全国11个100万以上人口大城市中有10个分布在这里。欧洲西北部城市群:由大巴黎地区城市群、莱因—鲁尔城市群、荷兰—比利时城市群构成的国际城市群。英国大伦敦城市群:以伦敦—利物浦为轴，包括曼彻斯特、利兹、伯明翰、谢菲尔德等大城市以及众多小城镇构成，共有伦敦城和其他32个行政区，总面积约4.5万平方 公里，人口3650万，是产业革命后英国主要的生产基地和经济核心区。在近10多年里，以创意产业为主的新兴产业开始在大伦敦地区异军突起，凭借着每年210亿英镑的产值，目前成为伦敦仅次于金融服务业的第二大支柱产业，不少评论都把世界最酷城市的桂冠送给了伦敦。中国长三角城市群:以上海为中心，由苏州、无锡、常州、扬州、南京、镇江、杭州、嘉兴、宁波、绍兴、舟山、湖州以及长江北岸苏南的南通、泰州等城市共同组成，面积10万平方 公里，人口超过7570万。
2. Higher Education and Regions:Globally Competitive, Locally Engaged[R].
3. 何洪泽.世界加速城市化[EB/OL].[2011-10-3]. http://www.people.com.cn/GB/guoji/24/20010606/482646.html.

的大都市群还将不断涌现。

虽然城市群发展还存在着生态、交通、居住、发展不均衡等方面问题，但是21世纪城市群进化的脚步不会停止。城市群正在成为“连接全球各种网络的节点”，成为国家核心竞争力的重心，成为信息时代“流的空间”的焦点与权力中心。❶2009年哥本哈根气候大会表达了世界人民对发展“绿色经济”的强烈心声，2010年上海世博会又表达了人类对“城市，让生活更美好”的共同期盼。人类正在从尼日利亚的拉各斯、印度孟买的达拉维、巴西里约热内卢的罗西尼亚等人口拥挤、资源匮乏、贫民窟等传统城市问题中走出来。科技进步打破了福特主义的大规模生产，技术创新正在主导产业进行地理空间重组，人类产生了重新塑造城市的诉求，科技发达、经济繁荣、结构松散、城中有田、田中有城、交通便捷的生态宜居城市群正成为人类对城市的新选择。1972年罗马俱乐部的《增长的极限》一书就曾表达过生态城市理想。❷但是，老牌发达国家城市改造成本高，难度大，人类这种现代生态化城市蓝图在后发国家对城市群有序调控发展中更有机会得以实现，大学群对科技、生态和创意城市将发挥着智力支柱作用。

二、21世纪我国城市群发展脚步加快

我国城市化水平日新月异，城镇人口比例从1978年的17.9%提高到2010年的51.5%，预计到2030年将达到65%，2050年达到73%，那时将与发达国家城市化平均水平相当。❸到2030年我国基本实现工业化的时候，预计将形成1000

❶ 姚士谋，等.区域与城市发展论[M].合肥：中国科学技术大学出版社，2009:65.

❷ 罗马俱乐部(Club of Rome)是未来学研究的国际民间学术组织，也是一全球问题应对的智囊组织。1968年4月，在阿涅尔利基金会的资助下，主要由意大利著名实业家、学者A.佩切伊和英国科学家亚历山大·金发起创立，总部设在意大利罗马，目前有成员有100人。它的宗旨是通过对人口、粮食、工业化、污染、资源、贫困、教育等全球性问题的系统研究，提高公众的全球意识，敦促国际组织和各国有关部门采取必要的改革行动，使人类摆脱面临的所有困境。由于它的观点和主张带有浓厚的消极和悲观色彩，所以，也被看作是“未来学悲观派”的代表。主要代表研究报告有《增长的极限》(1972)、《人类处在转折点》(1974)、《重建国际秩序》(1976)、《超越浪费的时代》(1978)、《人类的目标》(1978)、《学无止境》(1979)、《微电子学和社会》(1982)等。

❸ 陆大道，等.2050：中国的区域发展——区域科技发展路线图研究报告[M].北京：科学出版社，2009:152-153.

万以上人口城市29个，500万以上人口城市66个，100万以上人口城市358个，可容纳10亿人口。[1]我国城市群整体发展需求和形态越来越清晰，据不完全统计，2007年以来，国务院先后批准的城市群发展规划多达21项，其中2009年一年就多达10项。河南、山西、云南、贵州等省还批准实施了省级城市群发展规划。我国“十一五”、“十二五”规划都明确提出了遵循城市发展规律，把城市群作为未来经济增长极，逐步形成辐射作用大的城市群的战略思想。国家主体功能区战略又具体规划了“两横三纵”18个优化和重点开发城市化区，作为我国未来人口聚集、GDP创造和税收核心区。这些都表明我国城市群建设与发展已进入到了战略实施阶段。目前，我国是世界上人口最多的国家，人口总量是欧盟的2倍、美国的4倍、日本的10倍。如果按照它们当中多数国家的80%城市化比例，我国需要11亿人口的城市容纳量。这相当于17个美国东北部的波士华城市群、16个日本太平洋沿岸城市群和31个英国大伦敦城市群。我国需要以城市群集约发展模式来节约国土资源，环境友好发展，用尽量少的土地供养又多又有生活质量的国民。目前巴西人均平原面积约为1.5万m^2/人、美国为1.2万m^2/人、日本约为830m^2/人，我国与日本接近，仅为1000m^2/人，这相当于巴西人均平原面积的1/15、美国的1/12和欧洲的1/10。[2]所以，城市集群发展将是我国未来相当长时期的基本方向，到2050年，我国将成为世界上拥有城市群数量最多、城市群规模最大，有世界城市群影响力的重要国家。

第二节　城市群是引领国家现代发展的地域中心

现代城市群摆脱了传统城市的资源依赖形态，而进入到了要素聚集、多城协作、连绵一体、区域中心功能突出，集群发展、界限模糊的巨型城市时代。

---

❶ 王建.2030年:中国空间结构大调整[J].中国改革,2005(8):55-56.

❷ 数据来源:根据各国统计年鉴及相关地理资料综合整理。

一、城市群对国民经济有引擎作用

城市群是国民经济的支柱区域，是国家参与全球竞争的空间核心单元。联合国人居中心发表的《世界城市状况报告》指出：无论发达国家还是发展中国家，城市在国家经济中的地位都越来越重要。虽然各城市群经济结构不同，但城市群是各国经济、文化、科技最集中和先进的区域，它对国民经济的"母机"作用主要表现如下。

（一）量的引擎作用：城市群经济占国民经济总体比重大

城市群不但聚集了大量传统的劳动密集和资源密集型产业，而且这里又是新兴知识密集型产业的聚集地，也是现代生产者服务业中心。城市群现代化水平越高，经济越发达，它对三次产业服务规模、质量和系统化要求也越高，三次产业占经济结构比重也越大。所以，城市群经济在量的积累方面兼顾传统与现代优势，占国民经济总体比重大，是国民经济主体。美国的波士华、五大湖和大洛杉矶这三大城市群汇聚了全美52%的人口和45%的GDP[1]（见表2.2）；日本东京、阪神、名古屋三大城市群以10.4%的国土面积聚集了全日本43.5%的人口，2/3的企业和劳动力和3/4的工业产值与GDP；韩国"首都圈"面积仅为全国总面积的12%，却集中了韩国近5000万人口中的一半，七成的国民生产总值来自"首都圈"[2]；泰国曼谷的经济占全国总量的38%。此外，即使在最不发达的非洲国家，城市经济也占国民生产总值的60%。[3]

---

[1] 《中国城市发展报告（2002—2003）》研究认为：美国三大城市群（波士华、五大湖区、大洛杉矶）的GDP占全美国的份额为67%，日本三大城市群（东京、阪神、名古屋）的GDP占全日本总量的70%以上。

[2] 谷玥.亚洲魅力之都——韩国首都首尔[EB/OL].[2011-10-3]. http://news.xinhuanet.com/ziliao/2003-08/26/content_1044997.htm.

[3] 何洪泽.世界加速城市化[EB/OL].[2011-10-4]. http://www.people.com.cn/GB/guoji/24/20010606/482646.html.

表2.2　美国三大城市群的基本经济特征

城市群	位置	核心城市	2007年人口（万人）	2007年GDP总量（亿美元）	经济地位	支柱产业
波士华	东北部大西洋沿岸	波士顿、纽约、费城、巴尔的摩、华盛顿	5430（18%）	22000（16%）	这是被世界最早公认的最大城市群，经济总量是英国或法国的一倍多，是加拿大或印度的两倍多。是美国最大的生产基地，工业产值占全美30%，也是世界最大的国际金融中心	金融、传媒、生物科技产业
五大湖	五大湖沿岸	芝加哥、匹兹堡、克利夫兰、托利多、底特律、布法罗、罗切斯特	6800（23%）	21300（16%）	属国际城市群，与加拿大的多伦多、蒙特利尔相连，又被称为“北美五大湖城市群”。是美国传统制造业中心，“铁锈城市群”，是美国最早但至今仍十分重要的工业基地，汽车产量与销售额占全美80%，是世界工厂。芝加哥是美国第二大城市	钢铁、汽车与机械制造、运输、商业房地产、零售、光电生产和研究，全球著名的大公司如施乐、柯达等就聚集在这里
大洛杉矶	西南部太平洋沿岸	旧金山、洛杉矶、圣迭戈	3440（11%）	18130（13%）	这里是美国高新技术产业集群地，也是美国最具活力地区，著名的“硅谷”在这里。属国际城市群，与墨西哥的蒂华纳相连。蒂华纳是世界最大的电视、电子和高科技新产品制造中心	娱乐、金融、生物技术、数字技术、软件、计算机和电信设计、机械制造业

参考资料：秦尊文.美国城市群考察及对我国的启示[J].湖北社会科学，2008(12)：81-84；方创琳，等.2010我国城市群发展报告[M].北京：科学出版社，2011：252.

我国珠三角、长三角、山东半岛、京津冀四个城市群以21%(2.1亿)的人口、5.8%的国土面积(55.4万平方公里)所创造的经济总量占全国的43%,工业产值占全国的50%,它们的地均工业产值分别达到了7946、6237、4624和2176万元/平方公里,高于全国平均水平至少一倍以上(见表2.3)。

表2.3　我国城市群与全国经济平均状况比较

经济密度	25个城市群	全国	城市群平均水平是全国平均水平的倍数
地均GDP (单位:万元/平方公里)	946	355	2.7
地均工业产值 (单位:万元/平方公里)	1435	571	2.5
人均GDP(单位:万元/人)	3.1	2.6	1.2
人均工业产值 (单位:万元/人)	4.9	4.1	1.2

数据来源:《中国城市统计年鉴2010》《中国统计年鉴2010》。

而25个城市群,即长三角、珠三角、京津冀、皖江、淮海、武汉、长株潭、环鄱阳湖、松嫩、辽中南、石太、山东半岛、中原、关中、川渝、河套、河西、北疆、北部湾、海西、海口、拉萨、昆明、贵阳和银川等,它们的经济总量占全国的97%,工业产值占全国的92%,国土面积和人口却分别占全国的39%和83%。

(二)质的引擎作用:城市群经济集约发展效益高

城市群对国民经济有质的牵引作用,主要因为城市群经济具有专门性、技术先进性和成本高收益性。所谓专门性主要是指城市群产业有分工性。比较典型的例子就是美国波士华城市群是世界金融、旅游业中心,五大湖城市群是传统兼现代制造业中心,大洛杉矶城市群则以新兴电子、制药、软件业制造而著称,墨西哥湾沿岸城市群是能源工业中心,南佛罗里达城市群是现代休闲、旅游、疗养、娱乐项目设计和技术中心,是迪士尼的故乡。再比如北欧厄勒城市群是世界“药谷”等。实际上更多的城市群是复合型的,各城市分工协作,整体构成体系,如荷兰的兰斯塔德城市群、日本的东京、阪神、名古屋等城市群都有这样内部分工协作特点。[1]我国城市群目前还没有形成明显的整体专门化或内部协作性，但综合性特征很明显，如长三角、珠三角不但是轻工业制造，还是重工业制造中心，与韩国釜山、日本的太平洋沿岸城市群共同作为世界造船工业中心，“东亚三国”承担了世界造船78%订单份额。[2]所以我国城市群目前基本表现为综合状态。

城市群经济技术具有先进性主要是因为，第一，城市群就业者平均受教育程度高，城市群为居民所创造的优越的工作、生活、医疗等环境条件对高端人才更有吸引力；第二，城市群拥有发达的通信交通系统，占据了信息前沿优势；第三，城市群是公司总部和高技术企业汇聚的区域；第四，一、二产业与现代服务业的市场化配套支持。这些因素都奠定了城市群经济技术领先的基础。

城市群经济密度大、收益率高是城市群经济集约发展的重要表现。其主要原因在于城市群拥有雄厚的国内国际资源，产业结构齐全，无论人力、资金、市场还是政策要素都非常集中，现代技术分工与合作使产业链聚集，降低了产业的时间与空间成本，而城市群便捷的交通和发达物流系统又进一步降低了运输成本。

总之，城市群经济集约发展是城市群集约化发展的基础，没有城市群经济结构与技术整合所产生的集约发展效益，国家要节约土地，保护资源，保护生态环境和可持续发展目标就难于实现。城市群经济的种种引擎作用促成了世界所有城市群成为不同层次和不同行业发达中心，在较少国土面积上承载了较多人口，创造了主体国民经济，所以做强城市群是国家高效发展的一种好模式。

（三）放大的引擎作用：城市群辐射带动区域发展

城市群对国民经济的发动机作用不仅表现在量与质方面，更主要的是它不是

---

❶ 荷兰的兰斯塔德城市群是一个环形城市群，它是欧洲西北部城市群的一部分，与法国巴黎城市群、德国莱茵—鲁尔城市群连为一体。兰斯塔德城市群包括阿姆斯特丹、鹿特丹、海牙、乌德勒支、哈勒姆、莱登等城市，各城市之间距离大多在10—20公里。阿姆斯特丹是荷兰全国的商业、金融和文化中心，海牙和乌德勒支是政治与行政中心，鹿特丹是世界港口、商业批发和重工业中心，艾莫伊登是钢铁工业基地，德尔福特和莱登是文教科研城市，哈勒姆是轻工业城市，希尔维萨姆是无线电工业城市。20世纪70年代，荷兰政府规定城市之间要保留4公里以上的农业地带，以保持城市群生态化发展。

❷ Statistics Korea. Explore Korea through Statistics 2009[EB/OL].[2009-12-08]. http://www.kosis. kR/eng/index.html.

静止不动而是动态反哺的，对国民经济有集聚—溢出放大作用。通常，城市群的规模越大，对外资源流动规模也越大，辐射作用越强。一方面，集聚放大效应，就是城市群吸引和汇聚国内外优秀资源，使城市群经济取得了1+1＞2的资源整合、极化发展成就。另一方面，溢出放大效应，就是城市群发展上升过程中，其先进的经济要素会与周边地区的扩大交流，形成溢出效应，从而影响带动周边地区发展，减小城乡差别和大小城差别。

正是在城市群经济的集聚—溢出作用下，城市群不但成为国民经济的领跑者，还是对国民经济整体发展的牵引和拉动者。在全球化背景下，世界各国以城市群强国的国家基本可分为两种类型，一种是国土面积广大的国家，对于美国、俄罗斯、巴西、印度和我国这样的国家，每一个城市群都是一个区域发动机，多极化与内外市场兼顾发展是基本方向；另一种就是领土狭小国家，如日本、韩国、芬兰、新加坡等国，它们可以直接通过城市群极化发展，在专门领域抢滩国际前沿，占有国际市场一定份额，外向型发展是这些国家核心竞争发展的基本模式。因此两类国家因城市群发展模式不同，大学群表现也有差异，基本表现是领土广大国家的大学群一般具有较高的综合化水平，地域狭小国家的大学群在专门性和尖端性方面通常更有优势。

二、城市群对科技文化有引擎作用

（一）科技引擎

城市群云集了各层次科研机构和大学，人才济济，良好的自然和人文环境又为高新企业聚拢人才和技术创造了条件，城市群研发需求和资金投入的集中度较高，有创新发展优势（见表2.4）。同时，城市群也是本国制造业中心，制造业是最富含本国科技精华的产业，是各国最先进生产力的代表，曼谷拥有泰国制造业GNP的74%，拉各斯创造了尼日利亚制造业年增加值的57%，并拥有全国40%的高技术劳动力。❶

❶ 姚士谋，等.区域与城市发展论[M].合肥：中国科学技术大学出版社，2009:101.

表2.4　美国R&D经费投入量前13州的相关城市群

研发经费支出全美排名	州生产总值全美排名	州	中心城市	所属城市群
1	1	加利福尼亚	旧金山、洛杉矶	加州城市群
2	2	纽约	纽约	波士华城市群
3	3	得克萨斯	达拉斯、圣安东尼奥、奥斯汀、休斯敦	墨西哥沿岸城市群
4	6	宾夕法尼亚	匹兹堡	五大湖城市群
5	16	马里兰	巴尔的摩	波士华城市群
6	11	马萨诸塞	波士顿	波士华城市群
7	5	伊利诺伊	芝加哥	五大湖城市群
8	12	北卡来罗纳	达勒姆、罗利、夏洛特	东南城市群
9	9	密执安	底特律	五大湖城市群
10	7	俄亥俄	克利夫兰、哥伦布、辛辛那提	五大湖城市群
11	4	佛罗里达	迈阿密、奥兰多、坦帕	南佛罗里达城市群
12	10	佐治亚	亚特兰大	东南城市群
13	20	威斯康星	麦迪逊、密尔沃基	五大湖城市群

资料来源：GEIGER RL, CRESO. Beyond technology transfer: US State policies to haness University research for economic development[J].Minerva,2005(43):1－21.

2009年，我国31个省级（不含港澳台）行政区中，研发投入居于前1/3省份的占全国总量的76%，而研发人员全时当量占全国总量的70%，GDP占全国总量的60%，这一优势主要集中在长三角、珠三角、京津冀、武汉、关中、川渝等八个城市群，表明这八大城市群的确是我国科技主力（见表2.5）。当然，我国城市群科技对非资源型经济的引领作用与美国、日本还相差很远，八个城市群经济量占我国经济总量的比例与美、日主要城市群经济量占它们本国经济总量的比例大体相同，但实际经济量差距就大了。另外，我国城市群的国际集聚—溢出能力与美、日、西欧城市群还差距悬殊。

表2.5 我国R&D经费投入前11省及相关城市群科技资源状况

R&D经费投入占全国比例的排名	GDP总量占全国位置	省市	主要相关城市群	R&D人员全时当量占全国比例的排名	R&D经费投入占各省GDP比重的全国排名	就业人员中受大专以上教育程度者比例（%）
1	2	江苏	长三角	2	5	7
2	13	北京	京津冀	3	1	36
3	1	广东	珠三角	1	8	8
4	3	山东	山东半岛	5	9	6
5	8	上海	长三角	6	2	31
6	4	浙江	长三角	4	6	10
7	7	辽宁	辽中南	10	10	12
8	9	四川	川渝	9	11	6
9	11	湖北	武汉	8	7	8
10	17	陕西	关中	11	4	8
11	20	天津	京津冀	17	3	18

数据来源:《中国科技统计年鉴2010》《中国人口和就业统计年鉴2010》《中国统计年鉴2010》。

（二）文化引擎

城市群是世界各国的图书馆、博物馆、音乐厅、歌舞剧院、大学等分布中心，所以它是社会文化引领者，是地域文化中心和亚文化主体。城市群丰厚的亚文化元素与现代艺术、新媒体结合，文化创意潜力巨大，表现为出版物、影视剧、卡通片、电子游戏、手工艺品、儿童教育文化品等，这些城市群文化产品也都是世界文化交流的载体。

城市群担当社会文化引擎的关键在于城市群聚集了稠密的“文化创意工厂”，它们就如同永不停息的机器一样对社会文化进行加工创造与传播，而集结文化创意机构和调动它们积极性是城市群文化与文化产业繁荣的核心工作。比如美国波士华城市群拥有学生人数在1.5万人以上的大学就有18所，尤其重要的是这里拥有如哈佛、麻省理工、哥伦比亚、约翰·霍布金斯、普林斯顿等一批世界顶级大学，它们对城市群发挥的是综合智力创意作用。此外，美国最大的图书馆、博物馆、最著名的传媒机构（报纸、杂志、电台、电视台、出版社、广告公司等）、美国最主要的律师事务所、会计事务所、基金会、咨询公司等都集中在这里，且这里还是联合国总部所在地，所以这里不但是美国文化中心，也是世界文化中心。美国现代哲学家兼规划大师路易斯·芒福德和加拿大城市规划批评家雅可布斯认为：城市是文化的容器，是一种特殊的精密而紧凑的文化构造。世界各国城市群都在发挥着不同层次的文化引领作用，构成了区域文化、国家文化和国际文化的“金字塔型”整体结构。

（三）信息枢纽

网络、通信、云计算、物联网等信息技术革命给社会带来了翻天覆地的变化，不但提高了社会发展效率和管理质量，更主要是信息技术对人类生产生活方式带来了巨大改变。一方面，城市群是国家和世界信息网络节点。作为区域政治、经济、文化中心，城市群是社会信息港、数字化和宽带网络中枢，具有信息综合性、丰富性、先进快捷性。另一方面，城市群的现代信息中枢地位给城市群发展带来了巨大变化。城市群中心区依托完善发达的信息网络逐步成为“指令中心”“总部基地”“金融中心”“高端研发与消费中心”等，而生产、加工、装配、库存等具体部门则分散在卫星城、城乡结合处，甚至是更远的生产基地。这使城市群空间结构趋向分散而局部发展趋向分类集中。

一般来说，城市群内外信息作用可分为三个层次，即区域层次、国家层次、国际层次，这三个层次是循序渐进，逐步发展上升的。目前我国多数城市群还仅仅停留在区域信息中心的地位。长三角、珠三角和京津冀城市群的国家和国际影响力较大，但与美国的波士华、日本的太平洋沿岸城市群、欧洲西北部城市群及英国大伦敦城市群的国际影响力还无法相比。东京、纽约、伦敦这三大城市群是国际化水平最高的城市群，它们是国际化大银行、全球性证券公司和各国大公司总部汇聚地，拥有世界上最大的100家银行49%的总资产和60%的总资本，掌握着全球25家最大证券公司99%的总资产和98%的总资本。[1]大巴黎、大洛杉矶、墨西哥城、五大湖和南佛罗里达等城市群也是承担国际功能较多的国际中心城市群。

（四）管理与社会进步引擎

---

[1] SASSEN S. The global city: London, New York, Tokyo[M]. Princeton: Princeton University Press, 1991:178-179.

管理也是生产力。城市群是社会公共管理、企业管理、社区管理、非营利组织管理等各类型和层级管理最密集、最集中的区域，也是各种管理信息与改革实践最集中的区域。城市群不但拥有一个区域最丰富的管理资源，还有一大批管理研究机构和高级智囊团。所以，城市群是管理科学化、规范化、高效化的示范中心，是改革探索中心和发展研究中心。城市群的这种社会管理引擎作用不容忽视，特别是城市群有组织整体发展以后，其带头和引领作用会更加凸显。同时，城市群还是社会进步与时尚的引领者。列宁曾说：“城市是经济、政治和人民精神生活的中心，是社会进步的主要动力。”今天的城市群是巨型城市，其政治、经济、文化、宜居功能较之先前更强大，引领着人们思想文化潮流、现代生活观念、日常消费时尚、投资理财观念等。

本章核心结论

本章重点探讨了城市群对国家的核心作用。城市群是“城市集合体”。它对国家的核心动力作用主要表现在对国民经济的“量”与“质”的引擎作用和集聚—溢出的“放大”作用方面。还对科技、文化、信息、管理和社会进步等方面有中枢和引领作用。目前世界城市化发展状况总体呈上升趋势，其中，发展中国家城市化速度比发达国家快，后发崛起大国是世界城市化加速发展的主力，发达国家与发展中国家都存在城市巨型化、连片发展趋势，但是人类现代生态化城市的生产生活蓝图在后发国家城市群规划发展中更有机会得到满足实现。现在，我国城市群发展步伐加快，未来我国将成为世界上拥有城市群数量最多、规模最大、有若干国际影响力的城市群大国。做强城市群可以成为中华民族伟大复兴，从大国走向强国的科学发展道路。

第三章　大学群：综合国力的多极智力引擎

本章关键词：大学群；城市群；主体功能区；共生发展；耦合集聚；耦合溢出

大学群（university clusters of megalopolis，UCM）是以城市群为发展基础的城市群大学集合体。城市群在国家竞争发展中承载着核心动力作用，那么大学群在国家竞争发展中担当什么角色？它是通过什么路径来完成角色任务的？这是非常重要的问题。本章将对大学群与国家高等教育整体关系，大学群与城市群关系进行分析。

第一节　城市群地域大学群对建设高等教育强国有核心作用

一、城市群地域大学群是国家高等教育资源的规模主体

一般来说，城市群是一个国家高等教育资源最密集、最核心的区域。从发达国家大学实际分布状况来看，城市群也的确是大学云集的中心。粗略统计，美国东北、东南、西南和西北的波士华、五大湖、大洛杉矶、大西雅图、墨西哥湾沿岸、亚特兰大—夏洛特、南佛罗里达七个城市群，英国大伦敦城市群（包括伦敦、伯明翰、曼彻斯特、利物浦），法国巴黎、里昂、马赛—蒙彼利埃、图卢兹—波尔多四个城市群，这些城市群的大学数量都分别约占本国大学总数量的70%；俄罗斯的莫斯科、圣彼得堡、北高加索、新西伯利亚等八个城市群的高等

教育资源总量约占全俄的90%[1]；日本东京、大阪、名古屋三个城市群的大学数量约占全日本的55%；芬兰的赫尔辛基城市群大学数量约占全芬兰40%；我国城市群大学和大学在校生数量分别占全国总量的82%和89%。所以，大学群在国家高等教育体系中占有数量的绝对优势，是高等教育资源的规模主体。

二、城市群地域大学群是国家高等教育资源的质量主体

大学群与城市群发展水平总是相辅相成的，世界城市聚集和发达的地方，也必然是大学群先进中心。运用可获得数据对我国31省市（自治区）的非资源型经济与大学规模的相关性研究发现：区域国民经济中的非资源型经济比重与区域大学群的规模、质量水平呈较显著的正相关（见表3.1）。广东、江苏、上海、天津、北京等省市的高新技术产业产值占它们自己的GDP比重位居全国前10名之列，它们与我国长三角、珠三角、京津冀、山东半岛、海西、川渝等六个城市群相吻合[2]，而这些城市群辖区却分布着我国61%的“211工程”院校和62%的“985工程”院校，清华、北大、人大、北师大、浙大、川大、天大、南开、南京大学等国内一流大学几乎都聚集在这几个城市群中。[3]

表3.1　对我国31省的大学与经济的皮尔逊相关分析

		各省高技术产业产值（亿元）	GDP（亿元）	高技术产值占GDP比重	各省大学数量（所）	各省在校生（人）	各省专任教师（人）
各省高技术产业产值（亿元）	Pearson Correlation	1	.828**	.879**	.538**	.564**	.581**
	Sig. (1-tailed)		.000	.000	.001	.000	.000

[1] 俄罗斯工业、人口及高等教育主要分布在自西向东的圣彼得堡、莫斯科、北高加索、伏尔加、乌拉尔、新西伯利亚、外贝加尔及远东这八大城市群。随着中国崛起和东亚经济繁荣，进入新千年以后，它的东进战略正逐步深入。

[2] 数据来源：《中国高技术产业统计年鉴2010》《中国统计年鉴2010》。

[3] 数据来源：根据《中国教育统计年鉴2010》和《中国统计年鉴2010》整理。我国“211大学”（全国共有112所，其中华北电力大学、中国石油大学、中国地质大学、中国矿业大学拥有两个校区，实际高校为116所）位于省会城市的有105所，占总数的90.5%；“985大学”（39所）位于省会城市的有36所。以省会为中心的城市群是我国高等教育资源的主体。

续表

		各省高技术产业产值（亿元）	GDP（亿元）	高技术产值占GDP比重	各省大学数量（所）	各省在校生（人）	各省专任教师（人）
GDP（亿元）	Pearson Correlation	.828**	1	.686**	.818**	.862**	.853**
	Sig. (1-tailed)	.000		.000	.000	.000	.000
高技术产值占GDP比重	Pearson Correlation	.879**	.686**	1	.475**	.443**	.515**
	Sig. (1-tailed)	.000	.000		.003	.006	.002
各省大学数量（所）	Pearson Correlation	.538**	.818**	.475**	1	.947**	.957**
	Sig. (1-tailed)	.001	.000	.003		.000	.000
各省在校生（人）	Pearson Correlation	.564**	.862**	.443**	.947**	1	.979**
	Sig. (1-tailed)	.000	.000	.006	.000		.000
各省专任教师（人）	Pearson Correlation	.581**	.853**	.515**	.957**	.979**	1
	Sig. (1-tailed)	.000	.000	.002	.000	.000	

**Correlation is significant at the 0.01 level (1-tailed).

数据来源:《中国高技术产业统计年鉴2010》《中国统计年鉴2010》。

对美国大学群研究也发现，GDP总量大，就业人口多的区域，它们的大学数量、研发投入、高技术产业从业者数量、发明专利和发表科技工程论文数量也多，主要是美国经济最发达的旧金山—洛杉矶—圣迭戈、达拉斯—奥斯汀—休斯顿—圣安东尼奥—新奥尔良、罗利—达勒姆—夏洛特—亚特兰大、迈阿密—坦帕—奥兰多、芝加哥—底特律—匹兹堡—克利夫兰—布法罗、波士顿—纽约—巴尔的摩—华盛顿等六个城市群（见图3.1）。

所有分析都表明，城市群在国家和国际发展中居于先进和中心地位，大学群与城市群在发展水平上基本保持动态平衡状态。与其他区域相比，城市群大学集合体具有规模大、质量优、水平高的综合特点。一方面，城市群有优势去吸引和汇聚国内外优秀高等教育资源，使大学群在“马太效应”下极化发展；另一方面，城市群与大学群相互带动，循环提升。所以，大学群是国家高等教育质量中心。

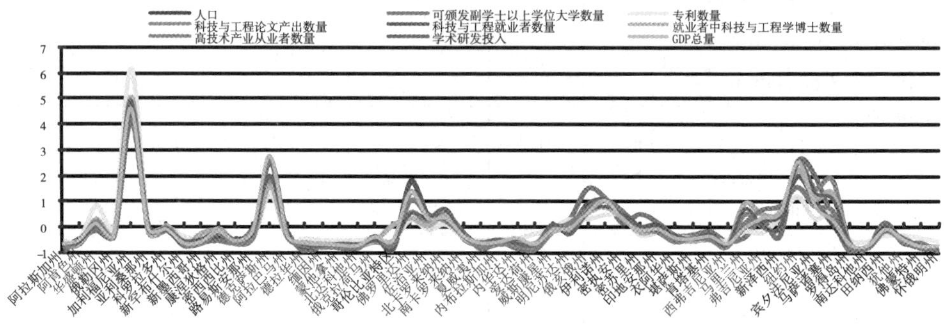

图3.1 美国五个主要大学群的综合状况

三、大学群是国家高等教育资源的流动中心

城市群的金融、制造、现代服务、创意文化业等中心地位决定了它对人才需求类型多、层次多、质量高，且城市群是全社会技术和产品推陈出新、创新发展中心。所以，大学群身处城市群区域，是国家高深知识流动最密集、流量最大的地方。知识更新力是现代人才生存发展的基本素质，而知识更新力和创新力又是现代优秀人才的必备素质。大学群不但要为满足城市群人才需求进行知识分类传播，还要对各级各类在职人员进行继续教育，并满足城市群产业创新研发对高深知识的需求。所以大学群是国家高深知识流动传播中心，是高深知识传播流量最大的学术组织。没有丰厚的高深知识流量，也就没有大学群优质高效的社会效益，而保证高深知识流量的基础是大学群在人才和科研的层次、类型、规模、结构等方面能否与本城市群相互适合与匹配。每个大学群与城市群之间都在不断地以内隐和外显两种方式调整着二者互适关系。内隐方式是指大学群与城市群自觉持久地在环境作用下缓慢地进行相互知识流动与适应发展。外显方式通常是在有组织和管理作用下，大学群与城市群之间进行知识流动与适应发展。与内隐性互

适方式相比，外显性互适方式具有作用显著、变革速度快等明显特点。

如果大学群为城市群提供畅通的知识流动渠道，则可以降低城市群失业率、提高企业发展潜能，为城市群新增就业职位。反之，就会出现因专业设置、人才培养规模、层次等知识流量因素所造成的失业、职业压力增大、生产效率降低、创造力减弱等“城市病”。20世纪60年代美国加州大学体系改革，实际上就是解决大学群与城市群知识供给与需求结构互适的问题。当今世界各国普遍重视开放型大学、城市大学和社区学院等终身教育院校，城市群因人口集中（我国25个城市群总人口占全国的81%）当然是国民终身学习的核心区。从世界高等教育强国发展史来看，德国走的是“精英”高等教育强国路，美国走的是“精英+大众化”高等教育强国路，未来我国呢，据目前判断，可能走的是“精英+大众化+终身”高等教育强国路。《纲要》已明确了我国未来要构建灵活开放的终身教育体系，搭建终身学习“立交桥”的总体发展方向。可见，高度保持大学群高深知识流量的主体地位和优质地位，对现代大学群、城市群和国家发展很重要。总之，大学群作为国家高等教育资源的规模主体、质量主体和高深知识流动中心，奠定了大学群作为国家高等教育质量、规模、结构与效益的核心地位。

第二节　大学群与城市群的耦合集聚—溢出发展关系

现代城市群有一种常见的经济现象——集聚—溢出效应。所谓集聚效应源于城市群对经济、文化、技术等各种资源在空间上的吸引和聚集作用，使城市群资源质量的平均水平提高，规模增大，内部联系紧密，分工深化，这是城市群优先发展、极化发展的过程。所谓溢出效应是指城市群在自身强盛发展过程中，会对城市群之外的区域产生辐射带动作用，从而创造出外部社会效益。大学群也同样具有集聚—溢出效应。

一、大学群与城市群集聚—溢出效益耦合倍增

大学群与城市群在空间上的耦合分布为它们耦合集聚—溢出发展创造了条件，二者的耦合集聚—溢出使城市群与大学群共生发展社会效益倍增，这是后工

业时代城市群与大学群耦合发展的特有效应，缺少现代城市集群发展和现代大学集群发展任何一个条件都是不可能的，同时，城市群还要具备一定的经济基础和积极的非资源型经济发展政策。“二战”后，工业发达国家是城市群与大学群耦合集聚—溢出效益的最早获得者，其中美国最为典型。美国是世界上最早以大学科技园区振兴城市群经济的国家，围绕着纽约地区的金融业、五大湖地区的制造业、伊利诺伊地区的农业科技产业、洛杉矶地区的文化创意产业、南佛罗里达地区的娱乐休闲产业等，美国大学也分别形成了特色鲜明的几大集群。美国几大特色鲜明的经济产业主体功能区与特色鲜明的大学群耦合匹配，共同铸成了美国经济和高等教育的百年霸主地位。我国大学群与城市群正处于耦合集聚—溢出发展与成长过程中，且各地情况不同，京津冀、长三角最强，其他地区相对较弱。

总之，城市群作为国家核心竞争枢纽，大学群作为国家智力枢纽，两大引擎在主体功能区框架下以城市群为中心耦合集聚—溢出发展，社会效益放大，无论对大学群还是城市群发展都是值得重视的。

二、从大学群与城市群多极耦合集聚—溢出到整体强国

一个城市群与一个大学群的耦合集聚—溢出，不仅对本城市群有益，而且会辐射带动相邻区域或整个国家。这种作用，对于领土面积辽阔的国家，随着城市群与大学群耦合集聚—溢出水平的提高，就会在全国形成多极带动，整体繁荣的局面，这不仅仅是“化整为零，集零为整”式的建设高等教育强国战略，也是国家实现整体跨越的战略。发达国家的城市群与大学群耦合发展水平已经很高，他们正着手“创建新大学来填补地图中未被高等教育服务过的地区”，而我们有自己的国情，还必须重视提高高等教育服务质量，以点带面，整体兴旺。

需要特别强调的是，城市群与大学群耦合集聚—溢出作用一般有三种模式，就是滨海与内陆之间（海陆模式）、内陆与内陆之间（陆陆模式）、空港与内陆之间（空陆模式）。海陆集聚—溢出对于临海国家非常重要，而我国国土的海陆分布是失重的，三面深居亚欧大陆内部，只有东面一侧临海，这与美国国土东西两岸临海的优势有很大差距。我国西部城市群和大学群直接得到东部沿海城市群和

大学群影响带动作用很微弱，因为我国海陆溢出半径过长，最长达到5300公里，是巴西的2倍、美国的2.5倍、印度的7.5倍。[1]这是对我国高等教育和全国整体富强很不利的地缘条件。英国当代战略学家格雷（Colin Gray）曾断言："地理环境并不决定历史进程，但它对于发生在领土边界内的一切都是根本性的。"[2]哈佛大学罗斯（Robert Ross）教授认为："经济、技术、教育等因素固然有助于一个国家形成大国地位，但地理是决定一个国家能否具备大国地位的前提。[3]我国属于"海陆混合型动力发展的国家"，所以重视陆陆集聚—溢出效应，做强内陆大学群，提高内陆大学群与城市群的耦合集聚—溢出效益对内陆地区创新发展非常重要，内陆大学群对内陆周边地区所发挥的辐射作用一点儿也不亚于沿海大学群。

所以，我国"要真正崛起成为一个公认的大国需要有一个恰当、有效的地缘战略"，高等教育也不例外，重视发挥中西部大学群的内陆"桥头堡"作用，强化陆陆集聚—溢出效益，以此弥补我国海陆分布先天不足，做到海、陆、空集聚—溢出全面发展，形成多极化空间格局，这才能从实践中把英国地理学家麦金德（John Mackinder）的所谓拥有"亚欧大陆腹地"就拥有了至高无上的国家战略发展地位的"陆权"思想变成现实。

第三节 大学群与城市群耦合集聚—溢出发展的表现形式

大学自诞生以来，始终与城市相伴，城市创造了大学，大学也成就了城市。

---

[1] 数据来源：根据相关国家的国土资源的地理资料统计整理。另外，据俄罗斯国土资源调查显示，俄罗斯境内仅有15%的国土面积适宜人类居住，这些区域主要位于欧洲和中亚、东北亚南部边缘地带。相比之下，中国适宜人类居住的区域达到40%，俄罗斯的人口数量只相当于中国的1/10，所以，一方面，俄罗斯人口集中的区域是有限的，因此高校集群向外溢出的有效区域也是有限的；另一方面，俄罗斯因为地理交通跨度大，长距离扩散溢出效率低。它的溢出效应主要表现为局部区域的近地溢出。俄罗斯已经形成了八大高校集群，可以发挥这样的局部溢出效应，所以，它的局部溢出半径就很短了，欧洲领土的高校集群最长溢出半径为1700千米左右，亚洲部分的新西伯利亚核心溢出区、外贝加尔核心溢出区和伯力核心溢出区，局部溢出半径也都在1000千米左右。

[2] GRAY C. The continued primacy of geography[J].Orbis, 1996, 140(12):1247-1259.

[3] ROSS R.The geography of the peace: EastAsia in the twenty first century[J].International Security,1999, 123(14): 118-181.

人类历史进步的过程就是一个以科技认识和改造社会过程，所以从历史到今天，城市群与大学群的耦合共生发展关系就越来越紧密和明确，大学在城市群作为国家核心竞争中心的成长和崛起过程中，大学群成为最受它欢迎的知识组织之一，这为大学群与城市群共生发展奠定了坚实基础。

一、大学群与城市群共生发展

虽然城市群与大学群本质上都是物质和精神集合体，都有社会性和文化性，都有创造经济财富、进行文化研究与传播的职能，但它们的组织行为方式和中心工作内容有区别，二者偏重不同。城市群以物质生产、文化创意和公共事业管理为中心工作，以直接创造经济财富、提高人民生活为主业，群众性文化研究与传播是非专业、非主导行为；大学群则偏重精神生产与创造，以教学和科研为中心工作，把对知识文化梳理研究和教育传播作为专业和主业，辅助城市群创造经济财富、改善民生。知识的超时空性决定了大学群不可能完全从属于城市群发展，学术自由精神增强了大学群发展的相对独立性。大学群与城市群的上述特点决定了二者永远不能以一方屈从于另一方的方式去从属发展，而只能是相互尊重、求同存异、共生共赢发展。所以，大学群与城市群存在着共生发展关系具有积极性与有限性的双重属性，是城市群与大学群制定政策与实施政策过程中需要特别注意的，既不能因为积极关系就伤害有限性，也不能因为有限性就被动止步。

一般来说，大学与社会区域之间主要存在着“先导、伴生和跟随”发展关系，而大学群与城市群之间则主要存在着引领性和伴随性共生关系。在全球非资源型经济、生态经济发展大势中，我国无论东部还是西部城市群，也无论优化、重点还是禁止、限制开发的主体功能区中的城市群和大学群，它们都需要积极的共生共赢合作。

（一）大学群与城市群的相互引领共生关系

1.引领性共生

引领性共生发展是指大学群和城市群这两个主体在相互适应发展过程中，表现出明显的一方对另一方的主动积极牵引作用。引领性共生发展一般表现为相互引领的两种方式，即大学群引领城市群发展，城市群也引领大学群发展。

（1）大学群引领城市群发展。

所谓大学群引领城市群发展，是指大学群对城市群社会经济文化发展起着先导引领作用。在这一关系中，大学群既是城市群经济的社会牵引力，也是城市群社会发展的标志。这种关系是建立在大学群有比较成熟的自主创新能力和城市群有强烈的依靠知识、技术创新发展需求阶段。这一阶段，城市群社会不再以自然资源、普通劳动力和资金等初级生产要素为主，而主要依靠高级创新人才、高新技术、尖端产品等知识密集型生产要素创造财富。大学群作为创新知识、创新技术和创新人才的生产者而成为推动城市群可持续发展、非资源型经济发展的决定性因素。

大学群先导引领城市群发展可能将在我国部分城市群或城市群的部分区域率先实现。那些发达程度较高、高等教育资源优质丰厚的城市群，积极打造良好的政策环境、聚拢人才、孵化招揽高新企业，就有机会在大学群引领城市群发展中先行获益。尤其在主体功能区建设发展过程中，大学群先导发展，对引领城市群产业升级，降低资源和能耗，用高附加值、高技术产业支撑城市群优势竞争发展有重要意义。

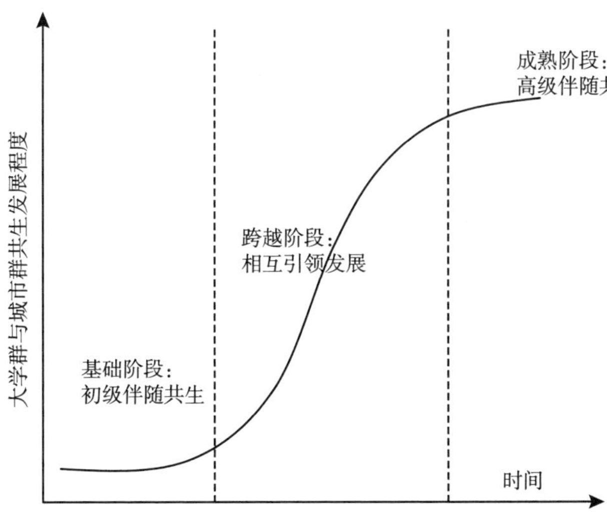

图3.2 大学群与城市群共生发展的S型周期

（2）城市群引领大学群发展。

所谓城市群引领大学群发展，是指城市群社会经济与文化优先发展，从而带动大学群发展，通常表现为城市群用发展战略规划引领大学群采取积极合作行动。在这一关系中，城市群发展规划可为大学群与城市群共生发展搭建平台，提供动力。这种关系是建立在城市群具备了产业升级条件，具备了发展非资源型经济的管理思想和政策环境，大学群自身也具备了教育与研发综合实力，这时如果城市群主动规划，拉近大学群与城市群合作关系，扩大双方共赢合作发展机遇与规模，这样就会促进城市群经济从劳动密集型、资源密集型向知识密集型城市群转轨，对大学群向地方化、优势特色化发展，尤其对我国当前和未来资源枯竭的城市群转型、跃升发展来说，改变城市群与大学群共生发展的被动局面特别重要。综合分析发现，大学群与城市群相互引领的共生发展并不常常表现为泾渭分明地分阶段进行，而是混合在一起、同步交融地进行。当城市群主动搭建协作组织或政策平台以后，大学群对城市群的引领作用就开始连续活跃起来，而城市群政府则转入间歇性调控状态。

（二）伴随性共生

大学群与城市群伴随性共生发展，是指大学群与城市群二者之间保持稳定的合作发展常态，相互牵引的主导者并不明显。这种发展关系一般表现为初级伴随共生和高级伴随共生两个阶段。

当城市群经济基础还较低，产业结构中传统的劳动密集型、资源密集型产值收入所占比例较大，达到主体地位时，大学群与城市群的共生合作主要集中在普通人才培养供应和对传统产业技术改造研究的层面，这种状态就属于初级伴随共生发展状态。城市群经济基础和技术需求决定了这一阶段的大学群与城市群的合作状态，虽然也不乏尖端发明和重大技术进步，但都不足以对城市群经济整体结构发生根本性改变作用，实证分析也证明了这一点。❶

当城市群经济和技术积累到一定程度，具备了产业升级换代，向高附加值产

❶ 根据从《中国城市统计年鉴2010》《中国区域经济统计年鉴2010》《中国统计年鉴2010》搜集的有关大学群发展的33项统计指标，运用SPSS对它们进行主成分分析，从中提取载荷大于1的六个公共因子，它们对影响大学群发展因素的累计解释率达到91.4%。表明六个公共因子能够充分代表33个指标原始数据所表达的信息。统计发现，对第一主成分贡献率高的是城市群GDP、工业产值、地均GDP、人均可支配性收入、制造业劳动力比重、金融业劳动力比重、就业人口总量、大学数量、在校大学生和专任教师数量等大学群发展相关指标，这表明城市群经济与技术资源基础是影响大学群发展的决定性基础和首要因素。

业跨越发展的物质基础、管理诉求和政策环境以后，大学群与城市群就会出现相互引领发展行为，进入引领性共生阶段，这一阶段是大学群与城市群合作发展规模和质量高速攀升期，经过这个活跃期以后，它们的共赢共生经验和机制会趋于稳定、成熟、常态化，于是就进入到高级伴随共生发展阶段（见图3.2）。

可见，大学群与城市群共生发展状态与水平，深受城市群现有条件影响，如果具备经济、政策和技术基础，二者共生合作就会快速突破，如果经济基础薄弱，就要靠大学群与城市群进行缓慢的基础积累，达到一定程度，才能打破初级共生的平衡伴随状态，向高级共生阶段跨越。目前发达国家比我国拥有更高的大学群与城市群共生发展普遍性和成熟度，是因为它们经过20世纪60—90年代的发展，不但起步早，而且它们的城市群经济基础和大学群科技基础原本就比我们雄厚（见图3.3）。1970年美国人均GDP是我国的151倍（2010年缩为11倍）、日本是我国的140倍（2010年缩小为10倍）、英国是我国的106倍（2010年缩小为8倍），强有力的经济基础支撑着发达国家的大学群与城市群合作进步。所以这些国家的大多数城市群与大学群处于活跃的相互引领中，个别大学群与城市群达到了稳定的高水平伴随共生阶段。

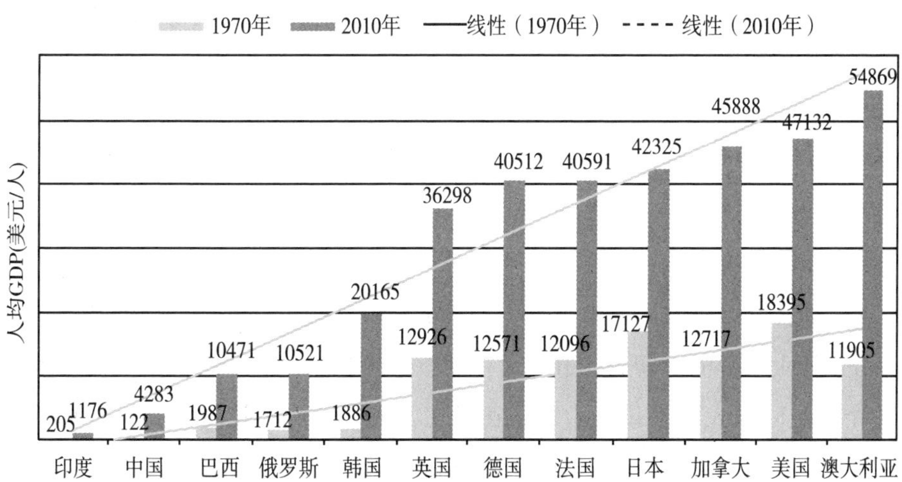

图3.3　我国与世界其他国家人均GDP的比较

数据来源：国际基金货币组织(IMF),ERS International Macroeconomic Data Set.

目前我国大多数大学群与城市群共生发展都处在初级伴随共生发展状态，尽管长三角、珠三角、京津冀在国内比较领先，但也只能算作是刚刚开始的引领性共生发展阶段。按目前状况看，我国部分城市群进入到了全面工业化阶段（三次产业结构比重为Ⅱ>Ⅲ>Ⅰ），北京、上海和贵州的三次产业比重处于Ⅲ>Ⅱ>Ⅰ的结构关系状态，但贵州的第一产业比重却高达14%，上海的第三产业比重仅为59%，北京是我国第三产业比重（为75%）最接近美、日等发达国家第三产业平均水平的城市，但距离它们80%—90%的城市群第三产业比重还有差距。❶

（三）大学群与城市群共生发展过程的重要特点

1. 周期性升级

大学群与城市群共生发展关系由低到高可分为三个阶段，即初级伴随性共生（基础阶段）—相互引领性共生（跨越阶段）—高级伴随性共生（成熟阶段）。这三个阶段是大学群与城市群共生发展的“平衡—不平衡—平衡”的周期变化过程。每一个循环过程中，二者共生发展质量都有新提高。但无论共生发展关系如何紧密，大学群与城市群二者都会各自保持相对独立的个性，相互尊重，共赢发展。如果违背了共生发展关系，片面强调一方从属于另一方，或片面强调个性差异而忽视合作与协作发展，都将有损大学群与城市群双方利益，既可能致使大学群或大学发展定位发生漂移、传统特色和优势被吞噬（如20世纪90年代我国许多大学片面追求“高大全”或“小而全”）而导致大学群整体优势弱化，也可能使城市群因无法得到大学群强有力支撑而高附加值产业举步难、成本高、效益低、周期长。

2. 内生创新为本

城市群经济基础和大学群创新能力是大学群与城市群共生发展的基础，表明城市群依托大学群的“智力崛起”是一个以内生积累创新为根本的发展过程。美国50个州之间巨大的科技能力差距正是由于地方政府科技政策和经济基础的差异所致的。❷外部作用能够发挥一定的支持作用，但必须注意尊重内因的根本地

---

❶ 数据来源：根据《中国统计年鉴2010》整理。

❷ GEIGER R L, CRESO. Beyond technology transfer:US State policies to Harness University research for economic development[M].Minerva,2005(43):1-21.

位，通过内因发挥作用的外部支持才有利于从根本上推动城市群与大学群共生崛起，能起到可持续的支持发展作用。而那些对城市群或大学群进行“救火式”“拔苗助长式”的支持投入很容易产生“雨过地皮干”或“洒水”式效果，是高投入低回报的巨大资源浪费。由此可见，在我国西部大开发、振兴东北老工业基地、支持中部崛起及在主体功能区战略中对禁止和限制开发区进行各种扶持发展、财政转移、生态补偿等政策措施，都需要慎重考虑和选择投入方式，把支持内生创新发展作为首要原则，以求长效。

3. 相互引领发展

相互引领发展是大学群与城市群经过初级伴随共生发展阶段的长期量的积累以后，而从量变向质变跨越的阶段，无论大学群还是城市群所采取的引领行动，都需要把握时机，过早或延误时机都会造成损失或丧失机遇，容易造成后起追赶发展时面临人才、技术、行业等方面的残酷竞争。对于本来就脆弱的城市群和大学群来说，失去了先机就意味着未来需要面对非资源型经济振兴的更高机会成本和技术难度的险境。可是如果过早地盲目“跃进”又容易造成突破点定位不准、共生支持无力等问题，造成“烂尾工程”或浅尝辄止的损失。所以，大学群与城市群共生引领发展的机遇把握又难又关键，时机成熟并不意味着没困难了，需要立足现实研判未来，对重要领域果断出击，出台城市群整体创新发展规划，制定与大学群一揽子合作框架，促进城市群与大学群合作发展飞跃。

二、大学群与主体功能区共生发展

“主体功能区”是一个放眼我国未来可持续发展的“中国概念”❶，是一个集国外发达国家经验、60年新中国发展经验和当代我国精英与政府远见卓识于一炉的旨在保障中华百年强盛的长远战略。全国人大已经表决通过了这一战略规划并被列入国家“十二五”规划纲要，进入了实质性实施阶段。

（一）在主体功能区框架下大学群与城市群共生发展

主体功能区战略从国家和省级两个层面“明确了国土空间开发的红线或蓝

❶ 张可云.主体功能区的操作问题与解决办法[J].中国发展观察，2007(3)：26-27.

线”❶，它是今后我国所有国土开发和区域发展的总框架，且财政、投资、生态环保、政绩考核等政策都将根据主体功能区规划与管理来确定，这意味着区域国土开发、产业结构、科技文化、行政管理、财政金融、教育与就业、人力与社会保障等，几乎一切社会因素都将成为主体功能区发展这一“多米诺骨牌”成员，城市群与大学群共生发展也必将在这一框架内展开。一方面，主体功能区战略对我国主要城市群发展分布带进行了“两横三纵”的宏观规划；另一方面，城市群也是主体功能区的核心，尤其对于中西部的禁止和限制开发区，城市群对主体生态功能区的人力、技术等支持责任更大。当然相当一部分城市群本身就是主体功能区的重点或优化发展区。所以，大学群与城市群共生发展，一定程度上内含着大学群与主体功能区共生与协调发展因素，城市群面临着与主体功能区相适应的发展调整，大学群也同样面临着适应性调整的问题。❷

（二）以城市群为中心的大学群与主体功能区共生发展

大学群与主体功能区的共生发展是通过大学群与城市群共生发展来完成的，因为城市群自身就是优化或重点开发的主体功能区，又担负着对禁止和限制开发型主体功能区的辐射影响作用。所以，城市群与大学群共生发展质量对主体功能区发展质量有重要影响作用，大学群将在与城市群合作发展中实现与主体功能区的共生共赢。主体功能区战略将引起城市群社会的六大变化。

1. 产业升级与转型

我国城市群产业除了在工业现代化要求下需加紧进行产业结构调整升级以外，主体功能区规划也要求城市群为降低生态环境压力而进行产业升级或转型；

---

❶ 魏后凯.对推进形成主体功能区的冷思考[J].中国发展观察，2007(3)：28-30.

❷ 主体功能区划分形成了“432”基本格局，《规划》把我国国土空间分为优化开发区域、重点开发区域、限制开发区域和禁止开发区域4类；按开发内容，上述4类主体功能区又可以分为城市化地区、农业地区和生态地区3类；按层级，分为国家和省级两个层面。优化开发区是发展水平最高的城市群地区（长三角、珠三角、环渤海），主要任务是产业升级、结构调整、代表国家最高竞争力；重点开发区是需要加大城市化、工业化强度的地区，特别是中西部城市群（中原、关中、武汉、成渝等）。优化开发和重点开发区都属于城市化地区，开发内容相同，开发方式不同。限制开发区就是不能进行大规模工业化、城市化开发的地区，主要是农产品主产区和重点生态功能区；禁止开发区是国家级自然保护区、风景名胜区、森林公园、地质公园、世界文化自然遗产，还有省级及以下各级各类自然文化资源保护区域、重要水源地以及其他省级人民政府根据需要确定的禁止开发区域。

那些分布在禁止或限制的开发区中心的中西部城市群，更需要关停或紧缩高能耗产业，发展生态经济、循环经济、高新产业、文化创意产业等，提高非资源型经济比例，以保护长江、黄河两大母亲河及珠江、松花江等我国重要大江大河中上游水质与生态环境，保护好我国三江源、河套、河西走廊、天山南北等内陆生态极脆弱区域。大学群一方面要担当起对优化和重点发展城市群的高端发展技术和人才支撑责任，另一方面也要为禁止和限制开发区提供经济转型、生态科学保护的技术和人才支持。

2. 城市群优势特色化发展

各城市群不同地理区位给它们带来了各自地缘的优劣势。市场经济作用使我国城市群正从计划经济的“大一统”模式走出来，沿海地区的海洋文化优势、内陆地区的江河文化优势、山麓的“绿荫文化”优势所带动的城市群特色正在显现。长三角国际化高新发展成就显著、川渝新兴产业势头强劲、呼包鄂资源现代化快速崛起等。主体功能区战略在现有城市群经济和文化基础上，增添了地缘经济特色的发展潜力，“承认不同区域应该发挥不同作用、选择不同的发展道路，并据此制定出符合当地发展条件的发展目标”[1]，这使我国城市群的优势特色发展方向更明确、目标更高远。对于大学群来说，需要因地制宜地与所在城市群共同面向未来，合理定位，制定协调发展措施。

3. 就业人口转职和转移

禁止和限制开发的主体功能区的就业人口因产业结构变化而需要转职或转移，主要以三种形式分散调整就业人口：一是“就地转职”，劳动人口在原居住地转换职业；二是“省内转移就业”，就是劳动力人口就近到本省城市就业；三是“省外转移就业”，劳动力人口涌向省外城市从事第二、三产业。未来几年，随着主体功能区政策的深入落实，我国无论内地还是沿海城市群为了提高禁止和限制开发区劳动力转移人口的就业安置率，都将迎来“职业技术教育和职业培训高峰期”。与此同时，城市群产业升级对在职劳动力专业技术还会产生新要求，于是大学群又会迎来“终身教育的高峰期”，这两大高峰期同时来临，对我国城

[1] 黄前柏.主体功能区新政[J].新理财，2010(7):35-37.

市群大学将是极大挑战。

4. 创意产业将快速发展

当今世界，“文化已经成为国与国之间竞争的利器，谁占据了文化发展的制高点，谁拥有了强大的文化软实力，谁就能在激烈的国际竞争中赢得主动、占得先机”。文化是生产力，也是竞争力，“我国作为一个文明古国和发展中大国，不应该在这一大趋势中缺位失声，而应该主动出击、力争上游”。[1]文化与科技相结合的创意产业成为非资源型经济新方向，“创意”可以成为驱动经济的新引擎。英国是世界上第一个提出创意产业理念和第一个用政策推动创意产业发展的国家。[2]目前“创意产业在英国国内生产总值比例已达8.2%，其增长速度是整个国民经济增速的2倍，英国正在努力通过创意来打造全新的制造业”。[3]伦敦市政府已把创意产业作为自己的核心产业来经营，成为它的第二大支柱产业，伦敦推出的尖端创新设计几乎涉及所有相关领域，所以伦敦被誉为世界创意设计之都。来自世界各国的创意人才及历史悠久的大学为英国，特别是伦敦城市群创意产业活跃发展奠定了基础。我国在主体功能区战略下，区域亚文化与新的生态文化相结合，各城市群依托大学群和城市群人才会聚优势，都有机会挖掘区域文化内涵，突出城市群文化特色，发挥大学的文化创意功能，把传统与新区域文化凝练在各行各业的创意设计中，使文化创意成为我国城市群发展新亮点。

5. 创新是内需发展动力

吴敬琏认为，我国所走的道路依然是东亚崛起的传统路径，靠出口崛起。历史上的日本、韩国、新加坡、我国台湾地区发展都是这样的。即使抛开摆脱经济危机的需要，而出于对国家现代化长远发展考虑，扩大内需已经成为我国第二阶段发展的动力源泉和工作重点，未来第三阶段出口与内需将并行发展。经过几十年国际开放发展，我国内需已不是简单的内销就可以满足的，与出口竞争一样，

---

[1] 毛晓刚.将文化提升到国家发展战略上来[N].北京日报，2010-02-26(B3).

[2] 根据英国文化、传媒和体育部对创意产业的定义，创意产业包括13个子行业，分别是：广告、建筑、艺术与古董市场、工艺、设计、时装设计、电影与录像、互动休闲软件、音乐、表演艺术、软件与电脑服务以及广播电视等。

[3] 王亚宏，等.欧洲致力于产业结构调整，发展方式转型正悄然进行[EB/OL]. [2011-09-19]. http://news.hexun.com/2010-06-08/123925619.html.

需要以产品和项目创新为动力。创新经济学之父熊彼特认为：创新是拉动内需的根本。放眼我国城市群未来，无论内需重镇还是出口贸易加工中心，创新对于城市群企业和城市群管理提出了严峻挑战，大学群无法置身事外，要站在创新阵地的前沿，这对大学和城市群都很重要，也是破解我国“十二五”规划中可持续发展“八项基本要求”[1]的关键，这八项要求都与城市群大学紧密联系着，高等教育也是扩大内需，提高创新发展水平的动力。

（六）大学群支撑“问题城市群”复兴

主体功能区确定的是国家和区域可持续多样化发展大框架。而世界各国都存在一定的问题区域（problem areas），包括落后区、萧条区、膨胀区。发达国家的落后区主要是农区或单一原料供应地，发展中国家的落后区主要指贫困区。各国萧条区（也被称为衰退区）主要是老工业区，“经济活动密度较低，工业生产与组织结构不合理，传统工业占经济结构主位，经济增速低甚至负增长，人均收入低而失业率高”。[2]膨胀区因经济密度过高而使生产生活成本上升，质量和效率恶化，出现“聚集不经济”现象，妨碍了城市群区域深度发展和产业结构转型。上述三类问题区域或城市群，在我国也同样存在着，主要表现为“发展落后的贫困区、结构单一的资源型城市、衰退中的老工业基地、财政包袱沉重的粮食主产区、矛盾交融的边境区”。[3]这些问题今后或许会更加凸显，在主体功能区框架下要解决这些问题，势必要统一到科技生产力上来，所以做强大学群，用人才和科技创新支撑“问题城市群”走出低谷是必由之路。

---

[1] 坚持把经济结构战略性调整作为加快转变经济发展方式的主攻方向，坚持把科技进步和创新作为加快转变经济发展方式的重要支撑，坚持把保障和改善民生作为加快转变经济发展方式的根本出发点和落脚点，坚持把建设资源节约型、环境友好型社会作为加快转变经济发展方式的重要着力点，坚持把改革开放作为加快转变经济发展方式的强大动力，坚持扩大内需特别是消费需求的战略，破解制约扩大内需的体制机制障碍，加快形成消费、投资、出口协调拉动经济增长新局面。

[2] 袁朱. 国外有关主体功能区划分及其分类政策的研究与启示[J].中国发展观察，2007(2)：54-56.

[3] 魏后凯.对推进形成主体功能区的冷思考[J].中国发展观察，2007(3)：28-30.

第四节　我国大学群与城市群的耦合集聚—溢出发展

一、我国城市群地域大学群的宏观区域分布

（一）我国高等教育资源自东向西呈“阶梯状”分布

东部沿海高等教育相对发达，中部居中，西部最弱，自东向西明显呈“阶梯状”分布。2008年东部沿海11省（市、区），在占全国11%的国土面积上有高校1187所，中部6省有高校844所，西部12省（市、区）占全国国土面积的72%，而高校仅有632所。另外全国高校数量超过100所的省市共有14个，其中位于东部沿海的有7个省市，中部有5省，西部仅有川、陕2省。从高等教育资源的平均水平上看，也具有明显的阶梯状分布层次。东、中、西部平均每万人口专科在校生比例为226∶196∶154，博士在校生比例为3∶1∶1，硕士在校生比例为11∶6∶6。东部京、津、沪三市，平均每万人口在校本专科生分别为534人、401人和379人，列全国前三名，西部贵州的比例最低，仅为94人，东西部差距基本处于3~5倍之间；平均每万人口在校硕士生数量京、津、沪也是全国最高的，分别为83、39和22人，全国最少的省份是豫、琼、藏，仅为2人，其他省份一般都在3—7人，随着人才水平级别增高，东、西部基本差距也逐步拉大。[1]

（二）我国高等教育资源形成了“一岭两高原”的空间大框架

通过对12项高等教育人力资源指标作聚类分析，得出的结果是：全国有12个省市位居1、2类高等人才聚集区，其中9个位于东部沿海，2个位于中部、1个位于西部（见表3.2）。2009年我国科技部的《科技统计报告》显示，科技进步综合水平最高的地区是上海、北京、天津、广东，其次是江苏、辽宁、浙江。这两种统计研究结果基本一致。经过综合分析可以得出如下结论：我国高等教育资

[1] 数据来源：根据《中国教育统计年鉴2009》进行分析整理。

源已经形成了一条以辽、京、津、冀、鲁、苏、沪、浙、粤为绵延岭脊的东部海岸山脉和中、西部的豫湘鄂、川陕渝两大隆起高原。

表3.2　高等教育人力资源状况的聚类分析

1类	江苏、湖北、山东、北京、天津
2类	陕西、河南、辽宁、广东、河北、浙江、上海
3类	重庆、四川、吉林、黑龙江、山西、江西、安徽、湖南、福建
4类	广西、宁夏、甘肃、新疆、贵州、云南、内蒙古、海南
5类	西藏、青海

"一岭两高原"构成了我国高等教育资源的大空间框架。统计结果显示，"一岭两高原"至少云集了我国68%的科学家和工程师、74%的在学本专科生、74%的在学硕士生、87%的在学博士生、71%的大学专任教师和76%的高校固定资产。[1]这"三大地带"在高等教育资源数量上占据了全国的绝对优势地位，但它们当中的部分地区也存在着突出的短板问题，如四川、山东、河南等人口大省，每万人口或每万元GDP的高等教育资源当量都很低，高级研究型人才的比例更低，它们高等教育的上质量、上水平的道路还很艰辛、漫长。

二、我国17个大学群与城市群多极化耦合集聚—溢出格局

（一）我国17个城市群地域大学群的空间分布

根据国家发改委、国家统计局以及王建、李廉水、张子云、董青等学者的研究成果来判断，我国目前已初步形成或具备城市群发展潜质的区域有25个，具体包括长三角、珠三角、京津冀、辽中南、长株潭、北部湾、武汉、石太、关中、中原、川渝、皖江、北疆、松嫩、河套、河西、淮海、环鄱阳湖、山东半岛、海峡西岸城市群，还有以贵阳、昆明、拉萨、海口、银川为中心的首府城市群。根据2009年数据统计，这25个城市群的土地面积占全国总面积的32%，人

[1] 数据来源：根据《中国教育统计年鉴2009》进行分析整理。

口占全国的77%，GDP占全国的98.8%，涵盖了全国82%的地级城市。❶以城市群格局为基础，根据我国地表形态、亚文化圈和集聚—溢出发展的全国战略布局，可将我国大学群划定为17个，即长三角、珠三角、辽中南、中三角（武汉—长沙—南昌）、京津冀、西南（成都—重庆—贵阳—昆明）、西北（西安—西宁—兰州—银川）、松嫩（哈—齐—长—大）、石太（石家庄—太原）、淮海（淮北-徐州—连云港—兖州）、山东半岛（济南—青岛—烟台）、大海西（温州—福州—厦门—汕头）、大北部湾（南宁—北海—海口）、中原（郑州—洛阳—开封）、河套（大同—呼和浩特—包头）、北疆（乌鲁木齐—石河子—克拉玛依）、拉萨，17个大学群拥有全国82%的大学和89%的大学在校生。

图3.4　我国17个大学群的空间分布格局

（二）我国大学群与城市群耦合集聚—溢出发展的未来趋势

根据对我国17个大学群与城市群的地缘特点、发展现状、未来潜力的实证与综合分析，可将它们大致分为三个耦合集聚—溢出层级，基本构成了“东部沿海—中西部内陆—祖国边疆”这样一个梯度空间结构。一级大学群有3个，分别

❶ 数据来源:根据《中国统计年鉴2010》和《中国城市统计年鉴2010》整理。

是京津冀、长三角、珠三角；二级大学群有9个，分别是辽中南、松嫩、中三角、西南、中原、石太、西北、山东半岛和海西大学群；三级大学群有5个，分别是河套、淮海、北疆、拉萨和北部湾大学群（见表3.3）。17个耦合集聚—溢出的大学群与城市群就是耸立在全国范围内的高等教育、经济、科技、文化综合发展的17座山峰，它们高低水平各不同，东部辐射溢出能力最强、中部居中、边疆或飞地地区相对较弱，但它们对周边地区交错集聚—溢出作用强大，在全国范围内，无论我国东部还是中西部，海陆、陆陆、空陆三种集聚—溢出模式并进，形成了大学群与城市群耦合发展的多极多轮驱动、全国整体推进的态势。

表3.3　我国17个城市群地域大学群基本状况

大学群	亚文化圈	相应城市群	普通大学数量（所）	地级以上城市数量（座）	核心城市	面积（万 km^2）	人口（亿）	GDP占全国比重(%)	地均GDP（万元/km^2）	地域状况	地级以上城市
长三角	吴越	长三角皖江	310	27	上海 南京 杭州 合肥	19.5	1.21	15.20	31.0	省际	上海、南京、无锡、常州、苏州、南通、扬州、镇江、泰州、杭州、宁波、嘉兴、绍兴、湖州、舟山、台州、合肥、芜湖、蚌埠、淮南、马鞍山、铜陵、安庆、巢湖、六安、池州、宣城
珠三角	岭南	珠三角	101	12	广州 香港 深圳 澳门	7.4	0.33	9.1	41.3	省际	广州、深圳、珠海、佛山、江门、肇庆、惠州、清远、东莞、中山、香港、澳门

续表

大学群	亚文化圈	相应城市群	普通大学数量(所)	地级以上城市数量(座)	核心城市	面积(万km^2)	人口(亿)	GDP占全国比重(%)	地均GDP(万元/km^2)	地域状况	地级以上城市
中三角	荆楚	武汉长株潭环鄱阳湖	225	29	武汉南昌长沙	29.8	1.10	7.0	7.1	省际	南昌、景德镇、九江、鹰潭、吉安、抚州、上饶、武汉、黄石、鄂州、孝感、黄冈、咸宁、随州、恩施、仙桃、天门、潜江、萍乡、新余、宜春、长沙、株洲、湘潭、衡阳、岳阳、益阳、娄底
京津冀	燕赵	京津冀	175	9	北京天津	16.7	0.64	9.0	16.2	省际	北京、天津、唐山、秦皇岛、张家口、保定、沧州、廊坊、承德
辽中南	关东	辽中南	72	10	沈阳大连	9.6	0.31	4.5	14.2	省内	沈阳、大连、鞍山、抚顺、本溪、丹东、营口、辽阳、盘锦、铁岭
松嫩	关东	松嫩	249	15	长春哈尔滨	60.4	1.18	10.3	6.8	省际	长春、吉林、四平、辽源、松原、哈尔滨、齐齐哈尔、大庆、鸡西、鹤岗、双鸭山、佳木斯、七台河、牡丹江、绥化
河套	河套	河套	35	6	呼和浩特包头大同	25.6	0.14	2.0	2.4	省际	呼和浩特、包头、鄂尔多斯、巴彦淖尔、乌兰察布、大同

续表

大学群	亚文化圈	相应城市群	普通大学数量(所)	地级以上城市数量(座)	核心城市	面积(万km^2)	人口(亿)	GDP占全国比重(%)	地均GDP(万元/km^2)	地域状况	地级以上城市
石太	燕赵	石太	100	11	石家庄 太原	15.7	0.53	3.7	7.1	省际	石家庄、太原、邯郸、邢台、衡水、阳泉、长治、晋中、忻州、临汾、吕梁
中原	齐鲁	中原	92	19	郑州 洛阳	17.4	1.09	6.2	10.7	省际	晋城、运城、郑州、开封、洛阳、菏泽、平顶山、安阳、鹤壁、新乡、焦作、濮阳、许昌、漯河、三门峡、商丘、信阳、周口、驻马店
山东半岛	齐鲁	山东半岛	158	13	济南 青岛	11.8	0.68	9.1	23.4	省内	济南、青岛、淄博、东营、烟台、威海、潍坊、济宁、泰安、莱芜、德州、聊城、滨州
淮海	齐鲁	淮海	36	10	徐州	9.4	0.59	3.5	11.3	省际	徐州、连云港、淮安、盐城、宿迁、淮北、宿州、枣庄、日照、临沂
西北	秦唐	关中、河西、银川	109	14	西安 兰州 西宁 银川	17.6	0.40	2.5	4.2	省际	西安、铜川、宝鸡、咸阳、渭南、安康、商洛、兰州、白银、西宁、乌海、银川、石嘴山、吴忠

续表

大学群	亚文化圈	相应城市群	普通大学数量(所)	地级以上城市数量(座)	核心城市	面积(万 km^2)	人口(亿)	GDP占全国比重(%)	地均GDP(万元/km^2)	地域状况	地级以上城市
西南	巴蜀	川渝、贵阳、昆明	182	27	重庆 成都 贵阳 昆明	42.1	1.47	7.5	5.3	省际	重庆、成都、自贡、泸州、德阳、绵阳、广元、遂宁、内江、乐山、南充、眉山、宜宾、广安、达州、雅安、巴中、资阳、贵阳、六盘水、遵义、安顺、昆明、曲靖、玉溪、楚雄、红河
海西	客家	海西、潮汕、浙南	115	18	福州 厦门 温州 汕头	23.8	0.80	6.4	8.1	省际	温州、金华、衢州、丽水、福州、厦门、莆田、三明、泉州、漳州、南平、龙岩、宁德、赣州、汕头、梅州、潮州、揭阳
北部湾	岭南	北部湾、海南岛、粤西	79	15	南宁 海口 北海 湛江	20.7	0.60	3.0	4.3	省际	南宁、北海、防城港、钦州、贵港、玉林、百色、崇左、海口、三亚、湛江、茂名、柳州、桂林、梧州
拉萨	青藏	拉萨	5	3	拉萨	32.6	0.01	0.1	0.1	省内	拉萨、日喀则、林芝
北疆	西域	北疆	25	6	乌鲁木齐	22.2	0.06	0.9	1.2	省内	乌鲁木齐、克拉玛依、昌吉、石河子、伊宁、吐鲁番

数据来源:2009－2010年《中国区域经济统计年鉴》《中国城市统计年鉴》《中国统计年鉴》及各省市统计年鉴。

1. 一级城市群地域大学群是我国国际化综合发展的桥头堡

一级城市群地域大学群是我国水平最高和最有希望跻身世界高等教育发达中心的大学群。它们位于我国东部沿海最重要的经济区，以我国最发达的京津冀、长三角、珠三角城市群为依托，肩负着引领国内其他大学群的使命，对我国整体有辐射带动的战略地位。在这里，大学群与城市群将共同缔造着我国未来有世界影响的国际城市群和国际智力中心。

2. 二级城市群地域大学群是支撑我国内陆崛起的“智力引擎”

二级大学群基本分布在珠江、长江、黄河（或陇海铁路）和松嫩（松花江、嫩江）四大流域及交通动脉枢纽等我国中腹地带，区域内人口众多，工业化程度较高，是我国大学群“陆陆溢出”主体，是联系中西部的交结点，对带动我国内陆经济最具优势和潜力，中西部内陆发展智力关键在于二级大学群。

3. 三级城市群地域大学群将成为内陆特色化和国际化发展中心

三级大学群，地处偏远或者属于极化发展区周边的“飞地”，大都与禁止或限制开发的主体功能区的核心城市群耦合在一起，多属于我国边疆地区大学群，对边疆发展意义重大，也是最有希望做出特色发展成就的大学群。随着我国与周边国家的国际交通网络的连通和经济往来增多，三级大学群将成为我国内陆国际文化教育中心，是联络我国内陆国际化发展的枢纽站。

本章核心结论

本章的核心内容探讨了大学群在国家发展中担当什么角色？大学群与城市群的关系是怎样的？两大核心引擎共生发展将产生怎样的强国效益？分析表明，大学群与城市群具有耦合集聚—溢出发展关系，这种关系尤其在我国主要表现为大学群与城市群的共生发展和大学群与主体功能区的共生发展关系。大学群与城市群耦合集聚—溢出发展关系有以下几个关键点：①大学群与城市群具有耦合集聚—溢出的必然性；②大学群与城市群是合作共生与相对独立的统一体，在政策和管理作用下，二者关联发展程度会越来越高，但永远不能从属发展；③大学群与城市群共生发展表现为“两种关系类型”，“三个发展阶段”，即引领性共生与伴随性共生，这两种发展关系以“S型”周期发生变化，形成了大学群与城市群共生发展的基础阶段、跨越阶段和成熟阶段，三个阶段循环往复，使大学群与城市群共生发展质量得到周期性提升；④城市群经济基础和大学群科技文化基础对大学群与城市群共生发展状态有决定作用；⑤内生创新发展有根本性，大学群与城市群共生发展关系揭示了大学群与城市群耦合内生发展是发展的根本，是它们集群崛起的根本路径，外部支持和扶助需要通过内生发展因素作用才能发挥更好的扶持效益。随着我国主体功能区战略的深入实施，我国城市群与大学群都将随之进入适应性调整期，大学群与城市群、大学群与主体功能区将逐步进入深度的共生发展状态，这对高等教育和综合国力强盛都特别重要。

第四章　城市群地域大学群发展的基本途径

本章关键词：大学群；自然集合体；组织共同体；组织动力；组织模式

大学群发展效率的提高首先要把大学群从原始的自然群体状态，通过人为的管理干预，使之成为整体发展组织。这样，大学群就可以成为纵向连接中央政府和大学，横向连接各省市政府及城市群众多大学，使国家、大学群、城市群和大学利益协调发展。

第一节　城市群地域大学群从自然集合体向组织共同体的转变

大学群与城市群通常是相辅相成、耦合发展的。但一般来说，大学群最初都是随着城市规模、经济规模及人口规模的扩大而大学数量日渐增长，是以自然集聚状态成长起来的。我国大学群历经100多年发展，目前已经形成了大学群雏形，但基本处于“自然集合体”状态，自然状态下的大学群已经无法适应我国现代城市群和主体功能区战略下的非资源型经济发展需求，如何推动和加快我国大学群从“自然集合体”向“组织共同体”，从低级向高级状态转变已经成为迫在眉睫的发展问题。

一、我国城市群地域大学群发展形成的历史原因

（一）国防政策驱动大学集群

1840—1945年间，我国屡遭外敌入侵，大规模战争就发生过7次，平均每

不到15年，中国人民就要进行一场卫国战争，我国高等教育正是在这样的民族危弱之际，为“师夷之长”而诞生的，国防事业成为推动我国近现代高等教育兴起的重要原因。总结起来，历史上有过三个国防战略推动大学群形成的关键期。

一是洋务运动大量兴办军事学堂时期。1862—1904年的40余年间，清政府共创办了37所洋务学堂，其中尤以军事学堂为多，至少有18所，占总数的49%以上❶，主要分布在天津、上海、广州等东部、南部中心城市。这些军事学校成为我国东部沿海大学集群的最初细胞，以它们为中心汇聚创建了兼顾战备和民生发展的应用技术学堂，许多大型企业都开办了技术培训学堂，1895年盛宣怀正是为了矫正企业分散办学的不足而创办了我国近代第一所大学——北洋大学（现天津大学）。所以，以国防学校为内核，我国大学开始了集群发展的旅程。

二是抗日战争时期东部大学向西部集中内迁。1937年7月，抗日战争全面爆发以后，我国有80多所大学陆续迁往中、西部内地，占当时全国大学总数的74%。主要聚集在四川（52所）、贵州（8所）、陕西（7所）、云南（7所）等省。当时内迁的大学肩负“保存国家后生力量”和“提高西部高等教育水平”的双重使命，它们成为西部高等教育的播火者。战后回迁时，部分大学留在了西部，使我国西部产生了大学集中区。与战前相比，四川净增大学20所（主要分布在成都和重庆），云南、贵州、甘肃都分别由战前的2所发展到10所。❷

三是“大三线建设”时期东部大学再度内迁。20世纪60—80年代，为了保卫新中国革命果实，防备敌人大规模反扑，中央政府决定实行以国防为重心的“大三线”建设工程。为配合“三线”建设，除了一线产业向三线内迁以外，东部地区大学也向中、西部“三线”地区转移，具体包括四川、贵州、云南、陕西、甘肃、宁夏、青海等西部省区和山西、河南、湖南、湖北、广东、广西等后方省区。“三线建设”促成了一批中、西部新大学群，如川渝、武汉、长沙、西安、太原等，打破了解放后我国大学仅仅集中分布在东部沿海零星几座城市的局面，而是以政府组织的力量向中、西部扩散，使我国大学群的均衡分布水平上了一个新台阶。

❶ 周正龙.试析洋务学堂的教育观[J].黑龙江教育学院学报，2009(8):91-92.

❷ 张燕，胡崇芝.抗战时期的高校内迁对中国高校地域性发展的影响[J].延安大学学报，2005(6):117-120.

（二）经济驱动大学集群

我国经济对大学集群发展的驱动，与西方长期的市场经济影响不同，我国大学集群身受“计划”和“市场”两种经济营养滋润。

一是计划经济驱动大学集群。我国近现代大学主要创建在东部沿海的上海、北京等有限几座城市，新中国成立后，适应国家发展需要，为调配各省高等教育分布不均衡状况，1952年、1955—1956年进行了全国范围的大学院系和专业调整改革，“调、并、改、建”了许多院校，使多数省份基本具备了师范、农、林、医和工业大学，少数民族地区还建立了许多民族大学，全国各省大学数量都普遍增加，全国普通大学数量从1949年205所(台湾省未计入)，本专科在校生11.65万人发展到1978年的598所，本专科在校生数85.63万人。[1]中、西部省会城市的大学集中度大幅提高，兰州、西安、武汉、长沙、成都、长春、沈阳、北京、上海等成为我国大学集群水平较高的城市。

二是市场经济驱动大学集群。改革开放后，东部沿海经济迅速崛起，对人才和科技的巨大需求促使东部沿海地区大学和招生数量都激增，长三角、京津冀、珠三角和山东等地是市场经济驱动影响最强烈的最有代表性的区域。这些地区大学改革进程快，竞争氛围日渐形成，专业和课程设置调整效率高，公、民营高职高专院校新创办的数量大，专升本和新建大学数量都居全国领先位置，其活跃度远非中、西部可比。从1977到2009的30多年，我国普通大学数量从404所发展到2305所，增长了5倍，绝对数量增加了1901所，其中东部沿海省份大学新增895所，中部省份新增612所，西部12省区新增394所。[2]市场经济驱动我国大学集群密度和规模达到了历史新高，加快了我国大学群向现代化、国际化和成熟化的转变速度。

（三）文化驱动大学集群

第一，江河文明驱动大学集群。江河流域是人类文明最重要的发祥地。珠江、长江、黄河、淮河、辽河、海河和松花江七大水系，基本涵盖了我国绝大部

---

❶ 数据来源：根据《中国教育统计年鉴1977》和《中国教育统计年鉴1979》整理。

❷ 数据来源：根据《中国教育统计年鉴1979》和《中国统计年鉴2010》整理。

分经济中心城市，我国大学也沿着这样的地域文明中心分布着。特别是近30年，我国城市规模和人口高速扩张，计划经济时代星罗棋布的城市逐步连到一起，成为“都市连绵区”。江河文明吸引着人类，也吸引着大学，使大学在江河流域高度密集而群聚。从宏观上，我国大学分布可概括为黄河集群带、长江集群带、珠江集群带、运河集群带、松嫩辽集群带等。江河文明驱动大学集群是不以人的意志为转移的，现代信息、交通技术高水平发展并不能完全改变人类对江河环境的依赖，反而使江河流域人类智能存量更加膨胀。港口城市继续占据着国家和区域城市景观的重要位置，发达国家的40个大城市中有35个沿海或沿河分布，世界最大的20个城市中有15个是坐落于海边或三角洲的口岸城市，在有些国家（地区）河流甚至比海洋更为重要。❶

第二，亚文化圈驱动大学集群。中华民族在长期的生活过程中，逐步形成了诸多特征较为明显的亚文化圈，其中影响力较大的有九大文化圈，包括燕赵文化（京津冀）、齐鲁文化（鲁豫皖）、秦晋文化（晋陕甘宁）、荆楚文化（湘鄂）、吴越文化（苏浙沪）、巴蜀文化（川渝）、南越文化（粤桂琼）、客家文化（闽赣）、关东文化（辽吉黑），每个亚文化圈都有自己的文化中心城，如北京、西安、武汉、长沙、上海、南京、广州等都极具各亚文化圈的典型特征。九大亚文化圈涉及我国25省市，在44%的国土面积上集中了我国92.5%的大学和93.7%的在校生。❷

（四）人口数量驱动大学集群

人口集中度是影响高等学校生态分布的最基本要素，特别在高等教育大众化发展的目标下，人口数量是大学兴建的主要参考依据。人口聚居区一般都是交通枢纽与产业聚集区，也是高级专业人才需求量最大的地区。我国大学群主要集中在珠江口、闽江口、长江流域、黄河流域、海河流域、松嫩辽流域等人口最密集的地区。虽然目前我国大学与人口分布还不完全相称，但河南、山东、江苏、四川等人口大省的大学数量已经在全国处于领先地位，2009年江苏有普通大学148

❶ 数据来源：《全球城市发展报告2008—2009》。

❷ 数据来源：根据《中国统计年鉴2010》及苏秉琦、殷玮璋的《关于考古学文化的区系类型问题》整理。

所，居全国第一位，其次是山东有126所。人口成为推动这些地区大学群形成的重要原因之一。

总而言之，上述历史原因推动我国大学以城市群为中心形成了自然集合体状态的大学群，这也是大学群的雏形状态。在当今城市群经济担当国家核心竞争力的全球化非资源型经济、生态经济发展的大趋势下，大学群已经不能以自由松散状态与城市群相适应发展，这不仅会造成巨大的高等教育资源浪费，更主要的是不能形成大学群与城市群相匹配的整体竞争优势和特色，大学群无法承担起城市群和周边地区及主体功能区的智力和人力支撑的重任。所以，我国大学群需要对目前的“自然集合体”状态进行改革促进，实现向“组织共同体”方向转变，这是大学群发展途径的基础，也是最重要步骤。

二、城市群地域大学群发展组织形成的推动力

大学群组织共同体是城市群地域的众多大学以整体组织形式生存与发展的状态。一个国家的城市群地域大学群从结构松散、特色并不鲜明的自然集合体状态发展成为有组织活动的形态各异的组织共同体，再到特色鲜明的大学群，这是大学群成长过程需要经历的三个阶段，这一过程也是大学群与城市群共生发展状态成熟的过程。而这一成长过程的动力主要有如下几点。

（一）地缘条件是推动城市群地域大学群组织形成的有利基础

（1）地缘文化认同与院校“姻亲”作用。处于同一区域，拥有共同历史文化的大学，彼此之间交流便捷，合作机会更多，而且同一城市群的大学彼此间文化认同成分也较多，文化认同感较强，尽管现代网络技术已经缩短了时空距离，但现实生活中的“面对面”交流仍是最有利的合作方式，城市群大学的近地域优势对大学群组织化发展的有利作用是无法替代的。此外，世界各国大学通常都存在着历史发展过程中的分化与重组、合并与衍生新院校的现象，城市群中相当一部分大学彼此间都有历史发展过程中的院校“姻亲”关系。如巴黎大学、伦敦大学

都是孵化新大学的典型大学。❶我国大学从近代兴起到当代改革发展，始终处在调整发展过程中，无论是抗战时期大学内迁、新中国成立后私立大学调整、与工业化建设发展相适应的院系大调整和市场经济环境下院校重组与新建等，城市群大学之间的院系关联越来越多。“西南联大”曾是清华、北大、南开、中法❷等大学的共同阶段发展史；浙大、南大、厦大、武大、中山大学被奉为我国20世纪50年代院系调整中的“五大母校”，全国3/4院校都参与了那次规模宏大的院系调整工作。❸大学之间这种地域文化和血缘亲和力对大学群结成发展共同体，某种程度上超越了行政力量，城市群大学之间难于阻断的兄弟院校友谊是行政力发挥作用的基础。所以先天文化认同感对大学群有组织发展有一定的地缘、人缘和文化方面的积极的基础作用。

（2）“小生态”与“大生态”作用。同一城市群的部分大学为了提高办学效益，它们在师生、院系和大学这三个层面会结成正式或非正式伙伴关系。一方面，由于校区相邻、类型相近等原因，教师和学生间的正式与非正式合作交流频繁，形成了一定程度的教学、招生、科研、管理等合作关系，尤其在“985”和

❶ 现在巴黎大学是由索邦神学院发展而来的，但实际上它不是一个单独的大学，而是一个13所大学的联合体，各大学之间彼此没有隶属关系，只是共用一个名字而已。1968年巴黎大学因学生抗议课程落伍及填鸭式教育而发生学潮，学生要求有更多的学术自由和校园民主，在这个背景下，法国政府对巴黎大学进行了多次改组和调整，现在的13所“巴黎大学”基本都是在原巴黎大学的学院基础上独立发展而来的，各大学根据自身条件而对学科各有侧重，所以，原巴黎大学孵化了今天法国一批大学。伦敦大学是著名的城市大学，也是世界上最大的大学之一。它是联邦制大学，旗下的近20个学院享有很高的自治管理权，伦敦政治经济学院、伦敦商学院、皇家音乐学院专攻音乐、科陶德艺术学院等都是享誉世界的伦敦大学附属学院，它们都被作为独立的大学来看待的。1836年创建时，它只有伦敦大学学院和伦敦大学国王学院两个学院，后来不断有新学院加盟，也不断有成长壮大的学院从伦敦大学独立出来，比如南安普敦大学、伦敦帝国理工学院等都曾是伦敦大学的附属学院，伦敦政治经济学院、伦敦大学学院和伦敦国王学院虽然还没有从伦敦大学独立出来，但是已经开始颁发自己的学院学位证书了。

❷ 1920年由李石曾、吴稚晖、张静江等一批留法学生倡议创办的，得到蔡元培的支持并担任首任校长，经费主要来源是留学生们筹集的办学基金、法国庚子赔款补助费、学费和社会临时捐款等，办学机构分布在法国里昂、巴黎、中国北京、上海等地。1950年9月，中法大学校本部及数理化等院系并入北京工业学院（1988年更名为北京理工大学），医学、文学、经济等院系分别被归并到北京大学、南开大学、上海医学院（2001年更名为复旦大学上海医学院）。

❸ 调整后，1952年全国有大学201所，新建院校31所。北京海淀区的“八大学院”就是多所大学联手孵化的新大学。八大学院指现在的北京航空航天大学、中国地质大学、中国矿业大学、北京林业大学、北京科技大学、中国石油大学、北京大学医学部、中国农业大学。

“211工程”院校之间，彼此认同的校际合作更多。比如北京学院路大学的“教学共同体”，采用“一校式”办学模式，“零成本”运作，260多门课，学生跨校选修，学分互认❶；南开和天津大学共同组织设立了优势互补、资源共享，开展高水平科研合作的“联合研究院”，共同申请新兴交叉学科专业，共同为本科生开设必修和选修课以及学分互认。另外，同一城市群大学还可以方便地进行联合自主招生等。❷这都体现出城市群大学越来越活跃的“小生态”合作发展状况，为城市群大学全面合作发展的“大生态”奠定了基础。

（3）大学对地理环境的新选择作用。人类生产生活具有选择优越自然环境的倾向性，这是人类的生存本能，大学对校址环境的选择也不例外。现代知识经济、网络通信技术和交通业发展，使大学群逐渐摆脱了空间局限和资源依赖，尤其许多大学摆脱了原本对矿产资源的依赖，转向偏重对舒适优雅环境的选择，喜欢在自然环境、气候条件优越、政策平台较好、高新技术产业聚集的城市设立新校区。这一特点有国际普遍性，加拿大的人口和大学主要集中在温暖肥沃的圣劳伦斯河沿岸，美国大学主要集中在东西海岸和五大湖区，俄罗斯大学则沿着黑海、里海、波罗的海沿岸和西伯利亚及远东地区的“阳光地带”分布。今天我国许多大学也在向沿海搬迁或在海滨城市建分校，如青岛、大连、深圳、珠海等成为我国大学集群栖息的新城市。

大学对优质自然环境的选择，可为大学发展带来新机遇和动力，一方面，大学可通过校址选择来快速聚集人力、智力和资金。另一方面，又不丧失老校区的优势和特色，把老校区文化迁移到新校区继续发扬和现代化。但是，内陆大学群

---

❶ 目前成员大学已发展到19所，分别是北京大学医学部、北京体育大学、北京邮电大学、中国地质大学、北京师范大学、北京航空航天大学、北京科技大学、中国矿业大学、北京联合大学、北京林业大学、中国农业大学、北京语言大学、北京城市学院、北京信息科技大学、北京电影学院、首都体育学院、华北电力大学、中国音乐学院、北京交通大学。每学年学生跨校选课人数过万。（资料来源：北京学院路地区高校教学共同体网站 http://www.xueyuanlu.cn/）

❷ 北京地区“5校联考”，包括北京科技大学、北京交通大学、北京邮电大学、北京化工大学、北京林业大学；“七校联盟”包括清华大学、中国人民大学、上海交通大学、中国科学技术大学、西安交通大学、南京大学、浙江大学；“13校联盟”包括北京大学、北京航空航天大学、北京师范大学、南开大学、复旦大学、厦门大学、香港大学、山东大学、武汉大学、华中科技大学、中山大学、四川大学、兰州大学；“9校联盟”包括北京理工大学、大连理工大学、东南大学、哈尔滨工业大学、华南理工大学、天津大学、同济大学、西北工业大学、重庆大学。

并不是没有潜力的，美国科罗拉多州丹佛的“硅山”、阿肯色州小石城的“技术走廊”、田纳西州的田纳西“技术走廊”、佐治亚州的亚特兰大等都属于内陆城市群依托大学群做出成就的代表。

随着我国东部产业和技术向中西部转移，内陆的山麓、滨江滨河、交通便利的“绿荫带”城市也成为大学和高新企业集群崛起的新选择地，近几年，川渝、武汉、关中等城市群及其大学群已经表现出强劲的后发势头。总之，我国大学群还处于萌芽期的组织共同体发展状态，地域优势，特别是中西部大学群的地域优势还没有东部明显，而东部大学群也需要进一步通过集群发展（见表4.1）向国际高等教育先进中心靠近。

表4.1 影响我国17个城市群地域大学群发展主成分的综合得分排名

大学群	得分	排位	大学群	得分	排位
长三角	11.9	1	中原	-2.2	10
京津冀	6.7	2	西北	-2.7	11
珠三角	6.2	3	石太	-2.9	12
松嫩	5.3	4	河套	-3.8	13
山东半岛	1.9	5	北疆	-4.02	14
辽中南	0.7	6	北部湾	-4.03	15
西南	0.5	7	淮海	-4.6	16
中三角	0.4	8	拉萨	-6.3	17
海西	-1.7	9			

数据来源:《中国城市统计年鉴2010》《中国区域经济统计年鉴2010》《中国统计年鉴2010》。

（二）政府是城市群地域大学群一体化发展的核心组织者

政府是城市群繁荣发展的第一责任部门，是公共诉求的代言人。政府在世界各国城市的大学创建中从来都扮演着核心组织者角色，这从俄国彼得大帝的技术院校兴办和科学院建设、法国拿破仑对大学院校的类型改革、德国洪堡对大学教学与科研职能改革及美国从赠地学院、州立大学兴办到各州以大学为中心的高科技园区建设，无一不是政府发挥主导作用的成果。政府主导作用主要表现在中央政府对大学群与城市群的重视与管理、城市群相关省地政府对大学群整体发展利益的重视与促进合作的行动方面。而来自政府的动力主要表现在中央政府、省级政府和地市政府这三个层面。政府对大学群发展关注的主要内容集中在人才培养和科技创新两方面。现代城市群对大学群的发展要求已经不限于“它是城市群象征”的表面现象，而需要大学群成为城市群产业繁荣、非资源型经济增长的“创新工厂”，成为提升城市群人民文化素质、生活质量、就业能力的“钥匙”。法国、瑞典、芬兰、挪威等国都把大学群科研工作纳入专门负责国家及地方创新发展管理部门——“创新署”来管理，以突出大学群直接服务贡献于城市群，增强了大学群与城市群关联度和凝聚力，明确了从国家到地方的创新发展主题，比如挪威创新署就提出了“让源自本土的创意插上遨游全球的翅膀”的管理理念。所以，大学群离不开政府支持和推动下的组织形成与发展，这对大学集群发展有极大的加速作用。

（三）市场效益是大学群与城市群合作共赢的引力

全球化市场给城市群和大学群提供了无限合作机遇，但竞争残酷性也超越了以往任何时代，尤其是信息化的全球竞争对技术先进性、前沿性要求更高。在这样背景下，城市群就近寻求大学群的合作支持是理所当然的事。大学群在面临人才竞争、研发项目投标等资源竞争活动时，优势与核心竞争力将决定大学群及其成员对未来机遇的把握。特别是城市群经济基础和大学群创新能力，在市场竞争环境下，将相互吸引，抱团进步。从目前各城市群条件和未来发展趋势来看，我国长三角、珠三角、京津冀等东部城市群与大学群经过几十年发展，面向市场经济的共生发展水平、机制等优于其他城市群，新建和扩建了许多新大学。中西部城市群和大学群也开始了积极的创新发展行动，大学群面向城市群需求进行院校和专业调整。

（四）学术创新需求推动大学主动联盟发展

学术主导力就是大学之间在人才培养和科研方面为了彼此借力、各自获得更大发展利益而凝聚在一起所结成的发展联盟。学术主导力通常都有若干所大学为领袖，它们产生了联合发展的愿望并采取实际合作行动。不过学术主导力所形成的大学群发展组织通常是有个别选择性的，而不具有多层次多类型大学群的广泛综合性。学术主导的大学小集群对形成城市群大学整体大集群有重要作用，特别对于城市群一流大学，它们的联盟框架几乎就是大学群整体发展的总框架。所以要重视大学群的学术主导动力，尤其要注意城市群优秀大学的作用。

综上所述，城市群大学从自然集合体向组织共同体转化是一个城市群内外因素共同作用的结果。城市群的原始自然凝聚力为大学群打下了共同发展的先天基础，但大学群仍需进一步提高认识，政府对大学群不失时机地发挥组织作用，进行必要的组织干预，人为地有组织地发展大学群，意义非凡。

第二节　大学群发展组织的基本模式类型

大学群发展的组织问题也是大学群发展政策的重要组成部分，是大学群政策制定与实施的基础和关键，也是政策研究的关键。由大学群从自然集合体向组织共同体转化发展的国际经验来看，大学群发展组织一般可分为四种，即政府垂直管理模式、政府联合管理模式、非政府联盟模式和混合模式。这四种模式可以进一步概括为政府、半政府和非政府组织模式，一般来说，只要是政府参与的管理模式都可分为集权型和分权型两种。

一、政府垂直管理模式

巨型城市群一般都是跨省城市群，而与之相应的大学群跨省合作通常也有难度大、矛盾多、收效慢的特点。中央政府视情况，根据城市群及其相关大学群的国家发展战略价值，设置大学群专门管理机构或实施专门政策，这就是政府集权型垂直管理；也可以采用中央政府投资，把具体管理工作委托给非营利的第三方机构来完成，这就是政府分权型垂直管理。法国的大学区制就属于集权型垂直管理模式，英国的大学拨款委员会属于半政府性质的分权调控型管理模式。省内大学群同在一个地方政府管辖下，大学群对集权和分权理方法的选择比省际大学群方便。无论集权型还是分权型政府垂直管理组织都各有利弊。集权型政府组织对解决大学群内部资源整合、一体化发展问题有快捷性、统一性和高效性，但存在着政府机构臃肿、大学群内部市场活力不足、政府部门合作效率低等问题；半政府性质的分权调控模式通常存在信息不畅、监管力度不足等方面问题。

二、政府联合管理模式

城市群院校联合发展有巨大的规模效益和质量效益，大学群甚至可以被视作是城市群经济社会一体化发展的先期试验。城市群相关各省政府为了各自获得大学群合作发展利益，愿意成立大学群发展联合管理机构。由高级领导举行联席会议来制定合作框架，然后由具体部门执行，采用理事会制、轮值主席制或论坛制等方式运行，设立常委会、秘书处主持日常工作。欧盟博洛尼亚进程和北欧厄勒国际大学群都是采用这样的政府联合管理模式。政府联合管理模式也可以委托第三方非营利机构进行半政府型软管理。总体来说，政府联合管理模式有很强的软管理特性，它最大的优点在于有民主协商、分权发展特点，有利于大学群保持和弘扬个性。最大的问题是利益分配、权力让渡等谈判漫长，很容易产生大学合作表面化、肤浅化，或大学群整体与大学个体发展关系“两层皮”的现象，这些都是管理过程中控制难度较大的现实问题。

三、非政府联盟模式

在学术动力或社会第三方营利、非营利组织作用下，大学群成员会根据其自身发展需求结成发展联盟，属于非政府组织。这样的组织通常具有层次性、局部集中性、整体分散性、合作领域专门性等特点。一所大学经常会同时参加几个大学联盟组织，联盟具有合作逐步深入和联谊稳定性特点，但联盟组织对大学类型、层次和专业的选择性使大学群整体结盟有一定困难。但不管怎么说，城市群大学求同存异，在非政府组织积极联络下，大学群从“自然集合体”转变为“组织共同体”，从“小联盟”发展到“大联盟”，这样的民间联盟发展方式对政府组织管理有重要的补充和辅助作用，甚至具有先遣开拓作用，值得大学集群发展所重视。

四、多元混合组织模式

尽管大学群组织建设中有政府垂直管理、联合管理、非政府联盟等各种集权、分权和民间发展组织。事实上，每一种类型组织都各有利弊，需要根据本大学群实际情况作出科学可行的选择，多元组织混合在一起成为大学群组织化发展的新模式。

（一）政府垂直管理与联合管理组织混合

大学合作发展、集群发展，不单是地方政府的利益需求，也是中央政府的利益需求，所以地方政府的大学群发展愿望与中央政府对个别大学群的重点支持愿望达成一致，共同对大学群给予资金、项目、政策等支持，各级政府集权与分权政策混合兼用，使大学群具备良好的政策与资金发展环境，快速纵深或转型发展。

（二）政府管理与大学群联盟组织混合

政府建立的大学群集权、分权或集权与分权相结合的组织，与大学群的非政府联盟组织并不矛盾，并在非资源型经济和区域经济双重作用下，大学群联盟发展力量还会与政府管理力量“合流”统一，经常会形成“政府搭台，大学合唱”，或“大学联盟，政府跟进”的发展现象。政府主导为主，但也绝不乏大学群主导的案例，美国北卡罗来纳“三角园区”就是学术主导的大学联盟推动政府跟进合作的范例。[1]这与我国部分城市群“自下而上”主动申请，得到“自上而下”的政府批复有异曲同工之妙。

（三）大学群多元混合组织系统中有核心领导者

大学群发展政策纵向涉及国际组织、中央政府、大学和师生，横向关联许多省市、大学群部门，而且政策制定主体和执行主体相当丰富。任何单一部门或单一政策要撬动大学群整体发展是很有难度的。这是一个多层级政策制定主体和多层级政策执行主体在激励、控制、协调三个维度上的“立体”组合而成的政策体

[1] 美国东南部的北卡罗来纳州尽管一直以农业经济为主，但教育却相当发达，北卡罗来纳大学、北卡罗来纳州立大学和杜克大学均属美国最好的研究性大学，三所名校环绕，形状正似一个不规则的三角形。北卡来罗纳大学的教授们最早倡导大学群合作发展，创建共同的产业园区，后来有商人、银行参与，1959年政府正式加入，成立了研究三角委员会，有计划地在三所大学之间建立研究园区，目前它已成为世界上最大的以研发为主要功能的科技园区之一。这与我国部分城市群“自下而上”主动申请，得到“自上而下”的政府批复有异曲同工之妙，遗憾的是，我国几乎所有城市群规划都没把大学群做为重点加以思考，这是我国城市群规划的严重缺憾、损失和不足。

系（见表4.2）。

表4.2　大学群发展政策的类型

政策工具类型	政策制定主体	政策性质与分类					
		激励		控制		协调	
上层	中央政府	直接激励政策	间接激励政策	直接控制政策	间接控制政策	直接协调政策	间接协调政策
中层	城市群、省、大学群	拨款、优惠金融贷款、减免税收、造血性补贴	高等教育基础设施投资、大学科技园区投资、发展基金、土地抵偿、政府采购毕业生和专利、研发项目投资	行政控制干预、收紧许可管制与放松放权管制	课税、收费	行政组织建设、有条件专项转移支付、无条件一般转移支付	产学研项目
下层	大学	鼓励师生参加城市群产学研和创新	设立外联机构	促进搭建城市群大学交流互动平台		参与大学群组织和活动	

注：本分类参考了阿姆斯特朗—泰勒、陈耀、张可云的区域经济政策工具分类法。

但无论大学群组织有多么丰富，组织当中都需要有核心组织，是有层次性的。政府组织管理工具丰富，包括行政命令、政策和资金的配套实施。一般来说，政府是大学群发展的最重要主导者，芬兰学者特福（Hannu Tervo）认为，“政策是区域内生长过程的火花塞，而不是燃料”[1]，在这里的意思是说，政府对大学群的主要作用是“初始激发和指导调控”，调动多元组织共同行动。而大学群的非政府组织联盟中，个别大学、大学的个别院系或有影响力的专家及学术组织会担当核心组织者角色。如果大学群内部组织缺乏层次性和中心性，大学群就会缺乏活力。

[1] TERVO H. Regional disparities in small countries[M].Berlin:Springer,2005:42.

第三节 我国城市群地域大学群发展组织的建设

现实中我国大学群基本处于自然集合体和“碎片”状态，分属不同省市，要把松散的城市群大学集团化，形成整合集群力量，对城市群发挥更大的科技生产力作用，那么大学群势必需要首先在组织建设方面有所突破，因为组织可以把问题或政策分解为具体管理项目，分配给专门机构去执行和反馈。

一、充分发挥政府调控和组织作用

我国是一个有古老文明传承的现代国家，同一城市群的风俗习惯、语言文化等亚文化元素相近性及大学彼此传统友好关系值得珍视，这是大学集群发展的基础。但是，发挥中央政府的调控指导和地方政府的合作发展作用是至关重要的。需要在城市群一体化发展规划中，把大学群整体发展战略纳入其中，在大学群发展规划中需要把城市群发展目标纳入大学群战略规划之中。没有政府高屋建瓴的战略规划与指导以及切实的大学群组织建设行动，大学群组织化发展进展会较长时期地停留在个别院校之间的小规模组织合作层面上，很难尽早产生大学群整体规模意义上的整合发展效益。

二、密切配合我国城市群快速发展大势

城市群一体化发展是21世纪我国社会发展的重要模式，作为后发国家，这是我国高效率赶超发达国家重要路径，已经得到我国专家和政治家们的一致认同。主体功能区战略以“科学发展观”对我国城市群发展战略进一步完善，以保证城市群未来可持续加速发展。主体功能区战略下城市群一体化发展，这是中国在经历过沉沦以后再次崛起时对自己长远发展道路的慎重抉择。当各个城市群以集聚—溢出方式带动我国整体复兴时，大学群作为“国家智力引擎”，应主动抓

住机遇，顺势而为，促成大学群与城市群这两大核心引擎耦合集聚—溢出，这是大学群和城市群二者科学发展的道路选择。

三、保持多样化的大学群组织生态

我国城市群数量较多，各城市群条件不同，所对应的大学群组织也具有多样性。东部发达地区市场化程度较高，中央政府可鼓励地方政府对大学群采用半政府型、分权调控的联合管理模式，或者大学群联盟发展模式，保持大学群自主发展活力。中西部城市群市场化程度相对较弱，经济基础、科技基础也相对较弱，需要政府对大学群多加引导，帮助确立发展组织。我国大学群正在组织形成的初始阶段，这一阶段对国家整体来说，可能是一个较长时期，而对不同大学群来说，时间长短各不同。有条件的大学群可以先行先试，早做榜样，带动其他大学群后续跟进。无论采用政府、半政府还是非政府组织模式，还是采用专制型硬管理、分权型软管理，或者是混合组织模式。

总之，我国政府有计划经济的底蕴，有市场经济的宏观调控经验，基本形成了有我国特色的市场经济管理体制，具有较强的政府统筹力，这是一种很强的优势。对我国大学群来说，政府鼓励和干预是推动大学群组织化发展起步阶段的必要手段，城市群崛起的发展需求使我国城市群大学整体发展组织的形成已经到了呼之欲出的状态。

本章核心结论

大学群从自然集合体向组织共同体转变是大学集群发展的关键，是政策制定和实施的关键，当然也是大学群政策研究的基础。大学群具有先天的地缘凝聚力、政府主导力、市场驱动力和学术主导力等四个主要动力。组织模式一般有中央政府垂直管理、地方政府联合管理、大学群的非政府组织联盟和混合组织模式。四种模式，通常又可以被分为专制型的硬管理和分权型的软管理“两大类”

和政府、半政府、非政府组织管理“三大类”，但大学群组织系统一般都是由有主次区分的多元混合组织构成的。目前，我国大学群基本都处于从“自然集合体”向“组织共同体”转型的探索期，城市集群崛起的发展需求决定了大学整体集群发展的紧迫性。我国大学群组织建设需要各级政府积极有为，鼓励引导，先行试验，再逐步推广，并保持大学群组织层次分明，生态多样的特点。

第五章　大学群发展政策目标与政策框架

本章关键词：大学群；运行特征；政策目标；使命协调；四维政策；螺旋组合；政策框架

美国社会心理学家米德认为，作为社会共同体，需要具备共同体共识（包括共同体的态度、共同体的制度和共同体中的民主）、共同体成员、共同体的内在动力、共同体的运行机制[1]等要素。大学群作为一个整体组织也同样有类似的相关要素，这些要素是保证科学地制定和执行大学群发展政策的关键基础。

第一节　城市群地域大学群运行特征与政策方向

为了能够切实确定科学有效的大学群发展政策，仅仅了解国内外大学群琐碎的发展政策经验是不够的，还必须要认识和把握大学群本身运行机制的内在特征，而大学群运行特征及其对政策的导向要求表现如下。

一、整体系统性与大学群有组织地共同发展

（一）大学群的系统边界

大学群是生存在有行政区经济色彩的城市群地理空间的高等教育系统。城市群有系统边界，大学群也有。对于系统来说，“系统边界越大，作用于系统的因

[1] 蔡丽玆.社会心理学家乔治·H·米德的共同体思想[J].学习月刊，2010(3):40-42.

素越复杂，认识和把握难度越大。反之，系统边界越小，作用于系统的因素越单纯，越容易控制。”[1]因而，能否对大学群集合体边界做到准确合理地把握，将对大学群组织共同体形成和发展有重要影响。

1. 大学群空间距离衰减性没有城市群明显

同质性和内聚性是界定和划分城市群经济区域的两大基准。城市群边界是判定大学群边界的重要依据，但大学群的空间距离衰减性没有城市群那样明显，且大学群位于城市中心区的院校还有向城市郊区扩散的趋势。相当一部分大学在城郊聚集，建立分校，形成新的知识核心空间。所以大学群对打破城市群所谓“杜能环”功能区均匀分布有积极意义[2]，使城市群的市场、工业、农业、林业、畜产和人口分布，纵横交错，增加了城市群经济活力，增加了社区与大学接触面，有利于城市群非资源型经济、民众科学素养均质发展。由于大学在城市群分布的不连续性，使大学群空间距离衰减性没有城市群那样均匀和明显，郊区也可能形成较强的高教园区并带动产生城市群的新经济区。

2. 大学群的系统边界比城市群系统边界大

无论城市群有多么大，城市群总有自身的独特性，这种独特性对大学群来说就是一定意义上的片面和局限性。因为科学有无限广泛的超时空、超行政、超价值观的学术自由性，城市群作为大学群的核心空间载体，是大学群的共生发展伙伴，但不是大学群唯一的合作和服务伙伴，大学群只有依托城市群又超越城市群，大学群才能有可能拥有持续竞争力，城市群才能获得更多智力营养，布鲁贝克的高等教育政治论价值取向和认识论价值取向的观点也表明了这一点。可见，大学群边界比城市群边界更大、更灵活，行政边界并不能真正作为大学群的系统边界，而割裂大学群与城市群发展关系或者大学群与城市群从属发展都是糟糕的

---

[1] 许光清,邹骥.系统动力学方法:原理、特点与最新进展[J].哈尔滨工业大学学报:社科版,2006(4):72-75.

[2] 1826年,德国人杜能提出了农业区位的理论模式。他假设有一个与外界无任何联系的孤立国,在这个孤立国内,将形成以中心城市为中心,呈同心圆状,由内向外分布的6个农业圈。即第一圈:自由农业带,距市场最近,为城市提供鲜奶、蔬菜等不便长途运输的农产品;第二圈:林业带,提供木材和燃料;第三圈:作物轮作带;第四圈:谷草轮作带;第五圈:三圃轮作带,轮种燕麦、稞麦或休闲;第六圈:畜牧带。进入工业社会以后,交通运输、能源消耗等发生了很大变化。后人们对杜能环进行了修改,第一圈:市场园艺业与栏饲业地带;第二圈:乳畜业地带;第三圈:混合农业地带;第四圈:商品谷物业地带;第五圈:大牧场业地带;第六圈:非农业地带。

社会管理行为，对二者的戕害都是致命的。大学群与城市群都有基本界线，又有超界线的全球化、国际化发展必然性。

（二）城市群地域大学群的空间圈层结构

城市群大学具有基本的空间距离衰减性，也就是随着空间距离向城市群外部边缘延伸，大学在城市群空间分布的密度也逐步减弱，并基本呈现出空间分布的圈层性。

1. 核心圈层

城市群的中心城区一般大学数量多，平均分布密度大，这一圈层就是大学群的核心圈层。多核城市群通常也是多核大学群，多核大学群的核心圈数量与多核城市群中心城市数量基本一致。核心圈的大学基本都分布在人口聚居区，“二战”后，核心圈的大学周边通常聚拢或衍生出一大批知识密集型产业，使大学群的核心圈成为城市群的高水平文化智力社区，成为城市群经济引擎。核心圈大学通常表现出了大学群与城市群血肉相连的紧密关系，成为城市群躯体的一部分。大学群核心圈是高等教育资源最密集，与社区交互作用最活跃的城市空间地域。

城市群还分为强中心型和弱中心型两类❶，强中心型城市群的中心城市集聚强烈，中心分明；弱中心型城市群则中心城市不明显，资源集中度在城市群空间范围内均衡分布。一般来说，强中心型城市群较多；弱中心型城市群较少。与之相适应，大学群也存在这样的中心强弱特点，强中心型大学群，核心圈层明显，中心城市大学数量大、分布密；弱中心型大学则核心圈层模糊，大学在城市群范围内分布分散，空间集中度低。

2. 辐射圈层

中心城区以外的相邻卫星城，包括郊县及相关省域地区。它们围拢在中心城区四周，一方面它们是大学群核心圈层的次一级影响区域，另一方面这里也分布着相当一部分大学群成员。这一圈层被称为大学群的辐射圈层。辐射圈层是现代城市群经济文化溢出发展、城市群分工发展直接受益的重点区域。许多大学在这里设立了分校或实验基地，形成了中心城区以外的新的大学聚集区，这里成为中

❶ 李廉水，STOUGH R R，等.都市圈发展——理论演化·国际经验·中国特色[M].北京：科学出版社，2006:37.

心城区知识密集型产业向外转移的首选地带。20世纪60年代以后，纽约、伦敦、东京、巴黎等巨型城市的郊区生态价值和经济价值日渐升温，郊区的居住和就业人口迅速提升，到80年代，甚至出现了郊区居住人口超过了市区的情况。“逆城市化”发展现象使大学也开始在郊区建立新校区或研究基地，使大学群辐射圈的高等教育质量有了极大提高，大学与社区相互作用关系有了显著变化。目前随着城市群轨道交通快速发展，我国也有相当一部分城市群在郊区建立了高等教育园区、大学城等，也出现了居住人口向郊区流动，工作往返在城郊之间的状况。另外，信息和网络虚拟技术发展应用，缩短了城市核心区与郊区空间距离。这些因素作用都增加了城市群周边地区对大学的需求，提高了大学群辐射圈层的地位和价值。

3. 散射圈层

城市群相关省域以外的国内、国外地区由于受到大学群成员辐射影响的均匀性降低，大学群与那里社会机构合作交流的频率相对较低，呈分散不均状态（见图5.1），各大学对外联系状况差异较大，是个别的、零星分散的互动状态，不具有普遍性。所以把这一圈层称为大学群的散射圈层。它又可被分成两部分，一部分是国内散射圈，另一部分是国际散射圈，大学群对国内影响力当然要大于对国际影响力了。散射圈层虽然是大学群活动踪迹相对最稀少的一个圈层，但这一圈层却是大学群发展的外部动力源泉。大学群从自然集合体向组织共同体转变，实际上就是位于核心圈和辐射圈空间地域的大学建立起整体合作与协作发展的政府或非政府组织。

综观大学群三个圈层，大学群就如同一座山，核心圈是山峰，大学数量最多，大学与城市群机构联系也最紧密，知识流动量最大。辐射圈是山峰四周的高原台地，散射圈则是四周更低的广阔平原上的高低不同的小山丘。如果是多中心的巨型城市群，那大学群与城市群就会耦合呈现出“山峰林立，高原连绵，丘陵广袤”的壮观景象。如英国地理学家迪金森（R. Dickinson）所指出的那样，城市群“是由各种特有资源，包括生物、人文现象等因素在地表特定地区结合而成的复合体”，给予城市群“从中心向边缘不同程度变化的梯度”❶，这是对大学群

❶ 罗伯特·迪金森.近代地理学创造人[M].葛以德，等，译.北京：商务印书馆，1984:202-203.

与城市群复合变化生成的圈层差异的最好阐释。

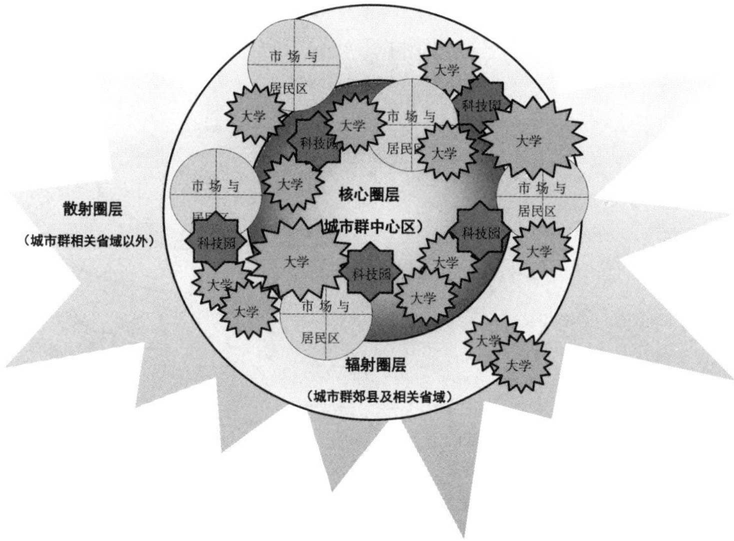

图5.1　大学群圈层结构示意图

（三）大学群与社会环境复合为一体

综观世界优秀大学在城市群空间的布局形态，大致可以把它们分为四种类型：一种是章鱼型，就是大学的校区较多，分散又集中，有一个中心校区，其他校区分散分布在城市或城市群不同地点，通常被说成是“城市（城市群）有多大，大学就有多大”；一种是巨象型，大学整体聚集在一个校园内，但校园规模非常大，简直就是一座小城，大学整体表现为浑然一体，文化特色鲜明有力；一种是松鼠型，大学整体聚集在一个小校园内，院系数量不多，但大学从规模到质量都表现出“小而精干”；除去上述三种以外，就是普通型，它们通常有一到两个校区，学校规模适中，个别院系有较强实力。这四种类型大学都对周边社区有重要的溢出影响作用，与城市群交融在一起。

城市群是一个相对完整独立的生态系统，地理环境（气候、植被、土壤、水源、矿产等）和地缘文化在一定空间范围内的均质连绵性、经济联系紧密性及交通便捷性等，使城市群成为一个区域文明中心、物流枢纽、经济高地和高等教育中心（见图5.2）。在城市群地理环境和经济、文化相对独立完整的条件基础上，在自然生态和人文生态基础上，城市群大学彼此也具有生存依赖、合作互补、文化认同等生态特点，于是大学群也具备了相对完善的整体系统性特征，具有一定程度的内聚和均质性，并在辐射区边界内外存在一定的差异，当然如果把大学群散射区与核心区相比较，差异会更加明显。

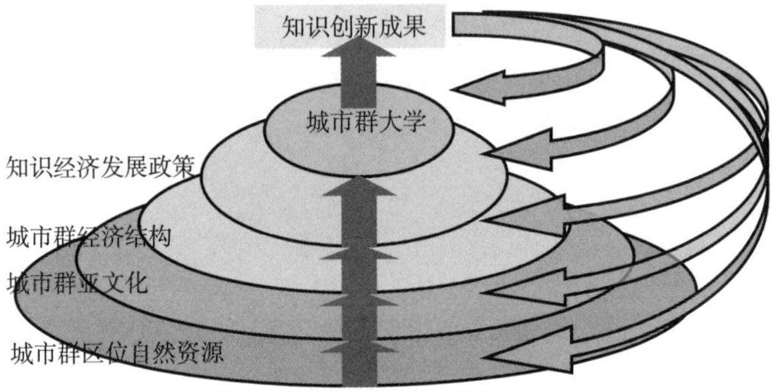

图5.2　城市群大学的复合环境

通过对上述综合分析可以发现，大学群是一个有圈层结构和边界的、有相对独立完整特性的空间系统和社会系统，在和平发展的国际环境中，无论在一国之内还是国际之间，从尊重城市群连绵整体的系统性出发，都有必要进行大学群有组织共同发展，从大学群内部来说，大学群从内到外的核心圈层、辐射圈层和散射圈层，是一个交流密度由高到低的渐弱变化过程，有组织共同发展有利于增强大学群内部凝聚力，更有利于推动大学之间协调合作，提高大学群与城市群耦合共生发展效率。

二、多重使命性与大学群四项使命协调发展

大学群是国家大学系统的子系统，它有综合性。虽然每一个大学群并不是“13类”和“四型”大学齐备[1]，但根据每一所大学分别在大学群的核心圈层、

[1] 根据我国学科分类，大学一般被分为13类，即综合类、文理类、理科类、文科类、理学类、工学类、农学类、医学类、法学类、文学类、管理类、体育类、艺术类等；根据大学职能可被分为四型，即研究型、教学研究型、研究教学型、教学型等。

辐射圈层和散射圈层范围所完成的使命状况及其资金来源的比重，可将大学群成员分为三类，即以满足国家国际发展需求为主的大学（国家国际使命发展的大学）、以满足城市群地方发展需求为主的大学（城市群地方使命发展的大学）、满足国家和地方发展需求比重均衡的大学（使命发展均衡的大学）。总体来说，大学群所承担的使命包括国家使命、国际使命、城市群地方使命和大学个性化发展使命。所以大学群发展具有多重使命性。

（一）国家与国际使命

大学群的国家与国际发展使命是大学群对国家发展和人类进步所承担的责任和义务。大学群完成这一使命任务的活动主要是通过与散射圈层社会机构所发生的联系、互动与合作等。在大学群国家和国际使命中，国家使命当然是主体和最重要的了，只要有国家存在，大学就不可能完全超越民族和国家属性，从目前来看，全球化和非资源型经济竞争与发展使各国大学的国家核心竞争工具性越来越强，大学得到各国政府的重视程度是前所未有的。即使美国招揽了世界近1/3的留学生，这仍然是以国家利益为根本目的的教育出口行为，留学生成为主要高等教育出口国的资金和人才储备“银行”。

大学群承担的国家与国际使命任务，包括来自中央各大部委、兄弟省市行政、企业部门及国际组织的教学与科研任务。大学群完成散射圈的教学与科研任务的质量与规模是大学群在国家和国际影响力和竞争力水平的标志。大学群承担和完成国家与国际使命主要有两条途径：第一，由大学独立承担完成，主要是大学群中的国立大学或高水平研究型大学承担任务较多，其他院校只有少数卓越专家或院系才有机会承担完成国家或国际项目；第二，由大学群集体承担国家、国际任务，然后再委托大学或组织专家共同完成。至于大学群在散射圈是否有集体竞争力，关键取决于大学群是否有优势和特色。

总之，每一个大学群都或多或少地担负着国家和国际发展使命。“二战”后美国国家科学基金会（NSF）和高级研究规划署（ARPA）的科研项目主要是由美国前50名大学承担着；俄罗斯正在筹划成立战略倡议署，要从宏观到微观整体构建国家创新进程体系；日本高等教育的一个重要优势就是把高等教育决策作为国家大事，多部门共同参与，一般最核心的参与部门是文部科学省、经济产业省和厚生劳动省；我国"863""973"、国家自然科学基金、哲学社科基金、科技支撑计划等众多项目以及各大部委委托项目都是国家使命项目，项目中大约有一半是由大学承担着。随着我国国际影响力的增强，承担国际人才培养和科研项目也越来越多，越是特色强、创新能力强的大学，越有机会获得更多的国家或国际资金和项目。

（二）城市群地方使命

大学群的城市群地方发展使命是指大学群对城市群及其周边地区发展所承担的社会责任和义务。大学群这一使命是最复杂又最重要的。说它复杂是因为城市群是一个兼顾自然与人文、传统与现代、荣誉与利益、行政区交错的中心地域，特别需要大学群与城市群匹配共生发展，但要把各行政区之间、上下部门之间、院校之间盘根错节的利益纠葛协调清楚，困难和阻力很大。

说它重要是因为城市群地方使命是大学群四项使命中的根本，任何一所大学都是以社会发展需求为创建根据的，也必然以社会发展需求为发展根据的。在所有需求中，城市群地方发展使命需求是首要的，世界各国大学群的城市群地方使命大学数量比例都要高于偏重完成国家国际使命的大学数量，地方大学是大学群成员的主体。我国目前地方所属院校占全国高校总数的82%，加上民办院校，地方使命大学比例占到了全国总量的94%，而且国家国际使命大学并不是丝毫不参与城市群地方使命发展的。大学群的城市群地方使命发展质量是大学群的根本和关键，城市群地方使命大学是决定大学群核心竞争力的主体，大学群没有城市群地方化发展就不会产生大学群优势、特色和核心竞争力。如果一个大学群忽略了地方使命发展而盲目和片面追求国家国际使命发展是舍本逐末，无源之水、无本之木，无法可持续强盛发展。教育成本分担理论主张谁受益谁投入，城市群保证对大学群投入是必要的，大学群也必须把重视城市群地方使命发展放在第一位，否则就容易导致城市群对大学的"高投入低回报"现象，城市群及地方政府对大学群丧失信心，改变对大学群积极支持的态度。

（三）大学个性化使命

作为大学群成员，无论高水平大学还是普通大学，也无论是研究型大学还是应用型大学，不管它们承载什么使命，它们都需要珍爱自己的个性，大学特色和个性是大学群优势与核心竞争力的源泉，也是大学安身立命之本。大学个性化发展是大学的国家与国际使命发展及城市群地方使命发展的基础。大学个性化发展的核心在于大学以学术特色为中心的人才培养和科研创新，挖掘自己与城市群合作潜力，敢于取舍，弘扬强化优势专业，并购、整合、转让那些分散本校精力、不具备发展潜力的本校边缘专业，集中力量打造有本校优势和特色的专业群、专家群。大学个性化发展，也是大学群的责任。一个要走向强大的大学群共同体，需要促进每一所大学"又强又专"，推动大学群整体专业结构合理、和谐、竞争发展，打造大学群整体竞争力。大学个性化发展过程也是大学群整体优势优化的过程，一个大学群要实现质量整体提高，关键在于大学群能否整体进行专业和院系整合。

所以，每一所大学在自己个性化发展道路上，完成着各自承载的国家国际使命和城市群地方使命。一所大学可能对城市群、对国家和国际贡献寥寥，而一个大学群对城市群和国家国际贡献就会变得巨大。虽然这些使命在每一所大学身上表现不同，各有专攻，但对大学群整体来说，是分合有致，使命兼备，没有偏废的。但不管怎样，大学群的城市群地方使命完成质量是它的国家国际使命发展竞争力基础，没有这个根本，大学群在国内国际竞争道路上就不会走远。

三、功能匹配渐近性与大学群的城市群地方化发展

人类社会发展对科技越来越强的需求使大学群与城市群双方互适发展程度日渐加深。因为大学群与城市群在同一地缘文化、经济和资源环境作用下，随着时间推移，二者共生匹配程度会无限提高，一所大学只能有限地满足城市群部分功能需求，大学群整体与城市群功能匹配能力就更强了。

（一）直接功能匹配与再造功能匹配

根据大学群与城市群的功能匹配状况，可把它们分为直接功能匹配和再造功能匹配两种。如果城市群与大学群在彼此不需要做特殊努力的条件下就可以实现人才与科研供需平衡，这样的功能匹配状态就是直接功能匹配；如果二者的功能供需需要有一方或双方都做出努力才可以适应需求，比如大学群新建院校、院系，新设专业，城市群兴办产业以适应大学群的专业发展等，这样所达成的供需

匹配新平衡，就是再造功能匹配。前者是在供需平衡基础上的大学群与城市群的功能对应匹配，后者是在供需状态不平衡的前提下大学群与城市群所达成的功能对应匹配。

功能匹配的“不平衡—平衡—不平衡”过程就是大学群与城市群的共生发展过程，彼此功能需求作用促使二者存在相互引领关系。城市群可以引领大学群的功能进步，大学群也可以引领城市群功能进步，引领者居于主动地位，被引领者居于适应地位。当大学群在某一领域有新发明新突破时，就是城市群相关产业技术、产品、管理等方面有机会升级的时候。如果大学群的专利成果恰巧是城市群相关产业所需要的，则城市群经过权衡后，可能会通过努力来承接大学群的创新成果转化，反过来，城市群的发展新战略和城市群强劲的经济基础也会为大学群创新发展提供新动力。

（二）大学群与城市群功能匹配限度

大学群与城市群共生发展关系决定了二者功能匹配化发展是积极渐进的，但同时又是有限度的，因为二者各自有相对独立的个性，所以社会发展需求与环境所驱动的大学群与城市群功能匹配渐进，但永远不能完全一致或从属发展。在区域非资源型经济发展需求下，大学群与城市群功能匹配对接发展是所有现代化社会发展趋势，但在一定时间内，城市群经济、文化基础是有限的，大学群的学科与专业能力也是有限的。在有限的产业领域中还有基础产业、主导产业、潜导产业等主次之分，大学群自身学科与专业也存在优劣之分。所以，大学群与城市群功能匹配化发展需要双方积极主动推动功能匹配，但不能期望无限度匹配或一方从属于另一方发展，如果过分强调大学群或城市群的绝对权威性和领导性，对另一方来说都意味着是损伤或剥夺个性和发展生命力。因而大学群与城市群功能匹配需要主动和积极，但要时机适当，具有推动功能匹配的基础条件。盲目蛮干、冒险急进，过分强调二者功能匹配一致性，一方从属于另一方发展，会给大学群与城市群造成长期损失，产生不切实际的垃圾项目、“半拉子”工程、资源浪费等“大跃进”问题，无论对城市群还是大学群都将是得不偿失的。

四、资源密集流动性与大学群加强社会互动发展

表面看大学群是一个大学呈圈层结构集聚的空间单元，实际上，城市群人口、政治、经济、科技、文化、物资等要素的中心地位决定了大学群必然是一国之内高等教育资源最集中、资金投入最多的地区，是人才流、信息流、资金流、知识流等资源要素密集交汇的中枢，是国家和区域核心竞争力的中枢。根据大学群资源流动的组织性和流动方向，可将大学群的资源流动分为组织性资源流动和非组织性资源流动，内部资源流动和内外资源流动四种形式（见表5.1）。

表5.1　大学群资源流动的综合分类

方向性＼组织性		大学群资源循环流动	
		组织性	非组织性
大学群资源循环流动	内部	内部组织性资源循环	内部非组织性资源循环
	内外	内外组织性资源循环	内外非组织性资源循环

（一）组织性资源流动与非组织性资源流动

大学群资源流动如果是通过组织与组织之间联络完成的就属于组织性资源流动，如果是通过个人与组织或个人与个人之间联络完成的，就属于非组织性资源流动。组织性资源流动包括以“院系”“大学”和“大学群”为组织单位的资源要素流动。在大学群资源流动发展过程中，非组织性资源流动所占比重并不比组织性资源流动数量少，各国政府和大学都对大学教师参与社会机构合作保持积极支持的态度。

（二）内部资源流动与内外资源流动

大学群资源如果在城市群范围内，也就是在大学群的辐射圈层以内区域（包括核心圈层）发生流动，即被视作是大学群资源的内部流动，这就是大学群资源内循环系统。如果资源流动发生在大学群辐射圈层以内和以外区域（散射圈层）之间，就被视作是大学群资源内外流动，这就是大学群资源内外循环系统。资源内循环包括大学与城市群范围内所有机构间的资源流动，资源内外循环包括大学与城市群以外的所有国内外社会机构之间的资源流动。

当然，各种资源流动类型通常是综合在一起的。无论大学群资源内循环还是内外循环，都存在组织性与非组织性作用。做强大学群需要激活资源内循环和内外循环两个系统。这两个循环系统对不同大学来说，活跃度不一样，研究型大学在大学群的内外资源循环系统中始终扮演着主力角色，而教学和应用型大学，则是大学群资源内循环系统的主力，这并不意味着研究型大学就可以放弃参与内部资源流动，不做与城市群功能匹配的努力，应用型大学就不参与内外资源流动，各自"单腿走路"。相反，它们都需要在两个资源循环系统中兼顾发展，以内养外，以外助内，发扬"两点"，坚持"重点"，这样才会使大学群效益倍升。

五、空间溢出衰减性与城市群区域开发

大学群与社会机构交流合作的密度从核心圈层向四周的辐射圈层和散射圈层逐渐减少，这就意味着距离大学群中心位置越近的地区社会产值中的科技附加值含量越高，越远离大学聚集区的社会机构所受到大学影响的科技附加值含量也越低。英国研究者跟踪调查发现，"科技园的公司比非科技园的公司与高等教育机构联系更便捷，园内每个公司平均与5.8个高等教育组织有联系，非科技园的公司平均每个与3.4个高等教育组织联系。与高等教育组织有联系的公司存活率高，没联系的公司存活率低，并且越是年轻的有联系的公司存活率越高。六年之中，能够生存下来的企业中与高等教育组织有联系的占91%，存活下来与高等教育组织没有联系的占9%。"[1]这表明，知识的近距离传播总要比远距离传播更容易减少信息损耗。再比如，美国MIT与周边高技术产业联系紧密，斯坦福被誉为"硅谷"的"心脏"，60%—70%的企业是由斯坦福大学师生创办的[2]，而对自己的"后院"——北加利福尼亚的影响就寥寥。[3]

大学群空间溢出衰减性突出了大学群核心圈的价值，无论大学群身处什么海

---

❶ WESTHEAD P, STOREY D J. Links between higher education institutions and high technology firms[J].Omega, 1995,23(4): 345-360.

❷ 刘长明.硅谷之路[J].学术界,2001(5):183-202.

❸ WESTHEAD P, STOREY D J. Links between higher education institutions and high technology firms[J]. Omega, 1995,23(4): 345-360.

陆位置，离大学群较近的区域更有发展非资源型经济的空间优势。大学群实力再强，也不能改变空间距离对溢出作用的衰减影响。大学群这一运行特点有以下几个重要意义：第一，大学聚集区的院校和社会机构需要更加积极地运用空间就近优势，取得功能匹配、互动合作的更大社会效益，真正发挥大学群空间溢出作用优势，这样才符合身处大学群核心圈的身份；第二，大学群空间溢出衰减性对大学群核心区格外重视，强调近距离的溢出价值，这对内陆大学群和城市群来说都是有益和可运用的特性；第三，为政府决策选择重点支持发展的大学、新建大学选址及创建高新区和科技园区等都提供了很好的参考，可以优先考虑那些大学密集、社会产值密集的地域创建科技园区或作为重点扶持大学发展的区域，这会更有利于增加区域经济附加值。最近十几年，美国落基山脉和阿巴拉契亚山脉地区、密西西比河沿岸地区新崛起了盐湖城的“仿生谷”（犹他大学和杨柏翰大学）、田纳西州的田纳西“技术走廊”等。都是高科技园区就近与大学群共生发展的成果。我国内陆地区的武汉光谷、重庆两江新区、成都高科技园区等也是大学群与高新产业集聚发展的新亮点。

总之，大学群除了上述五个运行特点以外，“共同利益性”“发展渐进性”等特点也非常重要。共同利益性是指城市群“是一个空间利益共同体”，大学群也是一个利益共同体，在共同利益基础上才走上长远协作与合作道路。大学本来就是文化个性显著的组织，加上市场竞争的客观实在性，这使城市群各大学之间的利益冲突无法避免。如何让它们乐于放弃冲突，联合发展，没有更大的长远利益是很难办到的，政府采用强制的干预手段在一定时期和条件下是有必要的，但不容易从根本上消除大学消极合作的态度，所以还需要动之以情理，晓之以“大益”，大学群如何找到有序共赢的利益分配方法，保证大学群、城市群与大学协调发展，这是关系到大学群长远发展的重大问题，特色各异的大学群各有各的办法。

第二节 国外大学群发展经验及政策

大学群与城市群耦合共生发展是世界经济强国所走过的成功道路，它们在振兴本国区域经济时对大学给予了高度重视，值得后发国家借鉴和学习。

一、大学群与城市群积极关联发展

无论西方还是东方，大学从一开始产生时候就与城市发展是紧密相关的，随着社会分工和城市手工业及工商业发展，对专业人才需求量增加，于是带着徒弟的教师们聚集起来才有了古希腊的学园和中世纪的行会大学，到德国的洪堡模式，法、俄的职业技术教育，直至美国“硅谷”模式，大学对城市创新发展所发挥的支持作用越来越强，关系越来越紧密，这种相互关联发展主要表现在以下几个方面。

（一）大学群与城市群在相关科技领域重点突破

世界高等教育发展中心大致沿着意—英—法—德—美这一路线转移，先后经历了四次国别轮动，“每个中心的持续时间渐趋缩短，轮动节奏渐趋加快”[1]，这表明，世界高等教育中心趋于泛化。由于“极化”和“马太效应”，使后发国家赶超先发国家难度加大。因此，世界高等教育在中心日渐泛化的大趋势下，首先是专门科技领域中心的泛化，当一个城市群领先的专门科技领域节点数量积累到一定程度的时候，这里就逐步成为国内外有影响力的高等教育和科技中心。因此，“蚕食追赶”和“自主创新”成为后发国家或城市群赶超发达国家或地区的基本和现实手段，老牌高等教育强国和科技强国更有机会赢得较多科技领域的领军地位，它们的专门技术攻坚的成功率仍然高于后发国家和地区。后发国家或城市群即使选择了与大学群相匹配的专门知识领域着手突破，也不是轻易就可以获胜的，不但需要时间，更需要扎实地做好内生创新发展工作，做好大学群对城市群的支持发展工作，才能突出重围，抢占国内和国际科技与产业创新发展制高点。韩国是经合组织中人口老龄化最快的国家，它实行国家新大学创新计划（NURI），通过改革区域的专业课程来培养与区域发展相适应的高质量人才，促进区域发展，这是一个找到大学群与城市群相互适应发展支点的做法，值得借鉴。我国城市群产业特点尽管还没有韩国首都圈的汽车、电子、重工制造等行业那么高的集中度，但城市群主导产业结构正在形成，这是大学群与城市群二者合作发展的关键机遇和必要阶段。

---

[1] 张可云.区域大战与区域经济关系[M].北京：民主与建设出版社，2001:165，170.

（二）大学群支撑着城市群内生创新发展

内生创新发展是一种被世界各国普遍重视的经济模式，是发达国家成长起来的主要路径。东亚国家和地区崛起几乎都首先靠贸易出口而兴起，日本、韩国、我国及越南等无一例外，但后来都要向内生创新发展转型，实现专利技术和品牌本土化，我国正处在紧锣密鼓的扩大内需、产业升级的内生发展转型过程中。

城市群内生创新发展可分为自然资源型内生创新发展和技术资源型内生创新发展。前者依托自然资源，对自然资源进行现代化深加工所发展的内生经济；后者是依托人才和技术发展高新经济。无论这两种中的哪一种内生经济都需要大学群支持，只不过技术资源型内生经济与大学群的关系更加紧密，甚至在空间分布上都集聚在一起。日本、韩国、新加坡、丹麦、芬兰等都是以城市群经济为主体的国家，除芬兰外，这些国家自然资源都比较贫乏，技术资源型内生经济是它们的国民经济支柱，尤其日本强调“产业立国”，日本的核心经济是高端制造业，它牢牢抓住了国际产业链“雁阵”的最上游头部位置；加拿大的大西洋海岛城市群[1]和巴西东南城市群都是依靠自然资源与技术资源有效结合而从传统到现代内生创新发展华丽转身的典型城市群，当我国、印度、越南等新兴国家工业化和城市化快速以“市场换技术”，成为世界低端制造业中心的时候，它们却稳步发展内生科技，最终加拿大的大西洋海岛城市群发展成为海洋生物制造业中心，巴西东南部的圣保罗—里约热内卢—巴西利亚城市群（有全国42.6%的人口和55%的GDP）发展成为传统产业和新兴产业兼备的城市群，半导体、软件及制药业进步神速。大学群对上述国家和城市群的非资源型产业发展起到了关键支撑作用，担当起了研究和实验中心及人才培养基地的责任。

20世纪50年代以后，美国的技术资源型创新发展从“硅谷”开始，到接下来的128公路、三角研究园等140多个大学科技园区兴起，使美国掀起了内生创新发展的知识经济运动，主要有以下特点：第一，非资源型经济发展目标明确；第二，各州政府“科技促进计划”具体（见表5.2）；第三，研究型大学是内生创新支柱，如波士华城市群的哈佛、MIT等八所著名研究型大学，每年获得联邦政府支持的资金数量占它们每年研发经费的80%，对城市群经济贡献达70亿美

[1] 加拿大的大西洋海岛城市群，有17所大学和4个学院系统（总共约50个校园），尽管这里公民的平均受教育水平低于加拿大平均水平，但凭借着大学群的海洋资源研究带动了保健科学、生物科学和信息技术的创新发展，“哈利法克斯—蒙克顿—弗雷德里克顿”走廊成为在加拿大有重要影响力的海洋高技术产业制造中心。

元，佛罗里达虽然仅有一所美国前50名大学——佛罗里达大学，但绝对是佛州创新发展的顶梁柱。

表5.2　美国研发前13州科技创新政策及主要项目计划

研发经费支出排名	州生产总值排名	州	项目计划	是否应用技术创新
1	1	加利福尼亚	加州四大科技创新研究院	是
2	2	纽约	卓越中心、Gen（纽约）生物科学系统	是
3	3	德克萨斯	德州卓越基金(TEF)、大学研究基金(URF)、高级研究计划(ARP)	
4	6	宾夕法尼亚	温室生命科学、生物技术	是
5	16	马里兰	私营与联邦伙伴合作计划	否
6	11	马萨诸塞	私营部门服务计划	否
7	5	伊利诺伊	对伊利诺伊大学（厄巴纳）杠杆性科学投资	是
8	12	北卡来罗纳	成熟方案（研究三角、生物技术联合体）；北卡罗百年校园计划	是
9	9	密执安	生命科学走廊；密歇根州三科技走廊	是
10	7	俄亥俄	合作研究设备计划（10年5亿美元）；卓越学者计划	是
11	4	佛罗里达	三大卓越中心计划（1000万美元）；Scripps东海岸实验室	是
12	10	佐治亚	佐治亚研究联盟（GRA）；佐治亚电子设计中心(GEDC)	是
13	20	威斯康星	威斯康星大学杠杆性投资	

资料来源：GEIGER R L，CRESO. Beyond technology transfer:US State policies to Harness University research for economic development[M]. Minerva,2005:1-21 .

（三）大学群与城市群机构空间集聚集群发展

个人、企业和组织如果空间地域接近则便于正式或非正式学习交流，依托大学对城市群进行小片域开发是世界各国城市群发展的通常做法。高新区、科技园区、工业园区、大学城等都是与大学或大学群紧密关联的现代经济、文化区域。荷兰科技园中83%的企业、比利时科技园中68%的公司都报告说与当地大学有联系，其中29%的荷兰科技园公司和25%的比利时科技园公司与当地大学有合作研发活动。英国和美国大学与近邻企业联系更紧密。20世纪90年代后期，环绕英国高等教育机构的科技园广泛兴起，87.9%的科技园的公司和77%的科技园外的公司与当地大学有链接关系。❶

空间集聚促进大学群与城市群结合发展主要有三种表现形式，即大学集聚孵化产业、校企合作技术创新、总部基地扩张。这三种方式几乎已被世人耳熟能详，只是各城市群具体推动校企集聚与合作的优惠政策各有不同。目前来看，空间集聚式的大学群与城市群相结合发展不仅适用于一国之内，也得到了跨国实践，横跨瑞典和丹麦两国的厄勒科技区（OSR）是北欧最大的国际化城市群（人口376万），这里汇聚了两国12所大学组成的国际大学共同体❷，各大学的医学和生物工程等学科都很有优势，有多名诺贝尔奖获得者。这里还云集了32家医院、300多家生命科学公司，雄厚的国际化人才和科研力量支撑着巨大的“药谷联盟”发展，制药为丹麦和瑞典两国各创造了20%以上的GDP。❸

综上所述，急剧发展的世界区域高等教育正有两种新趋势表现：一是新建大学的区域服务定位强。它们与区域发展联系紧密、定位准确且有前沿性，满足地方需求成为它们的基本发展目标，比较典型的就是“美国许多大学都深入参与到社会经济之中，它们不仅重视知识和学术的使命，而且承担着州和区域发展义

---

❶ WESTHEAD P, STOREY D J. Links between higher education institutions and high technology firms[J].Omega, 1995,23(4): 345-360.

❷ 北欧（厄勒）国际大学共同体，有大学12所，其中丹麦8所，瑞典4所，学生15万人，教师和研究者1.4万，以丹麦的哥本哈根大学和瑞典的隆德大学为核心，区域内各大学向所有学生、教师和研究者开放全部课程、图书馆和仪器设备。

❸ Medicon Valley[EB/OL]. [2011-10-2] http://en.wikipedia.org/wiki/Medicon_Valley.

务”[1]，州和区域社会成为美国大学经费的重要来源。北欧最近创办的工艺学院是直接针对区域职业技术服务的，如芬兰中部的成立于上世纪90年代的于韦斯屈莱应用科技大学，相当于工艺学院，与区域社会发展需求相适应，有30%以上的工艺专业学生来自中芬兰，有60%以上的毕业生能够留在于韦斯屈莱地区工作，还额外吸引了30%的学生来这里工作。[2]另外丹麦的奥尔堡大学也面向应用技术发展；另一个新趋势是传统大学现代化。它们在现代化研发方面注重社会应用化发展，孵化产业、聚集产业。比如美国斯坦福大学、英国的剑桥、牛津大学等都是古老大学现代化发展的范例。

二、发达国家积极推动大学群与城市群合作

世界发达国家的高等教育主要分为两类，一类是高校绝对数量大，总体质量高；另一类是高校数量不突出但总体质量高。前者以美国为代表（2010年美国有副学士学位以上授予权的大学4499所[3]），后者以欧洲为代表。欧洲各国并不以大学数量取胜，而是以推动大学与社会互动来提高大学对社会发展的支持力量。北欧和西欧国家都倾向于把大学与企业互动看作是大学“第三任务”，工艺学院发展速度较快，芬兰有46所大学，其中有26所工艺学院（另外20所为综合性大学）。我国显然不会在短期内达到美国每万人口拥有大学的数量水平，因为我国人口将近是美国四倍还强，又是发展中国家，国力有限。但我国大学数量的确在持续增长，我们最应该选择的道路是在增长数量的同时，增强大学与社会互动，扩大大学对城市群及社会支持效益，所以国外大学与城市互动经验值得我们借鉴。

（一）用法律手段强制大学群与城市群互动发展

“创新与增值未必是线性关系，可能更近乎是创新者与需求者之间的互动关

---

[1] OECD. Higher education and regions:globally competitive, locally engaged. [s.n.], 2007:52.

[2] 同属于芬兰中部的于韦斯屈莱大学是综合性大学，也是全国培养硕士研究生的第二大校，但是当地却没有那么大的吸引力，2/3的毕业生到其他地方就业去了。

[3] 数据来源：美国教育部网站（http://www.ed.gov/）。

系，最好的互动行为方式就是面对面。”[1]靠法律创造大学与城市群机构“面对面”的环境是必要的。“美国高等教育取得巨大成功的奥秘是什么?一个关键因素在于美国在其国家发展的几个重要阶段，都非常成功地制定出具有战略前瞻性的高等教育发展的国家战略，并巧妙地通过立法、拨款和国家战略规划等硬软结合适度的强有力保障措施得以有效实施”[2]。它是一个以法案推动高等教育发展的典型国家，100年来，不断地在特殊历史背景下以国家法案形式调整国家高等教育发展战略，有标志意义的法案就不下五个，如《莫雷尔法案》(1862)、《退伍军人安置法案》(1944)、《国家科学基金会法案》(1950)、《美国移民法案》(1952)、《国防教育法案》(1958)、《贝多法案》(1980)等。[3]

其中《莫雷尔法案》使美国高等教育从此走出了欧洲高等教育衍生者的地位，开创出了不同于欧洲纯粹精英教育的精英与大众化高等教育相结合、大学服务社会的高等教育新模式，对世界大学发展产生了深远影响。《贝多法案》确立了美国大学、产业和政府三大不同利益相关者相互合作，“为美国公民创造了数万个新就业岗位，加快了州和社区发展，有利于美国经济和商业政策的制定和实

[1] OECD. Higher education and regions:globally competitive, locally engaed[M]. [s.n.], 2007:52.

[2] 吴岩. 高等教育强国———中国教育的新使命[J].北京教育：高教版，2009(1):8.

[3] 《退伍军人安置法案》(1944)为“二战”退伍士兵提供高等教育尤其是职业技术教育机会，推进了两年制社区学院发展，使美国高教从精英化向精英与大众化双向发展转化；《国家科学基金会法案》(1950)采用“合同制联邦主义”，把国家科研下放给大学，增加了政府对大学的科研投入，促进了大学师生创业和学术研究商业化；《美国移民法案》(1952)吸引了来自全世界的优秀生源和师资，网罗世界优秀人才是这一法案重要目的之一，它最早制定于1881年，1952年正式由国会通过，而后又先后经历了四次修订，始终对卓越的科学、艺术、专门职业人才给予优先准入政策。该法案为美国大学发展和国家汇聚世界科技精英及引领世界科技做出了巨大贡献；《国防教育法案》(1958)是在1957年苏联卫星上天后美国朝野上下经过深度反思后所确定的依靠高教培养拔尖人才，开展科技研究，以保持强国竞争地位的法案，确立了高教对美国国家发展的无可替代的核心地位；《贝多法案》是《大学与小企业专利程序法案》，目的要通过激励美国联邦资助的大学科研成果向产业部门的转移，促进产业技术创新和国家经济发展，提升美国竞争力，使美国大学技术转移工作进入法制化操作层面，形成了政府、大学、产业三位一体的大学技术转移机制，大学科研成果以前所未有的速度向市场转移，对美国产业创新和经济发展产生了重大影响；2006年美国教育部出台了《领导力检验：美国高等教育的未来指向》报告，这是美国面向21世纪高教发展的指导性报告，提出了战略方向和目标，目前根据它美国国会已经通过了《高等教育机会法案》(2008)，旨在以促进高教公平和入学机会来进一步提高美国高教整体质量，保持高教强国的领袖实力。

施。”[1]这一法案被认为是美国“创新的金鹅”和可能是美国半个世纪以来实施的最激动人心的一部法案。英国和（OECD）其他国家也从政策角度重视和鼓励知识转移，关注专利数量和专利转化，法律手段只是促进大学与社会互动的一方面政策。我国虽然也颁布了《中华人民共和国促进科技成果转化法》(1996)、《高等学校知识产权保护管理规定》(1999)、《关于促进科技成果转化的若干规定》(1999）等一系列涉及大学的知识产权与转移法律，但创新经济的社会氛围还有待进一步提高。

（二）用组织职能弥补大学群与城市群互动缺陷

通过建立新型组织或改革传统现存组织职能，促进大学与城市群社会机构互动，这是发达国家的普遍经验。现代大学是一个联系松散的适应性系统，因为大学作为知识所有者，它具有一定的“经济人”属性，本身就有与社会合作发展的倾向性，特别从20世纪50—60年代信息和电子工业兴起以来，大学与企业之间建立了许多营利或非营利的专门从事科技或人力中介的组织机构，大大减少了大学与社会之间信息摩擦，提高了互动时效。英国大学设立了专门主管“外联”工作的副校长职位，负责对外人才招聘、研发合作和专利转化项目的内外联络；美国大学设立技术转让办公室，州政府主管部门也具有促进大学与社会互动联络的职能，所有高科技园区几乎都有政府参与的资金投入、创新发展规划和组织领导；瑞典设立大学应用科技委员会，用以填补技术市场需求与研发、人才市场需求与培养之间的衔接空白；芬兰则采用由研究型大学担任地方科技经济发展“领导”的办法来促进大学参与到地方发展中来。芬兰共有10个科学园（技术中心），任何一个科学园管理组织都是特征鲜明的专家团队，赫尔辛基城市群成为世界上产业孵化最密集的城市群，有700多个孵化机构，超过了美国孵化机构的全国总量。

从斯坦福大学的“硅谷”诞生以后，大学与政府、产业和社区互动就出现了两种形式，一种是大学推动型互动，就是大学主动借助政府支持力量设立大学科技园，孵化孕育新产业；另一类是政府搭台型互动，就是政府主动搭台，与大学

[1] AUTM.The Bayh-Dole Act:important to our past,vital to our future[EB/OL].(2008-07-11) [2011-10-01]. http://www.autm.net/about/BDTalkPts 031407.pdf.

和企业牵手，三家合唱创新发展“大戏”，这种做法具有可复制和可操作性，所以被世界各国广为运用。

（三）大学向企业化发展模式转型

发达国家大学的企业化发展风气相对浓厚。当然大学只能具有企业化发展的部分性质，而不可能完全企业化，大学完全企业化将会产生许多问题，但一定程度的大学创业化和学术市场化发展是必要且应该用法律加以保护的。英国政府早在1979年就开始鼓励高等教育要更加灵活，具有产业化观念，逐步减少对公共经费的依赖，旧金山的斯坦福和波士顿的MIT成为英国发展科技园的主要楷模。到20世纪90年代后期，环绕英国高等教育机构的科技园广泛兴起，多数大学与企业都有正式联系。学术研究商业化（包括科技园区、孵化中心、高等教育组织企业、独立的高等教育附属企业、认证签约、合作和风险公担项目）已经得到了广泛认同；日本国立大学实行法人化管理以后，大学有自己的地产、房产产权和独立雇佣员工权力，大学自主调整员工薪水。日本的这种改革虽然时间还不长，但是根据对日本学者的访谈和文献研究反映出的结果是：大学自主发展积极，与产业合作积极，拓宽了大学资金来源渠道，改变了中小企业对大企业研发的依赖，大约70%有研发的企业都与大学有合作活动，大学教授在研究机构的领导力增强了。

近20年，丹麦政府赋予高等教育机构更多的自治处理权，取消细节规定，强化宏观管理，主要是垂直下达目标，实行绩效签约，终结评价。荷兰的大学也重视加强市场化发展，并且政府加强对大学展开研发项目、课程评价、人力资源的发展管理。芬兰为促进大学自主创业，政府把全年预算拨付给大学的资金一步到位，由大学对全年资金自主经营，增加了大学自主发展空间。澳大利亚政府也积极推动大学经济独立。大学除了学术商业化以外，文艺、体育、医疗等商业化也很普遍，美国密歇根大学的公共娱乐剧目《密西根狼獾》每年约有2.5亿美元的商业活动。总之，大学群企业化发展不是纯粹和完全的企业化活动，它有科学社会化与教育社会化的双重作用，是大学与时俱进的实用主义教育实践，对大学现代化和创新人才培养都十分必要。克拉克（Burton Klark）认为：“企业式大学能够在政府规制下自行决定命运，扩展外围发展领域，强化核心和独立的学术领域发展”。[1]所以，毫不夸张地说，现代大学是社会上最复杂的机构之一，甚至比多数公司或政府机构还要复杂；大学是社会经济、文化、科技、行政、教育等诸多因素的综合体，大学离不开企业化发展因素，但大学永远也不是企业。

（四）用区域集聚集约发展实体驱使大学群与城市群相结合

建立高科技产业园和大学科技园区是从美国“硅谷”模式首创以来，世界流行而有效的大学与城市群结合发展模式，极大地推动了大学群产学研合作发展。瑞士洛桑管理学院多年评价结果表明，芬兰是世界上产学研有效结合率最高的国家之一。它取得骄人的创新发展成就得益于积极务实的产学研发展管理。直属于芬兰贸易工业部的芬兰国家技术创新局（Tekes）对于企业、大学和研究所的资助有明确的产学研合作要求，“一方面，企业项目必须寻找大学或研究机构作为伙伴才能得到资助，另一方面，大学、研究所项目必须有企业作为伙伴才能得到支持。”[2]芬兰科学院及其他部门所实施的国家计划或特定领域项目也基本选择企业、大学和研究机构进行产学研联合承担，项目周期一般为5年。芬兰正是用这样的“产学研合作模式”催动创新产业内生创新发展，使城市与大学内聚，确立了科技带动产业发展的道路。2005—2010年澳大利亚政府投入5.1亿澳元用于促进区域高等教育与产业合作的结构改革，叫做合作与结构改革基金（CASR），用“澳大利亚大学联盟（AUCEA）”项目来资助区域大学合作及有关民生、国家战略、国际化发展等；英国高等教育基金会（HEFCE）则设立了高等教育与商业团体互动调查（HEBCIS）机制，根据大学互动收入来分配高教创新基金（HEIF）。

第三节　国内大学群发展经验及政策问题

新中国成立以来，我国城市群地域大学群得到了快速壮大与发展，一个重要阶段是新中国成立以后为适应工业化发展和高等教育均衡发展，全国从沿海到内

---

[1] OECD. Higher education and regions:globally competitive, locally engaged[M]. [s. n.], 2007:67.

[2] 王勇，杜德斌.芬兰科技创新之路及对我国西部大开发的启示[J].经济地理，2007，27(4):538-542.

陆的中心城市，尤其是省会城市综合性大学、农、工、医、师大学普遍发展，民族聚居区省会还创建了许多民族大学。另一个重要阶段是从计划经济向市场经济转型以后，大学发展与区域需求紧密联系起来，随着市场经济成熟度、产业从东部向中西部地带转移，大学群建设发展的活跃度也逐步从东部向内陆和西部转移。

一、我国大学群与城市群相适应发展关系越来越强

（一）政府始终在探寻大学与地方社会发展相结合的道路

新中国成立后，20世纪50年代，我国为配合“大三线建设”和快速工业化发展所进行的大规模院校和专业调整，其目的是为了使大学与当地产业相配合相适应，使大学成为当地产业发展的高级专业人才和科研创新的智力支撑。当时中国高等教育底子极其薄弱，从旧中国发展而来的各种院校专业并不具备集中的优势和特色，对现代化产业发展支撑力是有限的，通过调整改革使大学优势凸显，与地方产业和社会需求匹配度增加，而且在短时间内以行政力量调整完成，虽然对大学与社会相适应的自然生态有所影响，但积极意义是非常显著的，节省了大学与城市相适应发展的转型时间。

我国中央政府一直在做大学管理权力下放的努力，以推进大学与地方相适应发展。先后出台了《中国共产党中央委员会、国务院关于教育事业管理权力下放问题的规定》（1958）[1]、《中共中央、国务院关于加强高等学校统一领导、分级管理的决定(试行草案)》（1963）[2]、《关于高等院校下放问题的通知》

[1] 明确提出和规定:“根据中央集权和地方分权相结合的原则,加强地方对教育事业的领导管理”,“新建高等学校和中等工科技术学校,凡能自力更生解决问题的,地方可自行决定”;“各地区的招生计划,由省、市、自治区和协作区初步汇总和平衡,然后由中央进行全国范围的汇总和必要平衡”。

[2] 明确了“教育部是在中共中央和国务院的直接领导下,管理全国高等学校的行政机关”,实际上高等教育管理权逐步回到了高度集中的老路上。

(1969)[1]、《教育部关于建议重新颁发关于加强高等学校统一领导分级管理的决定的报告》(1979)[2]，这一阶段的政策始终在围绕着集权与分权两个极端在摇摆，但大学服务于地方，需要与地方发展相结合的发展方向没有改变，到1980年《学位条例》颁布，高等教育发展进入到法制建设轨道，扩大高校办学自主权和规范高校教育管理和办学方式开始提上日程。

1985年《中共中央关于教育体制改革的决定》实施以后，随着《高等教育管理职责暂行规定》(1986)、《中国教育改革和发展纲要》(1993)、《关于深化高等教育体制改革的若干意见》(1995)、《高等教育法》(1998)[3]、《国家中长期教育改革和发展规划纲要(2010—2020年)》(2010)等的出台、实施，中国高等教育与地方发展需求相适应发展逐步进入快车道，大学开始逐步进入经济建设主战场，中央与地方两级管理的“集权与分权相结合”的体制基本形成，大学群与城市群发展关系日趋紧密，大学群的个性化优势和特色正在形成。

(二)在科教兴国和创新型国家建设的大环境中大学与城市融合发展

1985年《中共中央关于教育体制改革的决定》实施以后，特别是1995年《关于深化高等教育体制改革的若干意见》(1995)出台以后，我国大学地方化发展，与城市相结合发展快速活跃起来。但是这种活跃不是单纯高等教育政策改革的结果，而是高等教育以外的与科技创新发展有关政策的同步实施所产生的“共鸣效应”。1996年正式开始施行的“科教兴国”战略国策，全面落实“科学技术是第一生产力”思想，教育被置于全局性的“优先发展”地位。2003年，我国又拉开了“人才强国”战略的帷幕，“十一五”发展规划纲要把“人才强国”作为国策加以落实。2006年中央又提出了“到2020年把我国建设成为创新型国

---

[1]《通知》指出:国务院各部门所属的高等院校,凡设在外地或迁往外地的,交由当地省、市、自治区领导;与厂矿结合办校的,交由厂矿领导。教育部所属的高等院校,全部交给所在省、市、自治区领导。此后,中央所属的高等院校,包括北京大学、清华大学在内,全部下放地方管理。部分高等院校被撤销或合并。到1971年,全国原有的434所高等院校,保留继续办的还有328所。

[2] 恢复了“统一领导与分级管理制度”。

[3] 其第13条规定:国务院统一领导和管理全国高等教育事业。省、自治区、直辖市人民政府统筹协调本行政区域内的高等教育事业,管理主要为地方培养人才和国务院授权管理的高等学校。

家”的远景目标。[1]上述决策，把中国教育，尤其是高等教育在人才、科技和国民素质等方面对国力的核心支撑作用提到了紧迫议事日程上。教育及高等教育政策与国家其他领域政策密切相结合实施的巅峰状态就是目前的“三大中长期发展纲要”同步运行，即《国家中长期科学和技术发展规划纲要（2006－2020）》、《国家中长期人才发展规划纲要（2010—2020）》和《国家中长期教育改革与发展规划纲要（2010－2020）》，相互支撑，整体形成了一个科教兴国大格局。

在这样的大背景下，国家各大部委制定和颁发了有关产业创新发展、税收激励创新发展、区域创新发展、科技园区建设、创新型城市建设等一系列与大学群发展有关的创新强国政策[2]，这些政策从根本上发挥了对大学群与城市群和地方

---

[1] 胡锦涛. 坚持中国特色自主创新道路，为建设创新型国家而努力奋斗[EB/OL].[2011-11-18] http://www.yndaily.com/html/20060110/news-88-836208.html.

[2]《关于充分发挥高等学校科技创新作用的若干意见》(2002)、《关于深化转制科研机构产权制度改革的若干意见》(2002)、《关于进一步增强原始性创新能力的意见》(2002)、《关于重大科技专项启动实施若干问题的意见》(2002)、《区域创新体系建设研究工作研讨会会议纪要》(2003)、《关于加强国家科技计划知识产权管理工作的规定》(2003)、《关于进一步提高科技企业孵化器运行质量的若干意见》(2003)、《振兴东北老工业基地科技行动方案》(2004)、《科学技术部、教育部关于进一步推进国家大学科技园建设与发展的意见》(2004)、《关于进一步加快生产力促进中心发展的意见》(2004)、《国家高新技术产业开发区技术创新纲要》(2005)、《关于加强和推进科技进步示范市(县、区)建设的意见》(2005)、《科技型中小企业技术创新基金项目管理暂行办法》(2005)、《科技富民强县专项行动计划资金管理暂行办法》(2005)、《“技术创新引导工程”实施方案》(2006)、《国家大学科技园认定和管理办法》(2006)、《关于国家科技计划管理改革的若干意见》(2006)、《国家大学科技园认定和管理办法》(2006)、《科技企业孵化器(高新技术创业服务中心)认定和管理办法》(2006)、《关于加快发展技术市场的意见》(2006)、《科技型中小企业贷款平台建设指引》(2006)、《新农村建设科技促进行动》(2006)、《“技术创新引导工程”协调联络工作机制》(2006)、《关于进一步加强地方高等学校科技创新工作的若干意见》(2006)、《关于在重大项目实施中加强创新人才培养的暂行办法》(2007)、《科技企业孵化器评价指标体系(试行)》(2007)、《教育部关于加快研究型大学建设，增强高等学校自主创新能力的若干意见》(2007)、《关于加强农村实用科技人才培养的若干意见》(2007)、《新农村建设民生科技行动方案》(2008)、《关于推动产业技术创新战略联盟构建的指导意见》(2008)、《关于推动产业技术创新战略联盟构建与发展的实施办法(试行)》(2009)、《国家技术创新工程总体实施方案》(2009)、《关于动员广大科技人员服务企业的意见》(2009)、《关于组织实施科技人员服务企业行动项目的通知》(2009)、《关于做好支持科技人员服务企业工作的通知》(2009)、《关于进一步加大对科技型中小企业信贷支持的指导意见》(2009)、《国家发展改革委关于加快国家高技术产业基地发展的指导意见》(2009)、《国家发展改革委办公厅关于加强区域创新基础能力建设工作的通知》(2009)、《大学学生科技创业实习基地认定办法(试行)》(2010)、《留学中国计划》(2010)、《关于进一步推进创新型城市试点工作的指导意见》(2010)、《关于促进中部地区城市群发展的指导意见》(2010)、《促进中部地区崛起规划实施意见》(2010)、《长江三角洲地区区域规划》(2010)、《关于加快培育和发展战略性新兴产业的决定》(2010)。

相结合、集聚创新发展的推动作用，使我国大学与城市融合发展出现了大学城建设、高校科技园区建设的普遍发展，截至2010年，我国高新技术产业年增长率17%，年产值达7.6万亿元。已建立国家级高新技术产业开发区83个，国家级大学科技园87个，经济开发区116个、出口加工区60个，此外还有边境经济合作区、保税区及其他类型开发区69个，有省级工业园区和高新技术开发区1276个，几乎100%地覆盖了25个主要大城市群[1]，这些都是与大学群发展紧密相关并以其为支撑的国家核心竞争区域，目前欧洲有数百个高科技园区，美国有140多个，日本40多个，意大利30多个，与它们相比，我国起步较晚，但后发速度快。

二、我国城市群地域大学群的未来发展趋势及相关的政策问题

我国大学群与城市群相适应发展的动因是什么呢？概括起来主要有两方面：一是全球化和市场化社会经济发展需求是大学群与城市群交融发展的原始动力；二是管理体制改革是大学群活跃发展的直接动力。未来我国大学群发展趋势必然是在与城市群密切结合发展、地方化发展水平将进一步成熟和提高，成为城市群创新发展的核心支柱。目前，影响我国大学群发展的政策因素主要表现在以下几方面。

---

❶ 数据来源：根据“中国开发区协会”的数据整理。高新技术产业开发区（简称高新区），是各级政府批准成立的科技工业园区，它是为发展高新技术为目的而设置的特定区域，是依托于智力密集、技术密集和开放环境，通过实施包括减免税等方面与高科技有关的各项优惠政策和完善服务体系，营造高新技术产业化的良好环境，创建产业聚集优势，吸引和聚集人才、技术、资本等产业化环境，加速高新技术成果的产业化；经济技术开发区是中国对外开放地区的组成部分。在开放城市划定的一块较小的区域，集中力量建设完善的基础设施，创建符合国际水准的投资环境。通过吸收利用外资，形成以高新技术产业为主的现代工业结构，成为所在城市及周围地区发展对外经济贸易的重点区域；出口加工区是为促进加工贸易发展，规范加工贸易管理，将加工贸易从分散型向相对集中型管理转变，给企业提供更宽松的经营环境，鼓励扩大外贸出口。为有利于运作，国家将出口加工区设在已建成的开发区内；保税区是经国务院批准的开展国际贸易和保税业务的区域，类似于国际上的自由贸易区，区内允许外商投资经营国际贸易，发展保税仓储、加工出口等业务，成为中国经济与世界经济融合的新型连接点，目前有国家级保税区13个；边境经济合作区是中国沿边开放城市发展边境贸易和加工出口的区域。沿边开放是我国中西部地区对外开放的重要一翼，自1992年以来，经国务院批准的边境经济合作区14个，对发展我国与周边国家（地区）的经济贸易和睦邻友好关系、繁荣少数民族地区经济发挥了积极作用。

（一）各大学群还没有形成日常组织，缺乏核心组织者

政策主体包括制定主体和执行主体，我国虽然已经形成了17个左右大学群雏形，但其中只有长三角、京津冀等个别大学群有集群发展的萌动，局部大学结盟，而没有形成大学群整体组织，这无论对于大学群政策制定，还是执行都极为不利，大大降低了大学群对城市群及地方社会创新发展的核心竞争贡献。领导城市群大学整体发展的核心力量无论来自中央政府、城市群政府还是大学群民间，对大学群来说都是好事，但遗憾的是，我国大学群现在缺乏核心组织者，大学集群发展仍处于将要起步阶段，有雏形但还没形成真正意义上的组织共同体发展形态，这与我国正在快速发展的以城市群为经济核心及一体化广泛发展、主体功能区战略发展是不匹配的，大学群表现为滞后状态，这是我国大学群与城市群及主体功能区共生发展中所存在的紧迫问题，极容易发生因为大学群滞后发展而使上述两大战略遭受科技创新及人才支持方面的瓶颈遏制。

（二）政府部门缺乏把大学群纳入到城市群发展规划意识

近几年，我国各城市群向国务院提请的20多个区域整体发展规划中，几乎都强调大学对本区域发展有重要支撑作用，本城市群有一定实力的高教资源，但几乎都没有具体思考和规划如何把城市群大学整体做强，从而为本城市群发展创造更大的创新动力。一方面，这表明大学群对城市群的重要价值没被城市群发展规划者和实践者所了解和重视；另一方面，表明大学群还没真正投身到城市群发展实践中去，大学被动服务社会的思想还根深蒂固，大学自身的积极程度也不够，这使人们还无法想象出大学群会对城市群崛起可能发挥什么样的作用；第三，表明大学群与城市群合作研究还仅仅停留在理论上，缺少普遍实践，还没进入城市群规划者的日常视野，大学与城市群发展规划和决策者之间也缺少经常性和实质性联络。由此看来，我国大学群在城市群发展规划中几乎处于被边缘化状态，这不单纯是某一部门的认识缺陷，而是城市群精英阶层、管理者、大学群等多方意识和行动不足的原因所致，所有相关人士提高认识是当务之急。

（三）“块块分割”问题使大学群与城市群沟通磋商进展缓慢

在片面追求GDP的情况下，以省为单位的地方保护意识特别强，“块块分

割”所造成的强烈地方保护意识，严重阻碍了城市群之间有关大学集群发展的谈判沟通，大学群对区域整体发展利益受到了挑战，这使大学群为区域创新发展提供的支撑力受到了很大局限，既可能延误东部城市群国际化创新发展时机，也不利于中西部大学群配合中西部后发崛起。所以，我国大学群发展有必要分层次处理，一方面鼓励地方政府积极推行大学集群发展政策，另一方面，对属于国家核心增长极的城市群的相关大学群，中央政府有必要参与促进，甚至成立横跨几省市的大学区机构。所以，目前我国个别城市群相关省市政府意识到了大学整体集群发展的必要，竞争中谋求合作意识增强，知识创新发展意识也有所提高，但城市群大学集群发展进度缓慢，谈判漫长，利益分割困难。

（四）创新发展政策多，但实践层面推动大学与城市产学研合作政策少

实施科教强国政策以来，特别是在建设创新型国家战略推动下，我国关于中小企业创新发展政策、高新区发展政策、技术市场发展政策、新农村科技促进行动、创新型城市试点、战略性新兴产业发展政策等，在不到十年之内，我国出台了近百个与大学群发展相关政策。但总结起来，这些政策中要么没有提及与大学的产学研合作，要么仅是“提倡”或“建议”产学研合作，而没有实质性的强制行动的规划项目，最终使这些政策在落实过程中，大学没有从中发生重要作用，甚至是被边缘化，极不利于社会高效率创新发展，也不利于大学与社会相结合进行产学研教育，使大学被动地固守“授业”状态，“创业”活力不足，主要是培养的人才缺乏创业能力，缺乏社会实践能力。

总之，“不管怎么说，关于大学知识财产的活动，新方法论和新体系摸索阶段已到来”❶，各国大学与社会互动模式多样，美国大学与社会互动是国家有法案、各州有计划、技术市场交易有组织有规范，日本以增强大学自主发展权来实现大学与社会互动，北欧则更倾向于大学引领、指导城市群发展，把大学摆放到区域社会创新发展领导地位。我国也迫切需要找到一条适合我国国情的大学群发展道路。

---

❶ 伊藤正実.大学の知的財産管理組織は今後どうなるのか[J]. 産学官連携ジャーナル,2011(1):12-15.

第四节　大学群发展政策设计的“4+4框架”

国内外大学群发展的实际经验与大学群自身的内在运行特点为确定大学群未来发展方向提供了依据。可是到底怎样才能保证大学群长期集群竞争的优势呢?政策战略是关键，它是决定政策具体目标和工具类型的战略选择❶，是上位的元政策。大学群政策战略是为解决大学群发展问题所明确的政策目标和政策方向。

一、城市群地域大学群发展政策的总目标：四项使命协调发展

制定大学群发展政策需要立足现实基础，放眼未来。大学群的现实基础就是大学群具有多重使命性，即国家和国际使命、城市群地方使命、大学个性化使命(见图5.3)。大学群要强盛仍然需要以这四项使命为基础，认同这些使命，并有意识地通过推动大学科学定位，促进大学群 “四项使命协调发展”，这是未来大学群发展政策的总目标。

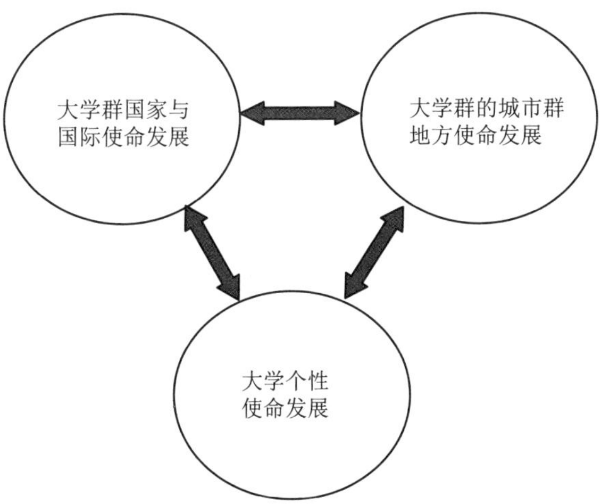

图5.3　城市群地域大学群四项使命发展关系

❶ 张可云.区域经济政策[M].北京:商务印书馆,2005:202,252.

“四项使命协调发展”是一个过程性的状态目标，有了这个可持续发展状态，大学群才有望满足城市群需求，发展成为有国内竞争力和国际影响力的大学群。状态目标是竞争力目标的基础保障，而竞争力目标对不同大学群的标准是不同的。所以，本研究把大学群发展政策总目标确定在基础状态的层面上。大学群“四项使命发展”是紧密相连、相互为用、各有侧重、不可分割的。对大学群“四项使命发展”的认识和实践应把握以下两个关键点。

一是统一。所谓大学群四项使命相统一发展，就是大学群四项使命发展一体化进行。对于一所大学来说，未必四项使命兼备，因为四项使命在不同大学身上表现程度不同，任务轻重也不同。但对于一个大学群来说，要四项使命一个也不能少，缺少对任何一项使命发展的重视，都不利于大学群发展定位和实现社会价值。一个不重视国家和国际使命发展的大学群，不重视城市群地方使命发展，或不重视大学个性化使命发展的大学群，必然会迷失方向，不可能制定出科学有效的发展政策。对于自然集合体的大学群来说，“四项使命”发展是自然状态，缺乏组织性、计划性和目标性。而对于组织共同体的大学群来说，实现“四项使命”全面发展是城市群大学共同体的主要任务。

二是协调。所谓大学群四项使命协调发展，就是四项使命发展各自保持在合理有序的发展水平上，各就其位，各得其所，有主有次，相互为用。大学群地方使命发展与大学群资源内循环系统相对应，而国家与国际使命发展与大学群的资源内外循环系统相对应。大学群资源循环两系统的关系决定了大学群四项使命发展需要以内生创新发展为本。所以，大学个性化发展是大学群进行优势和特色发展的基础，也是其他三项使命发展的基础。城市群地方使命发展则是大学集群发展的根本和重心，国家和国际使命发展是大学群的外部信息、资源和动力源泉，也是大学群核心竞争力的外在表现。一个大学群的国家、国际化水平再高，承担的国家和国际项目再多，如果它的城市群地方使命发展和大学个性化发展水平低，这个大学群也不可能有可持续的国家和国际竞争力；反过来，一个大学群的城市群地方使命发展质量特别高，但国家和国际使命发展水平低，也不能说明这个大学群是一个健康有序的大学群。保持大学群四项使命协调有序发展才能保证大学群产生巨大的整体规模效益。

二、城市群地域大学群发展政策的总框架：四维政策组合螺旋

根据国内外大学群发展的历史经验、大学群运行特征及其政策的导向要求和大学群四项使命协调有序发展的目标要求，运用系统动力思想和利益主体相协调的思想等对大学群进行综合分析，最后从宏观角度确定了大学群发展的四维政策组合框架，这一框架是制定大学群具体发展政策的基础。

（一）城市群地域大学群功能匹配化发展

数学中，两个集合中的元素所存在的特殊对应的函数关系被称为“映射”。“城市群”与“大学群”之间也是一对功能元素的集合，长期耦合共生发展的大学群与城市群的功能互适满足程度会越来越高，它们之间也存在着一定的“函数”关系，这种函数关系就是协调二者功能渐趋匹配发展的“政策”，运用政策进行人为的管理干预，从而促进大学群与城市群功能从自然匹配状态向有意识、有组织地对应匹配发展状态转化，这是做强城市群地域大学群值得重视的。

大学群与城市群在耦合发展过程中具有功能匹配渐近性。这为大学群制定发展政策提供了科学依据，也为大学群与城市群主动协作、共生发展找到了合理根据。从国际经验看，大学群随着城市群发展而逐步成长。美国西进运动中，一般只要州政府成立了，很快就会在较大的城市筹建州立大学，州政府官员亲自担任大学董事会成员，以保证资金供应。美国今天最优秀的大学群仍然以东北部最初创建在殖民城市群、五大湖“铁锈”城市群为主，西南部洛杉矶—旧金山大学群则随着美国电子、计算机、机械、生物制药等新兴高新技术产业向西部和南部“阳光地带”转移才逐步确立了大学群的优势学科地位的；俄罗斯中亚和远东地区在“十月革命”之前是没有大学的，“十月革命”后、“二战”、“冷战”和新千年后这四个时期，随着中亚、远东成为俄罗斯重工业基地和战略大后方，俄罗斯的机械、工程、冶金等工程技术大学和科学院在叶卡捷琳堡、新西伯利亚、伊尔库茨克等城市迅速崛起；此外，20世纪50年代英

国的“新大学运动”、日本的短期大学运动，60年代德国高等教育地方化分权改革（不规定统一专业与课程设置）等，这些都是由城市功能需求所引发的大学功能改革，只不过这些功能适应性变革，在不同国家实现方式有所不同，有的国家表现为市场作用强，有的国家表现为行政调控作用强，有的国家则市场与行政调控手段兼备。

新中国建立后为适应“大三线”建设所进行的大学内迁、新建大学和专业大调整等，目的也是为了适应当时内陆城市群“三线”重工业建设发展需要而进行的大学功能调整改革，是在计划经济背景下单一以行政调控力量完成的。我国大学群适应市场经济的时间并不长，然而从1977到2009这30多年，我国普通大学数量从404所发展到2305所，增长了5倍，绝对数量增加了1901所[1]，东部沿海大学增速最快。尽管如此，我国大学群与城市群功能相互适应发展水平还不高，大学群的专业群优势还不够明显，与城市群产业匹配的紧密度也有限，这不利于我国中部和西部城市群优化和重点发展，提高它们单位国土面积的GDP附加值，与城市群集约化发展紧迫需求不相适应。比如我国城市群高科技园区就存在着比较普遍的高新区“不高”、“空心化”问题。实施大学群功能匹配化发展政策能为我国大学群与城市群功能匹配化发展注入新活力。

总而言之，大学群与城市群功能匹配渐近性的关键在于“匹配”和“渐进”两方面，大学群与城市群要可持续地保持优势的耦合发展状态，二者功能匹配化发展是必由之路，这也是一个渐进过程，采用大学群功能匹配化发展政策不能被动，但也不能操之过急，墨守成规不能做强大学群，冒险急进同样也不行。大学群与城市群之间的确存在着重要的发展函数关系，这种关系就是恰到好处的政策，功能匹配化发展政策质量将决定大学群功能匹配化发展目标的实现程度（见图5.4）。

[1] 数据来源：根据《1978中国教育统计年鉴》和《2010中国统计年鉴》统计整理。

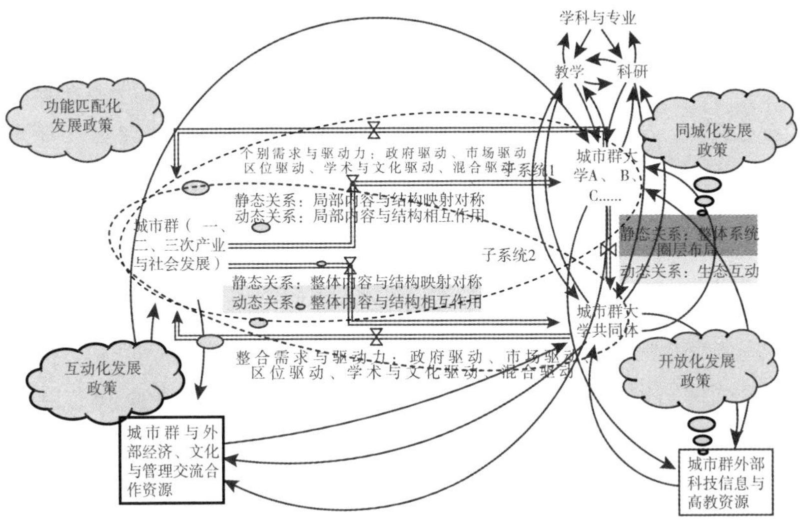

图5.4　大学群运行特征与发展政策的结构关系

（二）城市群地域大学群互动化发展

传统的区域高等教育发展研究对大学与社会互动发展的思考通常都没做大学与城市群功能匹配的考虑。要么是在功能匹配的假设前提下研究互动，要么是把功能匹配化发展与互动化发展“混为一谈”，重互动而轻匹配，这样的大学群与城市群互动发展效率是有限的，政策指导价值也是可想而知的了。实际上，大学群与城市群因地缘因素所引发的功能匹配发展，主要解决的是大学群与城市群之间功能集合的“有”和“无”、“能”和“不能”的问题，如果大学群与城市群二者的“功能需求”与“功能供给”长期处于“有”对“空”或“有”对“弱”状态，那么，大学群与城市群之间无论用怎样的政策去调动，效率恐怕都是有限的。显然，功能匹配有助于互动，是提高互动频率和互动效率的基础，当然互动也是一个发现功能匹配与否的过程。

那么大学群为什么要与城市群互动发展呢？首先仍要从城市群地域大学群运行特征来寻找依据。城市群地域大学群运行有资源密集流动的特征，无论内循环流动还是内外循环流动，总之，资源流速越高，表明大学群与城市群之间交流合作越频繁。大学群如果要提高发展效益和质量，闭门造车不行。它的资源密集流动性要求它与城市群要长期互动发展，提高互动频率、效率和质量。反过来，互动效率和质量又决定了大学群资源内循环和内外循环的资源流速，这当然就是大学群发展水平、发展质量的标志。大学群互动化发展能把大学群与城市群“匹配效益”社会化，并在“匹配效益”基础上增获“互动效益”，使大学群与城市群共生发展社会效益倍增。

“二战”以后，世界经济一个典型特点就是区域集聚发展，包括产业与产业集聚，产业与大学集聚，产生了不计其数的大学科技园、高科技产业园等，为什么产生了这种知识与产业集聚效应？密钥就是大学与产业之间有巨大的互动效益。至于大学与产业能否集聚在一起，是以大学与产业各自功能是否匹配和“类聚”与“群分”的市场化选择才得以完成的。上述表明，大学群与城市群互动发展是必然和必需的，大学群需要以功能匹配发展为基础，与城市群广泛开展互动化发展活动。进一步证明了大学群走进城市群，走向经济社会主战场不是背离大学发展日常规范，而是走在科学发展的大道上。社会永远都在积极改变着大学，而大学却永远被动地改变着社会，这是社会与大学、城市群与大学群发展的共同不幸，责任在于大学也在于社会、在于大学群也在于城市群。

（三）城市群地域大学群同城化发展

大学群的整体系统性是以城市群相对完整的自然和人文区域为基础的，遗憾的是这种整体均质系统往往都在人为的行政割裂环境下被撕碎了，实施主体功能区战略使这种人为性“悲剧效果”更加剧烈。主体功能区是以生态环境承载力来确定区域国土主体功能的，主体功能区是均质连绵的自然生态区，它本来也有它的自然整体系统性，但行政区也将它分割成七零八落的“区块”。如果不进行适当的行政区调整以尽量减少城市群被分割数量，那我国城市群将面临着集聚—溢出效益、国家核心竞争利益被分割阻滞的瓶颈问题。能以城市群为中心，形成上述“三重整体系统”合一的局面，那是最理想、最具整合效益的状态，这是目前我国众多城市群倾向一体化发展的总趋势，可是因为利益分配谈判的原因使这样的现实还很遥远，所以，大学群可以作为经济支撑因素先行先试，走同城化发展道路，这对打破城市群整体发展僵局、突破瓶颈有先导作用。

胡佛认为，产生“区域经济”的原因在于“生产要素的不完全流动性、不完全可分性和商品与服务的不完全流动性”。[1]区域经济这“三块基石”造就了城市群，也造就了大学群。而资源的“不完全流动”和“不可分性”也阻碍了城市群与大学群优化发展、整合发展、核心竞争发展。城市群内部需要最大限度地促使资源全流通，也包括大学群在内的高等教育资源无障碍全流通，这是关系到城市群、大学群能否繁荣发展的大事，大学群同城化发展就是要实现高教资源通过无障碍流通而达到均质化发展目标。

（四）城市群地域大学群开放化发展

为什么大学群要开放化发展，根源在于大学群是一个高等教育资源密集流动系统，包括资源内循环和内外循环两个系统。无论哪个系统都是大学群与城市群、大学群与城市群以外区域间的高等教育资源流动。这样一来，大学群开放化发展就存在着“内开放”和“外开放”两类，内开放发展推动大学群的城市群地方化发展使命发展和大学个性化发展，外开放推动的是大学群国家国际使命发展，二者不可分割，相互依赖。

世界老牌高等教育发达国家从来都没停止过高等教育开放化发展的脚步，从18—19世纪美国数万名留学生赴德留学到今天每年世界留学生中的三成，总数在60万人左右赴美留学，美国高等教育从“进口式开放”发展到今天独占鳌头的“出口式开放”，成就斐然。目前美、英、德、法、澳是世界高等教育出口的“五大国”，吸纳了全世界留学生总量的70%，学生数量达到140万人。我国目前是世界上最大的留学生出口国，每年有40多万人到国外读大学，占世界高等教育留学人口的15%。但这也不能阻止我国大学群开放化发展的战略部署，因为开放化发展是大学群生存发展的必然需求。

[1] 埃德加·M·胡佛.区域经济学导论[M].王翼龙,译. 北京:商务印书馆,1990:7-8.

三、四项使命协调发展与四维政策组合螺旋的衔接

大学群的四项使命协调有序发展与四维政策组合螺旋，二者紧密关联，组合在一起，共同构成了“大学群发展政策的4+4框架”。

（一）四维政策组合螺旋

功能匹配化发展是大学群互动化、同城化和开放化发展的基础，也是大学群制定所有政策的开始，有了这个基础，大学群才能成为城市群的大学群，城市群才能成为大学群的城市群，大学群与城市群共生发展效率才能保障有保障。

互动化发展以功能匹配化发展为基础，加速了大学群资源流动，功能匹配效益通过互动化发展转为实效，并在匹配效益基础上创造新的互动效益；开放化发展是大学群互动化发展的基础，为互动化发展创造了自由、宽松、追求卓越的民主环境，使交流互动成为可能，也使功能匹配化发展有转化为实效的可能。大学群功能匹配化、互动化发展汲取了资金、信息、人才等外部资源，把大学群国家与国际使命发展、城市群地方使命发展和大学个性化使命发展联结在一起，使大学群内外信息达到平衡状态，与国内、国际同步发展，这为大学群和城市群内生创新发展增加了实力和动力，实现了大学群内外协调；同城化发展最大限度地争取大学群高等教育资源无障碍流动，对大学群高水平功能匹配、互动和开放化发展创造环境、铺平道路。它是大学群长期可持续发展，形成整体优势和更大的国内、国际竞争力的发展基础。

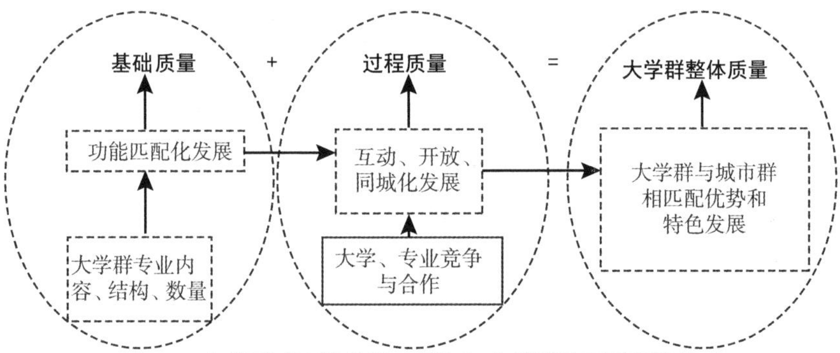

图5.5　大学群“四维发展政策”与大学群发展质量的关系

综上所述，大学群四维政策结构紧凑、相互关联、互为表里、各有分工，具有鲜明的螺旋组合上升关系。“四维政策”对大学群“四项使命发展”所产生的基础质量、过程质量都有重要促进作用，有利于大学群发展质量全面提高（见图5.5）。

（二）大学群四项使命协调发展与四维政策组合螺旋的关系

四项使命协调有序发展是大学群发展政策的总体目标，而四维政策组合螺旋为四项使命协调发展提供了支撑力，二者是紧密连接在一起的。大学群功能匹配化发展对大学群的城市群地方使命发展、大学个性化发展提供了有利支持，为大学群优势发展、核心竞争发展奠定了基础。开放化发展明确了大学群资源内部循环和内外循环的关系，确立了大学群的城市群地方使命发展和大学个性化使命发展作为内生创新发展的核心地位。国家与国际使命发展服务于前二者，又得到前两者的可持续支持，从而形成更强大的国内或国际竞争力。互动化发展全面提高了大学群的四项使命发展综合效益，同城化发展扮演的是对不同行政区政策环境的障碍消除者角色。总之，大学群“四维政策组合”可为“四项使命协调发展”开辟营造一个自由、宽松、标准接近统一的人文总环境，为大学群四项使命协调发展提供了源源不断的推动力，这就构成了城市群地域大学群发展政策设计的“4+4框架”（见图5.6）。

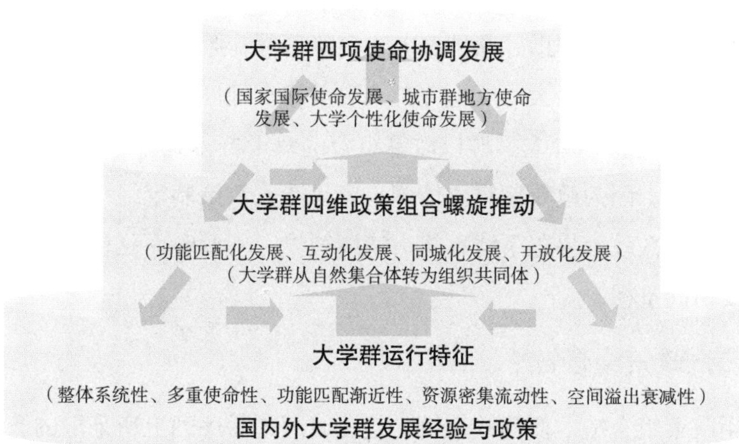

图5.6　大学群发展政策4+4设计框架的整体结构关系

第五节　大学群发展政策的组合作用

运用政策组合工具解决公共管理问题已成为世界各国普遍做法，做强大学群当然也不能忽视这种模式，尤其是大学群功能匹配化、互动化、同城化、开放化四方面政策组合实施，对全面提高大学群质量和社会效益有非凡意义。

一、大学群政策工具的组合方式

做强大学群是一个复杂工程，政策工具组合可以分为政策组合群和组合链，但是从政策组合具体特点来看，组合方式与作用更丰富。

（一）政策组合群

所谓政策组合群，简称政策群，是在几乎同一时间段所实施的政策组合。包括来自不同级别、不同部门政策。作为政策组合的一种模式，它具有以下优势：第一，广泛性。政策群结构越全面、覆盖范围越广，对实现政策目标所发挥的政策保障作用越强；第二，主次性。政策群内部政策具有主次关系，主政策为核心，其他相关政策为辅助，共同服务于政策目标；第三，科学性。政策群的广泛性和主次辅助特点，最大可能地弥补了政策的合理性，为政策调整和改革增加了更大的回旋余地。尽管大学群以政策组合的政策群方式管理发展是科学有效的，但也存在不足。因为政策制定主体多，容易造成政策制定组织、人员和政策结构过于臃肿，主次政策界限不清，执行速度缓慢、不及时而延误错过最佳时机等问题，需要引起重视。

（二）政策组合链

所谓政策组合链，简称政策链，是在时间先后序列上所采取的政策组合。这是一个过程性政策组合实施方式，对发现的政策问题及时补充或扩展，具有政策可持续性。政策链也并不是始终连续不断的，因为政策有发展性，政策环境和目标变了，政策也随之存续或终止。由于政策组合链有良好的即时发展性，所以它最大优势就是问题及时解决和政策灵活性。实际上，大学群政策组合群与政策组合链二者并不是截然分开的，通常情况下，为发挥政策组合效力。一方面，政策群依赖于政策链反馈和动态完善，以政策链形式来体现，使局部政策可以及时得到修正、完善和发展；另一方面，政策链也不是“一链”独行，而是以政策组合群的方式“多链”齐发，收到更大的政策组合效力。

二、大学群政策组合的比较优势

一个大学群政策工具组合产生了政策组合效益，但未必就有政策组合效益的比较优势。与其他大学群相比，与国际相比，政策组合效益占什么位置，有什么优势？这是决定大学群核心竞争力的关键。300年前德国作家冯·豪尼克就对强国有这样的认识，他曾说：“一个国家今天是否强大富有，并不取决于它自己拥有的实力与财富是否多，是否安全，而主要取决于它的邻国比他拥有的是多还是少。”[1] 大学群政策组合价值也是在比较中存在的，要认识和把握大学群发展状况需要把眼界放宽，考虑政策组合效益比较优势的状况。

（一）城市群地域大学群发展政策组合优势的发展过程

大学群政策组合发展过程可概括为三阶段，第一阶段是大学群政策组合效益形成期，也是政策组合优势的起步期，第二阶段是政策组合优势的发展期，第三阶段是政策组合优势衰减期。这三个阶段所表现的特点如下。

1. 城市群地域大学群政策组合效益与组合优势同时起步

由于政策组合极具创新性，很可能因为政策改革并组合实施，于是一起步就直接形成了强大的比较优势，这对于所有国家、组织，当然也包括大学群都存在这种机遇。后发国家、区域或大学群更有快速竞争和超越的优势，它们可以汲取先发展国家或大学群经验，少走弯路，起点更高，容易快速超越水平接近的大学群，但要超越老牌政策组合实施的优势大学群，就很困难了。

[1] 保罗·肯尼迪.大国崛起[M].蒋葆英，等，译.北京：中国经济出版社，1989:9.

2. 城市群地域大学群集聚溢出状态呈S型周期变化

政策组合优势的形成发展阶段是大学群最关键、最困难时期，各方面机制从无到有，从弱到强，从不规范到规范，但这一时期也是最有凝聚力或最容易形成凝聚力的时期，具备比较优势以后，随着集聚资源的逐步增加，管理水平提高，利益矛盾也更加凸显。第一阶段是一个集聚逐步放大的阶段；第二阶段集聚进入到一个飞跃期，斜率越大，表明政策组合效率越高，集聚程度越高，盈余越多；第三阶段是大学群政策组合优势逐步衰减期，溢出达到了最旺盛时期，开始孕育新一轮政策调整改革（见图5.7）。

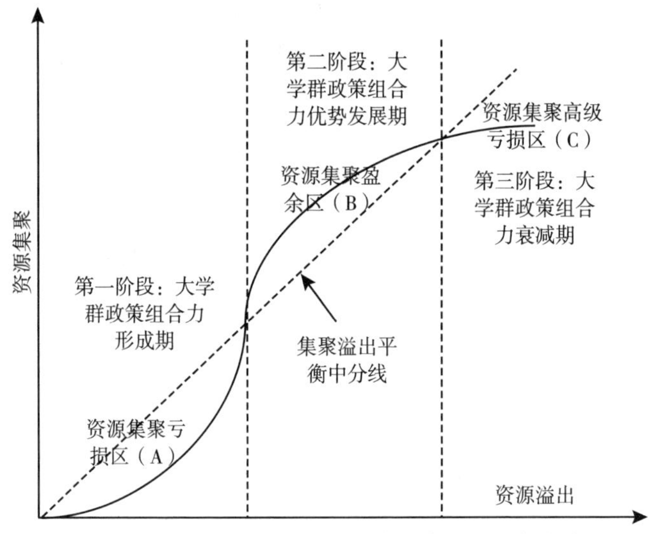

图5.7　大学群资源集聚与溢出状态S型周期曲线

第三阶段是大学群政策组合发展的风险高发期。这一阶段由于政策积弊增多，执行管理时容易滋生习惯性的保守和懈怠情绪，如果不提高自省修正力，逐步会出现人才、科技、资金等资源要素外溢大于集聚的现象，表明一个政策组合周期完结了。所以，为了保持政策组合可持续发展和最小波动性，第二阶段能否保持良好的政策组合修正力和不骄不躁的发展态度将决定着大学群政策组合优势持续时间和集聚与溢出平衡关系。

总体看，三个阶段呈S形周期变化，在第一阶段集聚—溢出关系处于亏损状态，就是溢出大于集聚。但到第二阶段处于盈余状态，集聚大于溢出。第三阶段则进入一个高级集聚—溢出亏损阶段，处于高一级的溢出大于集聚状态，这时大学群政策组合比较优势的一个循环周期结束，新的循环周期开始酝酿，三个阶段就这样周期性变化。

（二）城市群地域大学群发展政策组合优势的类型

大学群政策组合优势又可分为整体优势与局部优势、绝对优势与相对优势、国内优势与国际优势等几种类型。无论大学群整体优势强弱，政策组合的局部优势都非常宝贵，局部优势是整体优势的基础。大学群需要对局部政策组合优势逐步扩展，形成整体优势。整体优势和局部优势关系告诉我们，形成优势的路径有两条：一种是宏观到微观的整体“骤热型”道路。四项使命目标明确，功能匹配化、互动化、同城化、开放化四组政策同时建构，从宏观到微观集约化提高；另一种是局部到整体的“慢热型”道路。总体战略与基本战略步步为营，逐步扩展和完善。如果大学群总体水平高，组合优势也强大，表明大学群有绝对优势；总体水平不高，组合优势却强大，这表明大学群具有相对优势，或者说是后发优势。

绝对优势一般是大学群政策组合达到了成熟状态，一般是发展周期的第二和第三阶段；相对优势发展效率高，积累速度快，甚至具有爆发性，经过一段时期持续发展，可能由量变引发质变，使大学群整体水平发生质的飞跃，而从相对优势向绝对优势状态转化。可见，绝对优势是因领先而产生的竞争优势，相对优势是因后发追赶而产生的竞争优势，绝对优势以领先地位占据优势，相对优势以高效率占据优势。二者主要在工作效率方面存在差异。通过上述分析可以发现，大学群政策组合绝对优势与相对优势的保持或发展，关键在于政策组合作用的效率，这与大国崛起的变化特点没什么两样：“领先国家的相对力量从来不是一成不变的，主要因为各国增长速度不均衡，以及技术和组织上的突破可使一国比另一国具有更大优势”，大国兴衰不止的过程实际上就是“增长率与技术改革所引发的全球经济均势变动”。[1]

国内优势有基础性，但并不是说二者一定具有先后发展次序，是带有同步发展性的。一般来说，大学群在重视发展国内竞争优势的同时，也在进行着国际开

[1] 保罗·肯尼迪. 大国崛起[M]. 蒋葆英，等，译. 北京：中国经济出版社，1989:1-6.

放化发展，对国际政策组合优势的关注反过来又会为大学群国内政策组合优势发展提供创新经验。所以，二者有主次之分，又相互促进，紧密联系着。总之，大学群政策组合优势是大学群崛起的强大内动力，要持续保持政策组合作用最大化，大学群就要始终如一地保持公正透明、谦虚谨慎、民主决策、真诚合作的管理机制。这里不得不提到查尔斯·泰勒（Charles Taylor）对人权与集体关系的经典告诫："能够使我们寻求和履行我们权利的条件在于承载权利的这个体制保留并尊重每个人的忠诚。一旦对权利的获取蚕食了这种忠诚，一旦开始产生某种无可宣泄的冤屈感，使团体之间相互对抗，而颠覆了共同忠诚与团结意识，那么，随心所欲实施权利的整个体制将会陷入危险。"[1]大学群政策组合必须维系公平竞争、平等合作、正义与信任的整体公共环境，单纯的权利概念是苍白无力的，必须要植根于不同文化传统和历史语境中才能获得丰富的政策组合发展意义。

本章核心结论

本章的核心内容是在大学群从自然集合体向组织共同体发展转化的前提条件下，以大学群总体运行特征为基础，结合世界高等教育强国发展经验，确立了以"四维政策组合螺旋"推动大学群"四项使命协调有序发展"的大学群发展政策的"4+4"战略框架。"四项使命协调发展"是指大学群的国家与国际使命、大学群的城市群地方使命和大学个性化使命协调有序地发展，这是大学群发展的总体目标；"四维政策组合螺旋"是指大学群功能匹配化、互动化、同城化和开放化发展，这四维政策工具呈螺旋上升状态，形成组合了推动力，对大学群整体质量，包括形态质量和过程质量发挥了全面的促进作用，这就构成了大学群四项使命协调发展政策目标下的四维政策紧密配合的发展格局。

大学群有系统边界，它既不等同于城市群的行政界线，也不是漫无边际、不可捉摸的，大学群的生命力源于城市群又高于城市群，它比城市群边界更大，更有灵活性。以城市群为基础和中心，大学群基本呈圈层结构做空间布局，从内到

[1] 查尔斯·泰勒.关于人权非强制性共识的条件[EB/OL]. [2011-05-01]. http://www. chinese-thought.org/zttg/0499_ces/001848.htm.

外分核心圈、辐射圈和散射圈，辐射圈以内区域基本与城市群空间区域相吻合。大学群运行特征很丰富，其中整体系统性、多重使命性、功能匹配渐近性、资源密集流动性、空间溢出衰减性、共同利益性等六个特征是十分重要的，对认识、评价大学群和为大学群制定发展政策有基础性的重要参考价值。大学群“四维政策”组合总体包括政策组合群和政策组合链两种形式，通常情况下，大学群政策组合是“群链一体”的。大学群政策组合优势决定着大学群能否超越其他大学群而崛起，也是决定大学群在全国乃至世界竞争地位的关键。政策组合优势从形成到衰落经历了一个“S 型”周期循环上升过程，它的每一阶段集聚与溢出的平衡关系表现出盈亏变化。了解和运用这个特点有利于推动大学群政策组合从局部优势向整体优势，从相对优势向绝对优势，从国内优势向国际优势转化提高，这是大学群从弱到强，从国内著名到国际知名的重要发展路径。

第六章　城市群地域大学群功能匹配化发展

本章关键词：大学群；功能匹配化发展；“三环”匹配；主体功能区；政策展望

进入21世纪以来，非资源型经济、科技生产力成为各国角逐的焦点，进而大学被提升为各国战略资源，居于核心竞争地位。那么，大学群能否对国家或城市群发展给予核心竞争的支撑作用，成为评价大学群水平的重要标准。

第一节　大学群与城市群功能的“三环”匹配

大学群功能匹配化发展到底是发展大学群还是发展城市群呢？答案是二者兼顾发展。在全球非资源型经济激烈竞争的大背景下，大学群与城市群是无法分开的，因为城市群是大学群的经济基础，大学群的地方使命发展又是城市群核心竞争力和优势发展的基础。大学群是城市群的大学群，城市群也是大学群的城市群，二者不兼顾起来就无法真正实现大学群四项使命协调发展，大学群对国家和城市群的贡献也就难有可持续性。

一、大学群与城市群的功能

“功能”是事务“满足社会需求的能力”[1]，是职能（职责范围内的功能）的

---

[1] 中华人民共和国国家标准(GB8223—87)中对“功能”的定义是：对象能够满足某种需求的一种属性。功能可分为基本功能(与对象主要目的直接有关的功能，是对象存在的主要理由)和辅助功能(为更好实现基本功能服务的功能)，必要功能(为满足使用者的需求而必须具备的功能)和不必要功能(对象所具有的与满足使用者需求无关的功能)，不足功能(对象尚未满足使用者需求的必要功能)和过剩功能(对象所具有的超过使用者需求的必要功能)。

基础。[1]“功能”比“职能”范围更大，效益更广，职能只是人、事务、组织所发挥的主要功能。

（一）大学群功能

大学群职能是大学职能的组合与整合。大学的职能从洪堡确立的“教学”、“科研”职能，到威斯康星的“社会服务”职能，再到当代教育家和政治家们所提出的“文化传承与创新”职能，表明大学的职能一直处在不断发展的过程中。胡锦涛在清华百年校庆讲话中就曾强调指出：“不断提高质量，是高等教育的生命线，必须始终贯穿高等学校人才培养、科学研究、社会服务、文化传承创新各项工作之中”[2]，这是对大学或大学群职能的全面概括。大学群除了上述职能范围的功能以外，还有更多功能，比如政治功能、经济功能、旅游休闲功能、国防功能、医疗功能等，只要是大学对社会有贡献的地方都有大学功能的体现。

可见，大学功能十分丰富，但不是每一所大学都有相同的功能，各个大学因专业结构不同、发展水平不同而功能各异。对于大学群来说，它的功能是城市群大学功能的组合、整合和优化的结果，不是简单笼统地合在一起，缺乏专业统筹和优化管理的大学群，它的功能结构、规模和水平很难形成全面而积极的竞争优势。虽然大学群整体功能比任何一所或几所大学的功能总和还强大，适应和满足城市群功能需要的能力更强，但大学群与城市群共生发展有限性决定了大学群与城市群功能匹配是有限的，不可能完全齐备，不可能从量和质、从人才培养到创新服务都完全满足城市群发展的任何需求，且不同大学群的功能状况也是各有千秋，各具特色的。正是因为大学群与城市群功能匹配的有限性决定了大学群除了功能匹配化发展以外，还需要进行必要的开放性互动发展，扩大对外交流与合作，通过集聚和溢出方式来汲取外部资源，交流信息和发展经验。

（二）城市群功能

城市群的功能是什么？一般城市理论认为城市具有经济、行政、科教、文

---

[1]《现代汉语词典》对“功能”的注释是“事物或方法所发挥的有利的作用、效能”；“职能”是“人、事务、机构应有的作用”。《辞海》对这两词含义的解释与上文相同。

[2] 胡锦涛.在庆祝清华大学建校100周年大会上的讲话[EB/OL].[2011-10-4]. http://www.gov.cn/ldhd/2011-04/24/content_1851436.htm.

化、宜居、国防安保、旅游休闲、交通枢纽、物流贸易、信息通信等传统与现代功能。美国两位城市学家哈里斯和纳尔逊，他们分别根据美国605座城市和897座城市的劳动力在行业中的比例对城市功能进行了分类，综合起来包括制造业、矿业、金融保险地产业、运输通信业、商业批发、商业零售、私人和专业服务业、娱乐休闲、行政等城市功能。因而，如果根据主导行业对城市进行分类，那么城市可分为制造业城市、零售商业城市、批发商业城市、运输业城市、矿业城市、大学城市、休闲娱乐城市、政治中心城市、综合性城市等。

（三）大学群与城市群的主体功能

大学群与城市群主体功能结构是大学群与城市群功能匹配的基础。一方面，不同城市群和不同大学群的功能结构不同。城市群是空间结构松散的巨型城市，它的功能是城市功能的组合，具有内容丰富性、结构复杂性。每一个城市群都有自己的功能结构，与之相对应的人才和科技研发需求结构也各有千秋。与城市群相适应匹配的大学群功能无论结构、规模还是质量，与其他大学群相比也有自己的特色。如果把大学群与城市群功能相比较，大学群专业人才培养和科研很有可能出现“功能冗余”或“功能不足”这两种现象，需要对这两方面问题仔细分析研判，才能对大学群做出功能状态调整的合理决策。慎重考量，不能把与城市群暂时不匹配的大学群优势或特色专业一并作为不匹配的“冗余功能”而处理掉。

另一方面，不同城市群和不同大学群的功能结构又有主体性。每个城市群都是若干个城市的群体组合，城市群各行业劳动力占总劳动力的比例和行业产值占总GDP的比例是不同的，比例高的行业是城市群主体功能的代表行业。大学群也是城市群大学的组合体，大学群相同相近专业的在校生数量、专任教师数量、科研经费数量及成果数量和质量等是大学群主体功能的评价依据。一般来说，城市群主体功能与城市群长期的地缘资源环境、产业结构及政治、经济、文化综合地位有关。目前我国20多个城市群的主体功能还正处在形成的过程中，部分城市群主体功能已初现端倪，如长三角是金融和现代高新技术制造业中心，京津冀是集政府管理、教育、旅游、文化和新兴制造业于一体的主体功能结构。更多的城市群主体功能结构还不清晰，无法与美国、欧洲、日本等国的老牌城市群相比。

二、大学群与城市群功能的“三环”匹配

大学群与城市群功能匹配有广泛性，也有相对性，完全一一对应匹配是不可能的，也不符合大学群与城市群共生发展关系及功能匹配有限性特点。从大学群与城市群功能的总体匹配状况来看，基本呈“三环”匹配关系，从中心向四周分别是主体功能匹配、发展功能匹配和潜力功能匹配（见图6.1），“三环”功能匹配状况是影响大学群功能匹配化发展水平的核心因素。

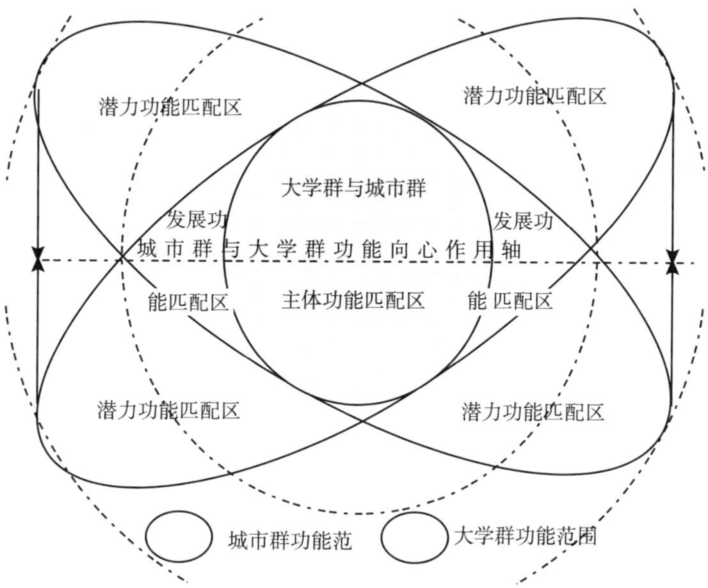

图6.1　大学群与城市群功能的“三环”匹配

（一）主体功能匹配

主体功能匹配是大学群与城市群双方在劳动力主体行业和科技创新研发主体行业方面达到彼此适应与满足的平衡状态。“主体功能匹配”不单纯表示大学群要适应和满足城市群主体行业劳力和主体行业研发功能需求，还要求城市群尊重大学群的主体功能。一方面，需要大学群整体以调查研究为基础，对城市群行业劳动力，尤其是技术劳动力需求和技术创新研发需求有全面了解，弄清楚城市群哪些人力和技术需求是大学群可以直接满足的，哪些功能需求是需要做“再造匹

配”的努力才能满足的。大学群需根据城市群主体需求，通过与大学协商或引导来实现大学群院系与专业、人才培养规模与质量、科研方向与产学研实践等方面进行整体统筹和调整。

另一方面，城市群政府和社会精英也需要尊重大学群的优势专业和学术领域。因为任何一所大学从成立之初到后续发展，都会在学术领域积淀和形成一定的学术精髓，这是任何一所大学不同于其他大学的根本文化。它以学科和专业为中心，以人才和创新成果为体现，是一种精神也是一种物质，这种精髓可以称之为大学的“学术锚”。它不会因为外在的因素影响和干扰而随意改变，也不是仅在一两届学生或一两代教师身上才表现出来的科学精神，而是一所大学经过无数师生和管理者长期积累、丰富、规范和养成的可以传承发扬的学术方法、科学思想和学术习惯等品质的总和。每一所大学的传统优势和主体功能都值得尊重，城市群政府和社会精英需要实事求是地评价大学群的传统和优势专业，探讨能否将大学群这些功能转化为城市群社会优势和物质财富。虽然大学的学术精髓需要被尊重，但并不是说大学不能被放置在大学群之中参与整体整合和裁减，而任凭它向“高大全”或“小而全”发展。相反，为了大学个性化、优势化发展，也为了大学群整体优势和核心竞争发展，大学群需要运用行政或市场手段对大学的专业和院系进行整体整合和优化。

（二）发展功能匹配

发展功能匹配是指城市群与大学群在主体行业之外的次一级行业梯队中，正在兴起而与大学群有较弱功能匹配的行业，需要与大学群进行功能合作拓展，从而给城市群和大学群双方都带来新的有成就的功能匹配点。潜导型产业、生态型产业、高新技术产业一般是大学群与城市群发展功能匹配的重要内容。在发展功能匹配中的确存在着大学群与城市群双方都“从无到有”的初创情形，但多数情况下都是大学群与城市群之间相互以“种子”因素为基础进行功能再造匹配，使原来弱小甚至没有合作的因素浮出水面，使合作更精细缜密、集约而强大，孕育出城市群后发潜导产业和大学群新兴专业。这种情况在发展中城市群有强烈表现，而对于那些囿于古老传统、功能停滞不前的城市群则表现较弱，当然也不排除它们进行现代化转型，比如英国伦敦城市群向现代文化创意产业转型、美国南部城市群（休斯顿、达拉斯、圣安东尼奥、新奥尔良等）由传统的石油能源加工生产基地逐步向生物、医学、海洋、太空研究、电子、电器、导弹与飞机制造、旅游等产业转型，逐步成为美国高技术产业、低碳经济和绿色能源中心。当前我国资源枯竭型城市群地域的大学群也正走在发展功能匹配的艰难“蜕变”道路上。

（三）潜力功能匹配

潜力功能匹配是大学群与城市群之间尚未出现的功能匹配，相当于大学群与城市群功能匹配的暂时“空集”。有的是大学群可提供的功能还没得到城市群重视和挖掘，有的是大学群对城市群功能需求暂时无法满足，有待未来合作开发。所有这些都是有合作前景和潜力的匹配功能。潜力功能匹配有一定的不可预知性。需要大学群和城市群对各自潜在因素加以判断扶持和创新挖掘。对一个大学来说，取舍一个专业可能没什么损失，但对于一个大学群来说，需要对院系和专业进行整体统筹，不能简单取舍一个专业，以免将潜能“种子”破坏掉了。城市群发展需要有大学专家和城市群精英共同参与制定发展规划，这为大学群与城市群之间功能匹配潜力的迸发增加了机遇。潜力功能匹配，无论对于大学群还是城市群来说都意味着未来希望，值得重视。

三、“三环”功能匹配的层次关系

大学群与城市群的主体功能、发展功能和潜力功能匹配，三者各异，又彼此联系，层层递进，潜力功能匹配因素成熟转化为发展性功能匹配因素，发展功能匹配因素进一步成熟，就会转化为主体功能匹配因素。主体功能匹配因素也不是永远不变的，它还会生发出新的潜力性或发展性功能匹配因素。大学群与城市群“三环”功能匹配就这样周而复始、循序渐进。

（一）主体功能匹配是大学群与城市群共生发展的关键

主体功能匹配是大学群与城市群功能匹配的重心，也是城市群内部高等教育资源循环流动最集中和旺盛的部分，当然也是大学群实现城市群地方使命发展和大学个性化使命发展所依赖的核心，所以，主体功能的匹配质量关系到大学群能否具备核心竞争力。相比较而言，发展性功能匹配更有后发优势，是处在上升阶段的功能匹配因素，对大学群与城市群现代化成长意义重大，更有冲击力，通常是城市群新兴产业和大学群新兴专业之间的匹配合作发展。在主体性、发展性和潜力性“三环”功能匹配中，大学群与城市群的密切关系呈渐弱状态，主体功能匹配对大学群发展最为重要，尤其是大学群核心圈、辐射圈的主体功能匹配最为重要。要做强大学群，有两点特别值得重视，就是“抓重点”和“重基础”。所谓“抓重点”就是大学群与城市群功能匹配化发展一定要先抓住主体功能匹配，避免盲目乱撞，或“眉毛胡子一把抓”现象发生。所谓“重基础”就是做强大学群要有踏实精神，主体功能先匹配、发展性功能早匹配、潜力功能稳匹配，扎扎实实地积累合作经验，慢慢扩大合作领域，避免不着边际，浅尝辄止。

（二）需要重视对主体功能匹配较少的院校做引导调整

在大学群与城市群主体功能、发展功能和潜力功能“三环”匹配结构中，越靠近中心位置，与城市群主体功能匹配成分多的大学，参与大学群资源内循环的机会就越多。而越靠近边缘，接近潜力功能匹配区的大学或院系，参与内外资源循环的几率大。如果一所大学有过多的专业与城市群处于潜力功能匹配状态，那它势必会寻求与大学群散射区更多社会机构合作，它的资源内外循环率会大于资源内循环率。一个大学群如果这样的大学数量过大，特别是落后城市群，就会出现高等教育资源净流出现象，自然就出现了“教育致穷”的荒唐问题。所以，资源内循环旺盛则大学群内聚内生、创新发展活跃，内外循环旺盛则大学群资源外溢流失量大。我国省部共建院校当中的许多院校存在这种主体功能匹配少于发展和潜力功能匹配的问题，需要得到大学群重视并进行有意识调整，增加它们的资源内循环比重，使它们对大学群的城市群地方使命发展做更大贡献。

总之，主体功能匹配与发展功能匹配是大学群优势特色发展、核心竞争发展的关键，也是大学群扩展国家和国际竞争力的决定因素。我国已经成为一个工业大国，涉及行业最多、技术要求最高的制造业产值总量已经仅次于美、日，居世界第三位，但我国不是制造业强国，制造业盈利水平还较低，核心技术过多依赖国外，主要工业产品能耗比国际先进水平高出40%，我国产业技术亟待向“高、深、新、外”发展。所以重视大学群与城市群主体功能与发展功能匹配至关重要。

第二节　城市群地域大学群功能匹配化发展的调控

威廉姆逊认为，在国家经济进入成熟增长阶段以后，技术创新对经济发展，有数倍于传统经济要素的推动作用，能助推经济跨越。城市群是技术创新所需的智力资源和资金投入的核心地域，必然是最早全面享受技术创新效益的区域。无论沿海还是内陆城市群，科技创新的差异将是城市群发展的根本差异，科技创新是城市群强盛的根本工具，大学群与城市群有意识地进行功能匹配化发展调控特别重要。

一、大学群功能匹配化发展的内部调控

（一）专业设置的功能匹配化发展

为了使城市群经济和社会效益最大化，也为了使大学群专业发展有的放矢，大学群需要从功能“三环匹配”的角度出发，对大学群整体专业结构进行调整，处理好核心专业与边缘专业的关系。

1. 专业的“三环”功能匹配

大学群整体专业设置需要考虑城市群主体行业、发展性行业和潜力行业的专业人才和研发需要，使大学群与城市群形成主体性专业匹配、发展性专业匹配和潜力性专业匹配的梯度，提高大学群专业结构的弹性与和谐度。增加专业链对产业链的覆盖率，降低大学群与城市群所需人才和创新研发的匹配盲区，使大学群专业有序联系，比例合理，优势专业对新专业有正向带动作用。这不但有利于大学群与城市群功能匹配动态平衡，还有利于二者沿着“专利—劳动力与资本—技术密集型产业”这一线索进步发展。

2. 大学群核心专业的认定

大学群核心专业的确定，不能简单地把满足城市群主体功能需求的专业确定为

核心专业，也不能置城市群发展需求于不顾而片面地把大学群优势专业确定为核心专业，而需要从城市群和大学群两个角度来考量确定。与城市群主体行业、发展性行业和潜能行业相匹配的专业可以被认定为核心专业，大学群的传统优势专业也可以被认定为大学群的核心专业。大学群的传统优势专业可能与城市群主体功能、发展性功能和潜能行业相吻合，也可能不吻合，吻合匹配的专业需要现代化新发展，不吻合匹配的专业就更需要改革发展了。核心专业的认定要通过大学群专业集中度，包括人才培养集中度和科研创新集中度的比较分析来选择确定（见表6.1)。

表6.1　大学群核心专业选择确定的综合参考指标

<table>
<tr><th>指标类型</th><th>一级指标</th><th>二级指标</th></tr>
<tr><td rowspan="5">1. 大学群传统专业比较优势</td><td>（1）人才培养集中率</td><td>大学群各专业在校本专科、研究生数量占在校生总量的比例（%）</td></tr>
<tr><td>（2）研发成果集中率</td><td>大学群各专业的专利（项）、国际三大检索系统检索到论文数量（篇）、国内引文频次（次）、承担省部级以上课题数量（个）、著作数量（部）</td></tr>
<tr><td>（3）项目经费集中率</td><td>大学群各专业科研经费数量（万元）
占总量的比例（%）</td></tr>
<tr><td>（4）精英学者集中度</td><td>大学群各专业的院士、首席科学家、长江学者、千人计划学者、杰出青年专家等精英人才占大学群精英人才总量的比例（%）</td></tr>
<tr><td>（5）专任教师集中度</td><td>大学群各专业的专任教师数量占大学群专任教师总量的比例（%）</td></tr>
<tr><td rowspan="3">2. 大学群专业与城市群主体功能匹配的比较优势</td><td>（1）大学群与城市群毕业生就业匹配度</td><td>大学群各专业的本专科、研究生毕业学生在本城市群及相关省就业占毕业生总量的比例（%）</td></tr>
<tr><td rowspan="2">（2）大学群与城市群科研匹配度</td><td>大学群各专业承担本城市群及相关省科研项目经费数量占大学群科研经费总量的比例（%）</td></tr>
<tr><td>大学群各专业承担本城市群及相关省科研项目数量占总项目数量的比例（%）</td></tr>
</table>

3. 大学群边缘专业的配置

边缘专业（或称潜能专业）配置是指大学群根据自身学术能力及城市群功能

需求对核心专业以外的其他专业进行合理规划，从而形成核心专业与边缘专业紧密联系、相互配合和促进的专业关系体系。边缘专业配置需重视以下两点：首先，要选择、培育和发展能够与核心专业形成支撑的边缘专业。边缘专业有助于拓展大学群学术潜能、延伸城市群产业链、增强主导产业与辅助产业联系；其次，要对城市群行业部门和产业链进行全面调查分析、科学预测和判断，调控边缘专业发展规模和速度，保持适度而不过度。

4. 大学群专业结构的优化

优化专业结构是一项复杂工作，需要考虑的因素除了大学群自身专业结构外，还要兼顾分析城市群产业结构、就业人口结构、行业研发需求等，以珠三角为例（见表6.2），制造业劳动力人口占它全部就业人口的47%，是名副其实的全国制造业“状元城市群”，纺织服装、食品饮料和建筑材料是它的三大传统制造业，汽车、电子、新材料等就业人口正逐步增长，属于它的新兴潜导产业，大学群在进行专业结构优化与调整时必须要把这些因素都考虑进去。所以，与城市群相适应的大学群专业结构优化要有现实性和预见性，准确选择，优先发展核心专业，保持合理规模与速度。

表6.2　我国17个大学群的劳动力结构比例　（单位：%）

大学群	农林牧渔	采矿业	制造业	电力、燃气和水生产供应	建筑业	交通运输、物流及邮政	信息传输、计算机服务和软件业	金融业	房地产业	科学研究、技术服务和地质勘探业	教育	文化体育娱乐业
京津冀	0.9	2.7	22.4	2.0	6.3	7.0	3.7	3.9	3.2	4.7	9.8	1.8
石太	0.7	12.7	21.8	3.2	5.5	5.6	1.0	4.0	0.5	1.8	14.9	1.3
河套	2.8	11.8	18.5	4.1	4.4	6.2	1.7	4.1	0.5	2.1	12.9	1.4
中原	1.1	8.0	21.2	3.0	10.6	2.7	0.6	3.3	0.9	1.6	16.0	1.0
辽中南	6.4	6.2	30.4	3.0	5.8	6.1	1.2	4.0	1.4	2.1	9.1	1.0
松嫩	9.2	7.5	26.5	3.0	6.0	5.4	1.3	3.5	1.3	2.3	9.9	1.0
长三角	0.6	1.1	41.5	1.7	9.2	4.9	1.2	3.9	1.5	2.3	9.0	0.9
海西	1.2	0.9	43.2	2.3	10.4	2.9	0.9	3.0	1.3	1.0	11.9	0.8

续表

大学群	农林牧渔	采矿业	制造业	电力、燃气和水生产供应	建筑业	交通运输、物流及邮政	信息传输、计算机服务和软件业	金融业	房地产业	科学研究、技术服务和地质勘探业	教育	文化体育娱乐业
淮海	3.1	10.2	23.9	2.4	7.4	4.3	0.8	3.8	0.6	0.8	16.4	0.7
中三角	2.4	1.8	18.9	1.5	11.0	3.5	0.7	2.2	1.0	1.3	9.2	0.8
山东半岛	0.5	6.6	40.6	2.1	7.7	3.3	0.7	3.1	1.1	1.0	10.5	0.7
珠三角	0.4	0.1	47.0	1.3	5.1	5.4	1.7	3.6	2.8	1.7	7.1	1.0
北部湾	4.0	1.5	19.3	2.5	8.5	5.7	1.1	3.2	1.7	1.9	19.1	1.2
西南	1.1	3.6	22.7	2.7	17.1	4.6	1.1	3.3	1.4	2.3	14.4	0.9
拉萨	0.6	0.9	4.0	6.7	5.2	5.9	4.2	8.4	0.3	6.1	11.9	4.0
西北	1.9	5.5	26.9	3.6	7.6	5.1	1.2	3.5	1.0	3.6	13.4	1.4
北疆	2.1	15.6	17.8	1.6	10.4	8.8	0.9	2.9	2.5	3.0	8.3	1.5

数据来源：《中国城市统计年鉴 2010》《中国区域经济统计年鉴 2010》。

（二）大学群教学的功能匹配化发展

1. 教学功能的“三环”匹配

根据大学群与城市群功能的“三环”匹配特点，教学功能的“三环”匹配分为主体性、发展性和潜力性教学功能匹配。主体性教学功能匹配就是大学群的教学活动及人才培养与城市群主体行业人才需求相适应；发展性教学功能匹配就是大学群的教学活动及人才培养与城市群发展性行业相匹配，它们处于城市群与大学群合作的起步阶段，是新探索的人才供需合作项目领域；潜能性教学功能匹配一般是指大学群所培养的人才目前城市群还不需要或者需求量很小，可是，因为这些专业是大学群的优势专业，它又不可能停止招生，或者城市群需要的人才中，有的人才是大学群目前还没有办法满足的。在这种情况下，就会出现大学群人才外流，城市群需求人才外聘的现实问题。大学群当然需要对相关院校的潜力性专业进行调整，这些专业是大有潜力可挖的领域。

2. 教学功能匹配化发展的表现

大学群与城市群在教学层面的功能匹配化发展，主要表现在招生、课程开设、教学过程、社会兼职教师及毕业生就业等方面与城市群人才需求相适应。

第一，招生与就业的功能匹配化发展。大学生就业基本上有四个地域倾向，即经济发达区、母校所在地、国家政策扶持区和家乡。如果大学群招收本城市群及相关省（大学群核心区和辐射区）的生源量大，有利于毕业生就业时选择本城市群。毕业生在本城市群就业率当然是衡量大学群与城市群教学功能匹配的重要指标，就业量大，表明大学群所设专业、人才培养质量、招生规模等都与城市群有较高匹配度。

第二，课程开设的功能匹配化发展。专业设置与城市群人才需求的匹配关系紧密，学什么专业固然对学生就业起到了重要影响作用，但决定学生将来能否适应在本城市群就业发展，能否在本城市群有广阔就业空间，关键还在于大学为学生开设了什么课，这些课程与本城市群主体行业、优势产业所需求人才的知识结构、能力水平是否匹配。美国人发现了这个问题，韩国人也发现了这个问题。所以美国西部的加州大学群因为是美国乃至世界电子信息、生物制药等高新技术产业基地，斯坦福大学、加州大学和加州理工学院等都非常重视对学生进行工程技术、电子信息等领域知识的跨专业培养，使毕业生在本城市群就业适应力大为增强，就业空间广泛。即使斯坦福大学商学院也要与工程学院联合开课，以增强学生对工程技术和工程技术经济的了解；韩国高丽大学即使是化学专业也要给学生开设与首尔当地发达的LED光电产业相适应的电子课程。

第三，产学研教育的功能匹配化发展。课堂教学和产学研活动是培养创新人才的主渠道。教学过程中，学生深入城市群机会越多，越有利于学生熟悉和了解本城市群生产生活状况，有利于他们未来在本城市群就业和创业。在对人才的核心素质——“创新品质”的高需求时代，教与学都需要以致研、致用、致新为人才培育之根本，“做中学”在今天比以往任何时代都更为重要。流于形式、脱离实际的“习明纳”或无教师指导规范的学生自主探究学习都不是培养现代创新人才的科学办法。大学群需要改变教学模式，以产学研为中心推进课堂教学模式转变。

第四，社会兼职教师的功能匹配化发展。社会兼职教师们都是各行各业的行家里手、成功人士。更重要的是他们与学生同处一个城市群，他们的事业是在本城市群成功的事业，他们的技能是学生未来可以效仿的技能。兼职教师除了可给予学生必要的知识以外，无形中扮演的是学生在本城市群创业发展的导师角色。因而大量聘用社会兼职教师，尤其职业技术院校聘用“双师型”教师或各行业精英开讲座、作报告、传授技术，这对大学群与城市群沟通，促进大学群毕业生功能匹配化就业，大有裨益。

（三）大学群科研的功能匹配化发展

1. 科研功能的“三环”匹配

根据大学群与城市群功能的“三环”匹配特点，大学群科研功能匹配化发展可分为主体性、发展性和潜力性科研功能匹配。主体性科研功能匹配是指大学群与城市群主体行业在研发、咨询、技术支持等方面的供需能力达到相对平衡状态；发展性科研功能匹配是指为了适应城市群发展性行业需要，在城市群支持下，大学群新开拓了某些科研领域，成立了某些新科研机构，使某些弱势科研领域变强；潜力性科研功能匹配是指大学群的某些研究领域和研究成果暂时还不是城市群所需求的，或城市群某些科研需求大学群暂时还无力满足，这些领域或成果是大学群和城市群未来可探索的潜力合作领域。

2. 组织性科研功能匹配

大学群与城市群组织性科研功能匹配发展，包括机构联合、项目引导等通过组织部门以管理方式所进行的科研功能匹配化调控发展，这属于“大科学”管理发展。城市群机构可以利用大学研发人力和设备在大学校园内联合设立专门研究机构，这特别有利于提高我国“三轨制”科研机构的教育功能。今后类似于柴达木循环经济试验区、黄河三角洲生态农业试验区、陕甘宁循环能源试验区、山西实验区等都可以考虑在大学内创立专门的研究院。大学师生根据兴趣和理想所进行的“小科学”研究，有相当一部分离本城市群功能发展较远或暂时无法进行转化的研究和成果都属于潜力性科研功能匹配化发展范畴，城市群可以通过项目招标、拍卖等形式把优秀成果搜集和展示出来，用组织的平台帮助它们转入城市群科技成果市场，使之成为城市群未来新功能的种子。

（四）校园文化的功能匹配化发展

1. 改变校园模式

大学是人类学术中心但大学之外的社会并不是学术的不毛之地，它们对学术也有一番自己的看法，只不过它们的学术思维没有大学那么“深而重学理”，而是“精而重实用”。同样是学术思维，大学与社会之间却存在着学术“陡崖”。一方面，大学师生参与社会活动时，自我感觉生疏不适应，甚至会产生恐惧退缩和自我怀疑心理；另一方面，社会对大学师生的印象总是刻板僵化，对社会问题认识简单片面而不切实际，所以大学提出的社会管理建议经常不被采纳，由此使大学参与社会管理的建议会经常被边缘化，要改变这种被动局面还要靠大学自己，“不惟学而为学”。所以，大学需要重构校园模式。传统的大学校园是以“教师—教室—图书馆—实验室—运动场”为主体，现代大学校园需要对上述“五要素”进行社会化、网络化、开放化。已经出现的一种趋势是“大学与城市群机构交融”。有的大学采用虚拟方式把社会活动迁移到大学课堂，有的直接把社会机构的部分实体请进大学校园，有的大学专门与部分社会机构签约作为本校“试验田”，更多的还是采用大学与社会机构之间人际流动的合作方式，上海工程技术大学采用增加对大学生社会化教育的手段来提高“校企共育”频率，每年在大学校园进行两次人才招聘会，除了毕业招聘会之外，在读大学生可以通过勤工俭学招聘会，做勤工俭学就业。当然国外的开放大学、社区学院以及大学与社区没有围墙，这些都表明大学面向社会、走进社会是一个大趋势，我国大学需要思考和重构校园模式。

2. 社团组织社会化

在当今倾向于没有固定教室的大学，校园文化是大学生在专业学习以外所受到大学素养熏陶最重要的途径了。怎样在大学校园内创造大学生了解社会、关心社会、参与社会的环境氛围呢？让他们与社会共进步，树立理想，坚定意志，这是大学对学生培养的重要内容和目标，而能够对此发挥重要作用的是大学社团组织。社团组织带领大学生进行勤工俭学、公益服务、科技咨询、公演剧目、职场实践等，这有助于增强城市群科技文化活力和大学生对社会了解和适应力。

二、大学群功能匹配化发展的外部调控

（一）外部宏观因素作用

大事件、大背景对高等教育发展影响巨大。美国影响大学群发展的外部重大事件是屡屡被提到的赠地学院运动、“二战”后美国国防科技政策和各州创新发展计划，这三方面长期持续政策和管理措施把美国大学群推向了内部层次丰富、类型多样、传统与新兴兼备的高水平状态。美国作为世界高教发达国，实际上是以几个大学群为主框架的。

推动俄罗斯高等教育发展的外部因素主要有三个时期：一是彼得大帝时期沙俄实施工业和军事强国战略；二是“十月革命”后苏联大规模跨越式的社会主义工业化和“冷战”军事竞争期；三是“独联体”以后新俄罗斯的市场经济发展。这三个主要时期推动俄罗斯大学群进行了三次飞跃，不断从西部向国土东部延伸，形成了今天俄罗斯以欧洲为根、东西绵延、基础雄厚、生机无限的至少八个较大规模大学群。我国大学群外部强有力因素作用主要表现在：一是近代“洋务运动”（工业与军事推动的）；二是社会主义工业化（进行了大学布局与大规模专业调整）；三是社会主义市场经济。我国与俄罗斯大学群都曾长期实行计划经济的“大一统”制度管理，大学群的市场化发展时间较短，外部因素对大学群内部层次、类型、专业、制度等状态的影响作用还很有限，不能与成熟的美国高等教育体系相比，但中俄大学群后发潜力巨大。

（二）组织与非组织因素作用

自然集合体状态下的大学群，非组织性外部活动就是大学外部活动的全部了，而集群发展模式下的大学群，组织性外部活动逐渐成为大学外部活动的主要形式，此外，非组织性外部活动仍然继续存在，使大学外部活动更丰富。所以成熟大学群的组织与非组织外部活动共存，组织性外部活动是大学群锻造集体优势、特色、核心竞争力的资源流动主渠道，非组织性外部活动则成为大学群的各大学优势特色发展的资源流动辅助渠道，二者相得益彰。建立大学群统一组织，同时鼓励大学保持活跃的非组织联络关系，组织与非组织作用一体化，有利于大

学群可持续发展（见图6.2）。

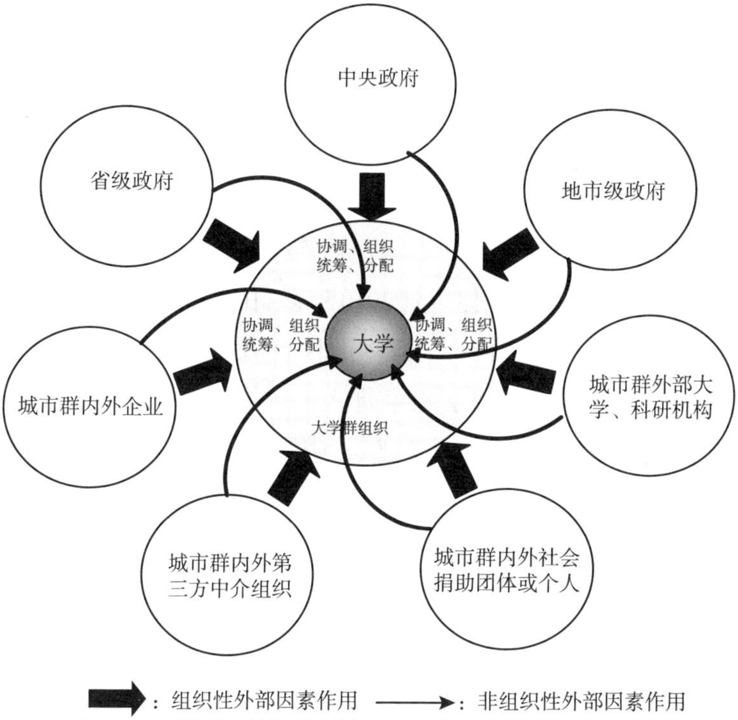

图6.2　大学群功能化发展的组织与非组织性外部作用模式

第三节　对我国大学群功能匹配化发展的政策展望

功能匹配化发展对大学群四项使命协调发展，尤其对大学群的城市群地方使命发展和大学个性化发展意义重大。协调发展观认为，协调不是均衡，也不是不均衡，而是一种“发挥个别功能而整体合作、整体充满竞争力、可持续发展的模式”[1]。大学群功能匹配化发展就是大学群内外协调、城市群整体协调发展的重要手段。我国城市群地域大学群未来在功能匹配化发展政策方面可以有哪些作为呢？

[1] 张可云.“主体功能区”划分显中国区域管理新进展[N].中国联合商报,2008-08-04(D03).

一、我国城市群地域大学群功能匹配化发展的处境

世界银行研究发现：低收入国家进入到中等收入水平以后，往往会陷入到经济增长的停滞徘徊期当中，各种社会矛盾集中凸显，既无法与低收入国家比拼增长速度，也无法与富裕国家竞争尖端技术。这样一来，很少有中等收入经济体能成功跻身为高收入国家，这就是所谓的“中等收入陷阱”（Middle Income Trap）。巴西、阿根廷、墨西哥、智利、马来西亚等国，它们在20世纪70年代就已经进入世界中等收入国家行列，但直到2010年它们的人均国民收入也没突破1万美元，这使它们成为“中等收入陷阱”的代表国家。按照世界银行标准，我国2010年人均GNP为4260美元，已经进入上中等收入国家行列，可是，我国未来30年能否突破瓶颈，顺利跨入高收入国家行列呢？这是巨大的考验，现在正是关键期。科学技术发展、社会管理质量、创新人才培养、国民素养提高、商业诚信水平等等，都迫切需要新一阶段的全面提升，我国产业结构和技术也是关键问题，我国“单位GDP能耗分别是美国的4.3倍、德国和法国的7.7倍、日本的11.5倍，而单位GDP水耗是美国的10倍，日本的24倍”[1]。我国大学群功能匹配化发展正面对许多类似于上述的传统和现代发展新问题、新任务，需要去解决。

（一）高等专业人才供给“相对过剩”

从大学生就业整体状况看，我国东部和中部大学毕业生自由流动格局已经形成，但人才匮乏地区也即将达到饱和状态，处于就业预警临界点。统计研究发现，目前只有新疆、西藏、青海、浙江和广东等省区仍然存在一定的人才需求空间。所以，我国大学毕业生就业已经到了一个瓶颈期，也可称之为高原期，“被就业”现象比较普遍。问题的关键还不在于毕业生数量多，而是质量、结构和新就业岗位创造力等方面出了问题。主要表现在四方面：第一，人才供应数量多，但分布不均；第二，人才总量大，但专业与社会需求不对称；第三，学生就业综合素质低，稳定工作能力差；第四，大学生和研究生创新力

[1] 高国力.如何认识我国主体功能区划及其内涵特征[J].中国发展观察，2007(3):23-25.

低，生均创造新就业岗位率低。归根到底，如果从眼前可以找到一条缓解的办法，那就是调整大学群对城市群招生的专业结构，可是调整专业结构的依据是什么？那就要认真地从大学群与城市群功能“三环”匹配的实际状况出发，调整专业配置和人才培养规模，扎扎实实提高各级各类专业人才创新能力、职业素养，把高等教育质量作为大学群生命线，使毕业生在工作过程中有更高的创造就业岗位能力，这对于一个即将进入刘易斯拐点的人口供养比例增大的老龄人口国家、劳动力匮乏国家来说，没有比提高现有劳动力技能和创造力更务实和必要的提高生产率办法了。

（二）大学群的城市群地方使命发展仍不成熟

美国大学群已经形成了成熟的四项使命协调发展机制，加州大学系统改革就是这其中的典型代表，加州高等教育改革也对美国各州大学发展产生了深远影响。总体来说，美国大学从建国之初开始就逐步形成了市场化多元驱动的发展机制：一是联邦政府从国家整体战略利益出发实施调控干预手段（包括法案、基金、项目等）；二是各州政府结合本州实际进行高等教育改革和实行创新发展计划；三是大学自主发展动态改革。这“三动力”铸就了美国各州大学体系“异中有同，类型多样”的特征。形成了集权与分权管理相结合的高等教育发展机制。俄、日、德等国都在进行着各有特色的高等教育从集权到集权与分权相结合的改革。❶

上述国家的大学群地方化发展或成熟或正在进行中。我国大学群的城市群地方使命发展始于20世纪90年代以来的高等教育管理集权—分权制转轨改革，与俄罗斯高等教育分权改革进程相仿。所以，我国大学群还没有形成组织共同体，在各省分权管理下，大学群地方化发展取得了很大进展，新建、升格许多地方举办的新大学，但无论研究型大学还是应用型大学，也无论大学个体还是大学群整体仍普遍缺乏城市群地方化共生发展意识，大学群整体优势和特色还不明显。所

❶ 20世纪90年代俄罗斯高教改革实行三级财政体制，1993年日本议会决定实行高教分权改革，增加地方政府高教管理权限，2003年又通过了《国立大学法人化法》，进一步增强大学自主发展权力。德国高等教育发展主要管理决策权力在于地方，墨西哥各州设有自己的高等教育计划委员会（COEPES）。

以，对于大学群的城市群地方化使命发展，从意识到实践是我国大学群功能匹配化发展的重要任务。

（三）主体功能区规划是城市群地域大学群功能匹配化发展的新指针

我国主体功能区战略已经与《国民经济和社会发展第十二个五年规划纲要》（2011—2015）接轨。“主体功能区”表面看就是一个“重整河山”的国土资源开发规划，而它背后实际上反映出我国未来发展的三个趋势：第一，我国国民经济生态化、科技化和资源集约化、节约化发展已经进到落实阶段；第二，我国区域特色化、专门化和分工化发展是未来必然趋势[1]；第三，“行政区划”与“功能区划”会适当做整合的调整。因为横跨几省市的主体功能区行政区划不变，那会造成行政资源重复浪费和“主体功能区碎片化”的后果，横向行政管理缺乏合作，管理成本增大，主体功能区无法得到均质优化，整体效益受损。主体功能区规划未来发展的这三个趋势，显然把大学群对城市群价值提升到了前所未有的高度，只有科学化、科技化发展才能重振城市群，这是各种开发模式和开发内容的城市群必由之路。大学群如果不与城市群地方共生与合作发展，部分大学可能就会丧失机遇，无路可走。而主体功能区战略对行政区的部分整合调整可能为城市群大学集群发展，突破省域界线提供便利条件，加速大学群从自然集合体向组织共同体转化，加快大学群与城市群产生共生发展效益和整合优势。

[1] 《主体功能区规划》明确了“两横三纵”城市化区、“七区二十三带”的农产品主产区和“两屏三带”的生态涵养区的总格局。“两横三纵”是我国未来城市化格局的主体，以陇海线和长江沿岸为两条横轴，以沿海、京哈京广、包昆通道为三条纵轴，推进环渤海、长三角、珠三角城市群的优化开发，哈长、江淮、海西、中原、长江中游、北部湾、成渝、关中—天水等地区的重点开发。“七区二十三带”，包括东北平原农产品主产区，要建设优质水稻、专用玉米、大豆和畜产品产业带；黄淮海平原农产品主产区，要建设优质专用小麦、优质棉花、专用玉米、大豆和畜产品产业带；长江流域农产品主产区，要建设优质水稻、优质专用小麦、优质棉花、油菜、畜产品和水产品产业带；汾渭平原农产品主产区，要建设优质专用小麦和专用玉米产业带；河套灌区农产品主产区，要建设优质专用小麦产业带；华南农产品主产区，要建设优质水稻、甘蔗和水产品产业带；甘肃新疆农产品主产区，要建设优质专用小麦和优质棉花产业带。“两屏三带”，是国家生态安全格局的主体，包括青藏高原生态屏障、黄土高原—川滇生态屏障、东北森林带、北方防沙带和南方丘陵地带。

二、我国城市群地域大学群功能匹配化发展的对策

（一）酌情配置“主体功能区学院”

大学群与城市群功能匹配化发展，一方面，需要根据城市群功能需要对大学群整体专业进行调整，并可能需要新建部分院校；另一方面，主体功能区所需的人才和科技来自区域中心的城市群。所以大学群需要从功能“三环”匹配的角度合理调控大学群的专业结构、规模、层次等发展状况，避免简单的“全面”发展可能造成的高等教育资源浪费和功能不匹配。根据城市群及其周边地区主体功能来调整专业和院系，并根据大学群与主体功能区共生发展实际需要，配置创建支撑主体功能区发展的院系、院校或研究院，即“主体功能区学院”或“主体功能区研究院”。

（二）启动“创新型城市群试点计划”

人类科技行为大致可分为“小科学”和“大科学”两大类。“小科学”就是学者和科学家根据自己兴趣展开研究所获得的成果与专利；“大科学”是由政府资助的规模巨大的科研项目。以“二战”为界，之前是人类“小科学”主导发展时代，之后是“大科学”主导发展时代，苏联和美国都是以“大科学”雄起的科技强国。今天，世界是一个“小科学”与“大科学”兼备的时代，但“小科学”是基础，“大学科”是主导，是国家科技核心竞争力，“小科学”可以发展提升为“大科学”，“大科学”也反作用于“小科学”，使“小科学”水平更高。在这样的科学发展环境下，城市群与大学群共生发展、功能匹配化发展，显然应该尊重“小科学”的重要基础作用，聚集人才，创造宽松、自由的科学创新发展环境，但更应该重视“大科学”发展，“城市群创新发展计划”对引领城市群和大学群耦合优势发展具有关键和主导作用，这是我国当前大学群与城市群发展的普遍薄弱环节。近几年，我国连续出台了20多个城市群或区域发展规划，却很少见到专门的、有影响的“城市群创新发展计划”，从政策角度说，这对我国大学群未来发展是十分重要的，应该引起城市群有关省份或部门的重视。

另外，为了配合创新型国家建设，国家发改委2008年首先批准深圳作为创新型城市试点，之后，到2011年已陆续批复了北京海淀区、天津滨海新区、重

庆沙坪坝、沈阳、青岛、大连、广州、西安等42个城市作为国家创新型城市试点[1]，这些创新型城市试点积累了宝贵经验，取得了很大成绩，但是这些试点城市的创新效益是零星分散的，没有连片性，不利于试点城市与周边城市形成更大规模的创新型城市群整合实力。所以，我国有必要启动“创新型城市群试点计划”，时机和条件已经成熟，用这样的“大科学”管理手段加速大学群与城市群凝聚发展、功能相匹配化发展。

本章核心结论

大学群与城市群功能匹配化发展是指大学群与城市群功能及其周边主体功能区的功能相适应、相结合发展，包括专业结构、规模、质量、效益等方面的优化匹配。大学群功能匹配化发展的核心路径是“三环”功能有梯度地匹配，即主体功能匹配、发展性功能匹配和潜力功能匹配。“三环”功能匹配为大学群专业设置、教学、科研、校园文化等方面功能匹配化发展提供了基本依据，使大学群与城市群功能匹配化发展有结构、有层次、有重点，减少盲目性。目前我国大学群功能匹配化发展面临着“中等收入陷阱”的考验，存在着大学群的城市群地方使命发展还不成熟，地方大学与部属大学还没有形成竞争力，主体功能区战略对大学群功能发展提出新调整要求等方面的现实问题。根据上述分析，针对我国大学群功能匹配化发展具体情况，本章对我国大学群未来发展主要提出了两点政策建议：第一，适当创建和配置主体功能区院系、院校或研究院；第二，启动“创新型城市群试点计划”，以此推动大学群与城市群功能相匹配对接发展。

---

[1] 2008年批复:深圳(1市);2009年批复:大连、青岛、厦门、沈阳、西安、广州、成都、南京、杭州、济南、合肥、郑州、长沙、苏州、无锡、烟台(16市);2010年批复:北京海淀区、天津滨海新区、唐山、包头、哈尔滨、上海杨浦区、宁波、嘉兴、合肥、厦门、济南、洛阳、武汉、长沙、重庆沙坪坝区、成都、西安、兰州、海口、昌吉(20市或区);2011年批复:连云港、沈阳、西宁、秦皇岛、呼和浩特(5市)。目前,全国创新型城市试点是42个,创建国家创新型城市试点目的是要以实现创新驱动发展为导向,以提升自主创新能力为主线,以体制机制创新为动力,以营造创新友好环境为突破口,健全创新体系、聚集创新资源、突出效益效率,探索区域创新发展模式,形成若干区域创新发展增长极,增强国家综合实力和国际竞争力,为实现创新型国家建设目标奠定坚实基础。主要任务是健全区域创新体系,突出企业主体地位;推进城市产业升级,优化区域产业结构;建设创新友好环境,促进创新创业发展。

第七章　城市群地域大学群互动化发展

本章关键词：大学群；互动化发展；互动速率；政策展望

当城市群功能与大学群功能得到优化匹配以后，二者的互动发展就是关键。大学群与城市群功能对接会产生功能匹配化发展效益，互动化发展又会产生互动化发展效益。胡佛把空间经济学研究对象概括为是“有什么、为什么、怎么办”[1]的问题，大学群发展也同样存在类似问题，功能匹配化发展、互动化发展都属于大学群发展“怎么办”的问题。大学群互动化发展，就是大学群整体及内部成员与城市群内外的社会组织或个人之间为了各自利益所进行的持续交流与合作的过程。

第一节　城市群地域大学群互动化发展对我国的紧迫意义

每个与城市群相匹配的大学群，在功能匹配化发展基础上都有自己的个性。大学群互动化发展，可以聚合知识技术，促进城市群整体内生创新发展，优化特色结构。大学群互动化发展程度可以成为衡量城市群创新发展状态和水平的一个重要指标。

一、强化竞争，提升城市群中小企业生命力

2011年，我国部分中小企业很不轻松，它们在2008年经济危机“谷底”没

---

[1] 埃德加·M·胡佛. 区域经济学导论[M].王翼龙，译.北京：商务印书馆，1990:6.

倒下，反而在复苏路上倒下了。第一困难期是初春“用工荒”，第二困难期是防通胀压力，银行收紧银根所引发的资金链断裂。两个“小难题”就把相当一部分中小企业送进了坟墓。表面看，这两个困局都与劳动力成本有关，先是工资低招工难，涨工资后，运行成本增加又造成流动资金枯竭，融资路径又被堵死，危险就产生了。而从本质上看，是中小企业升级换代、持续创新出了问题，一方面是流水线技术水平低，另一方面是产品附加值低，使抵偿工人人均工资成本的产品数量过大，这样工人负担重，收益低。公司规模越扩大，用工就越多，资金周转压力也越大。我国90%以上中小企业起步于乡镇企业和家庭作坊，是劳动密集型加工企业。从农耕业跨越到加工业已经是一大步了，但没有科技含量的企业是经不起风浪的。大学群互动化发展更有机会为中小企业插上“科技翅膀”。

二、推动创新，驱动我国内需与外销“双轮”并进

我国城镇人口占总人口比重从1976年的15.4%上升到2010年的46.9%。中国社科院发布的《中国财政政策报告（2010—2011）》预计“十二五”我国城镇化进程将向国际化、群落化、生态化和现代化方向发展，未来在外需增长空间不大的情况下，我国经济增长动力需要转向内需。目前进入到外销与内需同步扩张阶段。但创新及内需力量的上升仍有困难，因为这个过程需要与我国深度改革相配合，而这个深度改革的最大阻碍就是我国传统农耕经济模式，30年市场经济改革，还不足以彻底改变农耕经济淡漠的产业链意识，不足以改变教育与经济割裂思想所带来的持续创新薄弱状态，不利于大学群走向经济建设主战场，与世界大学对国民经济核心支撑作用的共同趋势也不相符。

美国给我们提供的经验是，最近20多年，美国大学把地方产业和经济作为教学与研究的核心使命。虽然这种“商业化转向”与传统学术意识产生了一定冲突，也遭到很多质疑，但是调查研究表明，对学术商业化持认同态度的被调查者数量已达到了60%以上，甚至认为是理所当然的事，许多州政府也制定了与本州未来发展目标相适应的大学参与产业经济发展法律。[1]正是美国大学创

[1] GOLDSTIEN. HARVEY A. The“Entrepreneurial Turn”and regional economic development mission of universities[J].2008(1):83-109.

业化发展行动，帮助美国重新从日本手中夺回了国家竞争创新力。我国若想跻身世界强国之列，就必须从目前的低成本劳动密集型产业模式跨入到知识密集产业为主体状态，由单纯依靠劳动力外销出口转化为靠科技创新拉动内销和外销，“双轮”并进，由引进模仿为主跨越到自主创新为主的台阶，由以劳动量取胜转变为以科技附加值取胜，靠科技把我国古老农业、传统文化、现代信息、生物医药等产业全面现代化，展开我国“产业革命”，大学群互动化发展是产业升级过程中最重要支持因素，也是这场产业革命中首先需要得到改革发展的动力因素。

三、提高生产力，扭转我国人口抚养比增大的不利局面

人口老龄化使人口抚养比增大，要提高国家劳动生产率的根本手段就只有靠提升科技创新力了，不提高劳动力整体创造力而要让我国从大国向强国跨越是没有可能的。大学群互动化发展不但可以积极持续地提高劳动力受教育水平（包括终身高等教育水平），还可以用科研工具提高劳动效率，节约资源消耗，获得更大劳动效益。发达国家中的日本、西欧、北欧等国家都不同程度地呈现出人口老龄化问题，劳动力减少，但它们的经济并没有因为劳动力减少而降低活力，人均国民收入依然保持世界高水平状态，它们的主要办法就是依靠人才进行产业科技化、高新化发展。20世纪八九十年代是西欧、北欧国家高技术产业发展的关键期，提高大学与区域功能匹配、互动发展水平是它们经济制度改革的核心内容，把大学推进到社会中心位置，以提高劳动力素质和科技创新能力为手段，扭转人口抚养比拖累国民经济被动局面，用科技创新校正了人口结构带来的负面社会效益。《中国人口老龄化发展趋势预测研究报告》指出，1999年我国已进入人口老龄化国家，是较早进入老龄社会的发展中国家之一，我国虽然还没有达到上述国家人口老龄化问题的严重程度，但已经迫在眉睫，诸多经济学家和人口学家已经反复强调我国进入人口老龄化社会的问题，而且我国因为人口基数大，人口抚养比会呈几何级数增加的，为了保持国民经济和人均生活水平持续提高，需要提早促进大学与社会互动，用提高科技生产力减缓老龄化社会压力，以免出现社会动荡或经济停滞。

四、高等教育地方化，推动城市群全面发展

高等教育大众化发展不但体现在毛入学率水平高，更要表现在大学与社会日常结合发展的普遍化，大学群与城市群互动发展，有利于提高城市群大学与社会关联发展的普遍程度，这对城市群软、硬和巧实力[1]循序渐进地普遍提高十分重要。一般来说，国家发展具有软实力先行，硬实力居后的特点，这实际上也就是英格尔斯效应[2]的表现，城市群发展也需要软实力先行。大学群肩负城市群地方发展使命，对城市群经济、文化、管理等软硬实力发展有重要支持作用，对城市群发展有智囊作用。通过课题研究等，为城市群政府和社会机构提供发展策略，巧妙合理地搭配使用城市群软硬资源，软、硬、巧实力综合起来共生发展。如果城市群经济、文化发展水平一般，而大学群实力强大，表明大学群与城市群没有发生实质性互动，就是大学群与城市群内部资源流动速率较低，内外流动速率大于内部流动速率。所以，大学要成为城市群的实验室、学习室和创造室，成为城市群发展的智库（巧实力中心）。大学是为了发展社会而办大学，不是为了办大学而办大学，“大学研究质量与产业互动的可能性呈正相关”[3]，大学群需要主动担负城市群社会责任，用教学和科研质量支持配合城市群发展。

---

❶ “软实力”“硬实力”概念，20世纪90年代初由哈佛大学教授约瑟夫·奈首创。城市群硬实力是指城市群有形的具体支配性实力，包括基本资源（如土地面积、人口、自然资源）、经济力量和科技力量等。城市群软实力是指城市群的管理水平、民众凝聚力、文化被普遍认同的程度和参与国际机构的程度等。“巧实力”是个非常模糊的概念，最早由美国学者苏珊尼·诺瑟2004年提出的一个外交概念，2009年被希拉里正式运用于美国外交策略。目前来看，巧实力表示对硬实力和软实力的巧妙搭配运用，以求更大效益（对软硬两种实力搭配的比例没有明确规定）。

❷ 美国人类文化和社会心理学家英格尔斯，在研究西方发达国家现代化进程并考察了第三世界国家经济发展问题后发现，一个国家或企业即使有先进的制度，但如果缺乏能赋予这些制度以真实生命力的广泛的现代心理基础，如果执行和运用这些现代制度的人自身还没有从心理、思想、态度和行为上都经历一个向现代化的转变，畸形发展的悲剧仍将不可避免。再完善的现代制度和管理方式，再先进的技术工艺，也会在一群传统人手中变为废纸。这就是著名的“英格尔斯效应”。

❸ MANSFIELD E, LEE J Y. The modern university:contributor to industrial innovation and recipient of industrial R&D support[J].Research Policy,1996(25):1047-1058.

第二节　提高大学群与城市群互动速率

互动速率就是单位时间内，大学群或大学与社会机构之间人才、智力、信息、资金、物资等高等教育资源的流量。互动速率是决定大学群互动发展效益的关键，单位时间内资源流量越大，表明大学或大学群与城市群及以外社会机构互动越积极，反之，则表明互动消极，而互动速率的结构，对大学群互动质量和水平也有重要影响。

一、城市群地域大学群互动化发展的对象

大学群与城市群具体互动的对象是什么呢？经济学家对城市群经济行为主体有多种划分，包括：微观主体的"二类说"——政府机构与企业、家庭及其他经济组织，"三类说"——企业、家庭（居民）和公共机构（政府），"四类说"—— 企业、居民、地方政府、区域协调组织（商会、行业协会等），"五类说"——政府、私人企业、社区、第三部门和国际组织。[1]综合上述五类城市群经济行为主体分类，可将大学群与城市群互动对象分为宏观和微观两大类，宏观上划分为政府和社会其他机构两类，微观上划分为企业、政府、居民（社区）、大学、第三方组织和国际组织等六类。无论怎么划分，其中最重要的互动对象就是大学群与企业、政府之间的互动。而大学群互动内容是以专业（实验室）为中心的人力资源、科研项目、专利成果等。

二、城市群地域大学群互动化发展方式

（一）整体互动与个体互动

大学群与城市群互动，包含着大学群以整体身份互动和大学以个体身份互动

---

[1] 黄恒学，等.公共经济学[M].北京：北京大学出版社，2002:23-53.

这两种方式。大学群整体身份互动是城市群大学以共同体方式互动发展，代表了大学群共同利益，是大学有组织集群发展行为。但大学个体文化特色需要得到尊重，大学以独立身份与社会机构互动是大学群与城市群互动的基础。当大学群整体互动与大学独立互动发生矛盾冲突时，应该协商解决，维护二者共同利益为最佳方案，当冲突无法协调时，一般是大学个体应服从大学群整体协商方案，以维护大学群整体的长远合作利益。

大学个体身份互动的类型也十分丰富，根据大学管理对互动参与度，分为大学有组织互动、半组织互动、学者自由互动。大学有组织互动是大学或院系直接与城市群社会机构之间展开的教学、科研和人才就业等方面的合作；半组织互动是大学或院系并不直接负责互动机构联络，而由学者或学生自行联络，大学只负责提供必要手续或设备，适当收取管理费用；学者自由互动完全是由学者自己与社会机构所形成的联络互动。

（二）内部互动与内外互动

根据互动的空间范围，以辐射圈与散射圈的分界线为界，大学群互动化发展总体可分为“内部互动”和“内外互动”两个系统。内部互动又包括大学与大学之间的互动、大学与城市群机构之间的互动、大学群与城市群社会机构之间的互动，内外互动是指大学群与城市群以外地区社会机构所发生的合作与交流活动。内部互动与内外互动是紧密关联而统一的，内部互动是大学群与城市群内生创新发展的基础，内外互动有助于大学群获取城市群和大学群以外的信息和资源，保持全球化和开放化发展状态。内外互动，除包括“横向同时互动”外，还有“纵向异时互动”。所谓同时互动是指大学群及其内部的大学在大致相同时间段与城市群散射区的社会机构及个人之间所进行的交流合作活动；所谓异时互动是指先前毕业生重返校园研修深造时，他们的原有知识与新接触知识之间的碰撞互动，这是新旧知识和知识结构的互动，纵向互动为大学群实施终身教育创造社会收益。

（三）正式互动与非正式互动

英国学者研究证明，“大学本身与产业互动的显著性不高，学院与产业的互动不如个体研究者与产业互动显著”[1]。组织对产业互动没有明显影响，但组织可以成为个人与产业互动的媒介和平台，创造更多的非正式互动机会，英国科技园内公司和科技园外公司与当地大学的非正式互动联系分别占70.7%和62.7%。[2]可见，做强大学群不但需要促进大学与城市群的正式联系，更不能忽略对它们非正式联系的重视，正式与非正式互动对大学群互动化发展都有重要作用。总之，大学群互动发展活动方式很多，但一般并不是类型清楚地区别开来，而通常是综合在一起的，交互作用于大学群与城市群之间合作发展（见表7.1）。

表7.1 城市群地域大学群互动类型综合矩阵

分类角度	类型	大学群整体与局部互动层次方式	
		大学群整体身份互动	大学独立身份互动
供需角度	需求主导型互动	大学群整体—需求者互动	大学—需求者互动
	供给主导型互动	大学群整体供给互动	大学独立供给互动
	供需融洽型互动	大学群整体供需互动	大学独立供需互动
对象角度	政府	大学群整体—政府互动	大学—政府互动
	企业	大学群整体—企业互动	大学—企业互动
	居民(社区)	大学群整体—居民社区互动	大学—居民社区互动
	大学	大学群整体—大学互动	大学—大学互动
	第三方组织	大学群—第三方组织互动	大学—第三方组织互动
	国际组织	大学群整体—国际组织互动	大学—国际组织互动

三、城市群地域大学群互动化发展的推动力

大学群与城市群互动是一个动态博弈与合作的复杂过程，“共同利益”是大学群与城市群互动的基础，“若没有一个共同利益维系，地域单元将缺乏凝

[1] BERCOVITZ,J FELDMAN M.Technology ttransfer and the academic department:who participates and why[R]. Copenhagen:DRUID,2003.

[2] WESTHEAD P, STOREY D J.Links between higher education institutions and high technology firms[J].Omega, 1995,23(4):345-360.

聚力，既不可能有共同发展的基础和动力，也不可能产生区域经济冲突与合作行为”。[1]所以形成和激活大学群与城市群以共同利益为基础的互动动力非常重要。

（一）政府动力

政府主持的城市群创新发展计划是影响大学群与城市群互动的主因素。政府对大学群影响力包括两个方面，一是中央政府从国家整体发展利益角度考虑对某些城市群实施专门发展战略或给予特殊政策；二是地方政府（城市群政府）配合国家发展战略所制定的自己的发展规划。政府动力有的是促进大学群与城市群“协商合作”而获得共同利益，有的是“强制合作”而完成行政任务。虽说大学群被政府邀请参与到城市群发展规划实践中来，但大学群与大学并不是简单不知情的遵命，而是民主共治共善的合作。

（二）市场动力

市场动力是指互动双方根据彼此需求而达成的以经济利益为目标的合作意向。这种动力的发生通常以招标、科技产品交易、利润分配等合作方式进行。主要发生在大学与企业，大学与政府之间。供需谈判所达成的协议是市场动力下，大学群与城市群互动形成的基本因素。以谈判为中心的大学群市场活动质量对大学群与城市群机构之间互动速率有重要影响。知识和人才的“标的”质量和社会价值决定着谈判效益和谈判成功率，市场动力与大学群互动速率呈正相关关系。

（三）社会责任动力

城市群地域大学群不以经济收益为前提，而以与城市群机构之间的友情、社会责任等为基础的互动是责任动力作用的互动。责任动力一般在社会重大灾难、人类共同困难、法律规定的义务范畴、长期友好单位等时期或状态下的大学群与社会机构之间发生。责任动力推动大学以民生发展、社会义务、友好支持为己任而甘于奉献。一方面，这实现了大学群社会化价值，另一方面，这也为它们赢得

[1] 张可云.区域大战与区域经济关系[M].北京：民主与建设出版社，2001:165，170.

未来互动机遇做了提前铺垫。

（四）学术动力

学术动力既不是政府委托，也不是以经济利益为目的，而是大学群为了科学探究，主动寻求与社会机构合作，进行科学实验或成果转化。通常情况下，这样的学术动力也会得到城市群机构给予一定的经费或非经费支持，实验成功以后，才会进入下一阶段深入研究或成果市场化。总之，任何一个大学群的发展动力都不是唯一的，单靠一种动力或不分轻重缓急地全面开发动力，都是有失科学性的，像美国赠地学院那样以系列政策，有序深化，不失为是一种稳健的做法。我国“文化大革命”运动中，青年学生上山下乡和建立“五七干校”之类的活动，这的确是增强大学互动发展的举措，动机是对的，但违背了高等教育基本发展要求，也就从根本上毁损了高等教育。所以，到目前为止，我国仍然缺乏有效地促进大学与地方互动发展的环境氛围。

四、城市群地域大学群互动化发展的主要阻力

大学群与城市群互动并不是一帆风顺的，而是阻力与动力并存的，从大学群内部和外部两方面来分析，具体阻力主要有如下几点。

（一）信息不畅与文化落后的阻碍作用

由于缺乏大学群与城市群之间互动发展信息平台，造成了大学群与城市群二者之间信息沟通不畅，由此也造成了大学群与城市群之间无法更有效地互动。当然，造成这种信息摩擦的另一个重要原因是大学群处于非组织性涣散状态，就是自然集合体状态而缺乏统一的信息发布与沟通渠道。所以，建立大学群发展组织对消除信息摩擦很有意义。

一个国家是否形成了创新型国家的文化氛围，一个城市群的管理者和精英们是否具有科技创新发展理念，这是影响和决定大学群与城市群互动规模、频率、水平的关键。另外，创新经济和文化氛围还影响到社会投资倾向，关系到社会空闲资本是否会流向扶持创新的天使投资资金池，天使资金是大学群互动化发展的重要社会资金来源，在美国，天使投资资金总量与风险投资的资金总量几乎是相

等的，而且天使投资扶持的新创公司数量一般是风险投资成长的公司数量的10倍以上。

（二）政策被动与资金匮乏的阻碍作用

如果政府对科技创新认识不足，缺乏大学群与城市群机构互动合作的战略规划，缺乏促进和利益保障的法律，这对大学群与城市群互动发展的消极作用很大，即使美国也有过这种被动的经历。20世纪80年代美国传统产业低迷，这时知识对产品规模、质量的经济价值开始凸显，但“公立大学的办学者通常渴望资金却不乐意接受与资金一起打包而来的社会责任”[1]，于是美国联邦政府、州和地方政府都千方百计地制定政策引导大学在传统的教学、科研基础上积极参与发展社会经济，著名的《贝多法案》就是在这样的背景下颁布的。与此同时，各州政府也积极投资定策，打造了许多以大学为支撑的高科技工业园区，使美国大学产生了较深层次的“学术商业化”发展倾向。可见，政策对市场调节作用极其关键。我国从中央政府到地方政府已经有了用政策激励大学群与城市群互动的动机，但行动还在探索过程中。

在市场动力的推拉作用下，非资源型经济资金投入十分关键。其中包括各级政府战略创投、企业创投、社会融资创投和大学发展创投等。不管怎样，大学群与城市群互动创新是一项有高成本才能高收益的事业，偏重研究型大学比其他类型院校会得到更多的中央政府研发投入，还会得到相当一部分地方政府的委托投入，而偏重应用型院校因为研究能力较低，以教学为主，所以它们得到各级政府的研发资金相对较少。世界各国政府对大学研发投入分配基本都是这种情况。美国4499所大学（相当于我国的本专科院校）中，联邦政府对前40名研究型大学的研发投入占联邦政府总研发投入的10.2%。研究表明“产业投入越高，越有利于调动研究者的参与积极性，对学院参与与产业互动有重要作用。从学科来看，应用性学科比基础学科参与产业互动的活跃度更高。”[2]可

[1] GOLDSTEIN H A，RENAULT C S.Estimating universities’contributions to regional economic development:the case of the U.S.[M].Springer，2005:71-91.

[2] FELDMAN B J. Technology transfer and the academic department:who participates and why[R]. Copenhagen：DRUID，2003.

见，增加研发投入和保持投入有效分配对促进大学群与城市群深度互动是有积极意义的。

（三）功能错位与学者个性的阻碍作用

大学群与城市群互动化发展规模与质量是受二者功能匹配规模和质量约束的，并以其为基础的。如果大学群与城市群功能不能有效地匹配衔接，或者二者供需质量标准不匹配，那么在大学群与城市群功能匹配错位的前提下，互动化发展的基础就缺乏稳定性，从而大学群互动化发展质量和效益都得不到保障。所以，在加强大学群互动化发展之前，首先要把大学群功能匹配化发展工作做好，这十分关键。

一方面，不同水平大学的研究者与产业互动的规模有差异，"来自低水平院校的研究者比来自高水平院校的研究者更能广泛地与社会机构展开互动研究，因为他们能够接受公司的要求而满足公司的意愿，相反，有声望大学的研究者因为他们学科的比较优势，使他们更喜欢从自身意愿帮助公司解决问题，这不受公司欢迎"❶。另一方面，研究者年龄和成就对研究者与产业互动也有重要影响，"研究者越年轻就越能更多样、广泛地参与与产业互动活动，越老则互动范围越窄；学术身份越高参与互动的频率越高，产业投入越高，也越有利于调动研究者参与积极性"❷。如果对这些因素不加以重视和进行良好处理，对于推动大学群互动化发展就都会变成实实在在的阻力。

第三节　城市群地域大学群互动化发展的基本特点

大学群功能匹配化发展是逐步实现知识、人力等要素与城市群功能需求相适应的过程，互动化发展则是在功能对应的基础上，大学群与城市群机构之间资源要素流动的过程。虽然互动不具有稳定的频率、确定的效益，但总体上仍有一些

❶ D'ESTE P, PATEL P.University-industry linkages in the UK: what are the factors underlying the variety of interactions with industry[J]. Research Policy,2007,36(9):1295-1313.

❷ BERCOVITZ J, FELDMAN M. Technology ttransfer and the academic department:who participates and why [R]. Copenhagen:DRUID, 2003.

共性特点可以把握。

一、增益性

大学群从教学和科研两方面与城市群机构交流互动，效益评估具有不确定性，特别对于大学群育人和学科建设来说，互动效益很难做出即时评价，可以评价的只是短时效益，更本质更重大的互动效益将在学生或研究者后续发展过程中逐步潜移默化地体现出来。所以，大学群与城市群互动，对双方都一定有增益，只是增益有大小，显现时间有早晚的问题。大学群互动发展“增益性”有益于城市群机构坚定与大学群彼此开放、互动发展、融洽交流的决心；有益于彼此大胆真诚、务实求真地合作，创造出崭新的城市群新文化、新科技和新经济。

二、需求性

无论由大学群主导的互动，还是由城市群机构主导的互动，最终都必须以需求为基础。一方需求使互动成为可能，双方共需使互动质量更优，效率更高。需求是发生互动的基础，也是达成最佳互动规模、速率和效果的动力。所以“需求”是大学群互动化发展最宝贵、最稀缺的动力资源。对大学群、城市群机构、政府部门和社会第三方组织来说，都需要持续不断地挖掘和创造“需求”，大学群可以以教育和科研成果来激发城市群需求，主动寻找满足需求的机遇。一个尊重科学基本特点，积极探究社会需求，据此开展教学、科研工作，营造校园文化的大学是受现代社会欢迎并更有前途的大学，它们赢得社会声誉快、收益大、可持续潜力大、卓越发展周期长。

三、近邻性

大学群与城市群机构空间距离越近，彼此交流了解机会越多，信息沟通越迅速而充分，互动成本也越低，这样就越有可能形成持续稳定的资源流动环境。芭比蒂斯塔（Rui Baptista）等研究认为，“城市地理经济集聚增长通常是以地域接近为基础的。以技术为基础的公司倾向于接近大学，学生是大学把知识扩散到公司的重要工具，高技术产业很少建设在远离城区的地方”。[1]信息化时代，虚拟网络为社会信息沟通提供了极大的便捷和实惠，但仍无法替代真实空间的近邻优势，“近邻优先性”为城市群依托大学发展非资源型经济提供了重要根据。过去半个多世纪，国内外大学科技园区、高技术产业园区建设与发展获得了巨大成功，今后这条路会依然有效。大学群与城市群正式互动的确重要，而非正式互动不仅重要，还极易被忽视，“近邻优先性”要求重视大学与企业近邻非正式互动，杜绝盲目开辟高科技园区，而最有利于非正式互动联系的策略莫过于缩小空间距离。在大学周边开辟科技园区，或在城郊结合部新建高教园区附近布局知识密集型工业园区，叫停那些忽略空间成本、主观臆断的科技园区项目。

四、累积性

无论大学群整体还是单个大学与城市群某机构进行首次互动活动，经过反馈后所产生的经验都会成为下一次互动发生的基础条件，并且决定着未来互动质量。先前互动经验会在大学群与其他机构后续互动合作中发生迁移，增加更多的互动机遇和质量保证。所以，大学群与城市群机构互动合作具有效益积累扩大的特点。根据这一特点，可以断定大学群互动化发展有“滚雪球”一样从小到大的过程（见图 7.1）。这表明大学群与城市群互动发展需要坚持不懈，逐步积累提高城市群现

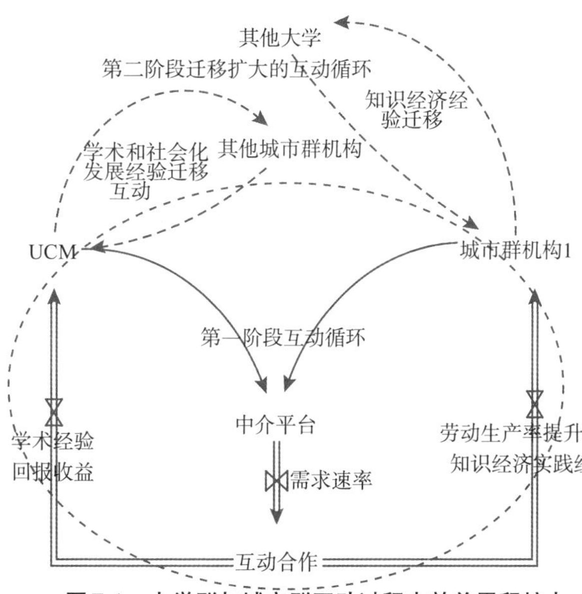

图 7.1　大学群与城市群互动过程中效益累积扩大

[1] BAPTISTA R, MENDONCA J. Proximity to knowledge sources and the location of knowledge-based start-ups [J]. The Annals of Regional Science, 2009(1):5-29.

代化发展成熟度，不能错过机遇，更不能抱有天真幻想，只有勤勉努力和科学管理才能加速实现目标。其中过程的初始激发、中间的持续激励和未来长远规划是促进和决定大学群与城市群互动质量的最重要环节。

第四节　对我国城市群地域大学群互动化发展的政策展望

政策是杠杆性工具，大学群发展需要在现有政策基础上做适当修订，保持政策运行连续稳定。政策设计要考虑广泛调动社会资金和人力来参与大学群与城市群互动发展，帮助政府“少花钱多办事”。尽管我国实行“科教兴国”战略取得了巨大成就，但全面建设创新型国家的“创新发展，人人有责”的文化氛围还远没形成。大学群与城市群互动政策需要重点考虑以下几点。

一、对部分项目基金增加校企合作的强制性规定

目前，我国大学的科技转化率是较低的，发达国家的科技成果转化率能够达到70%以上，我国仅为20%左右，个别大学不足5%。一方面，大学自主研发存在严重脱离实际的现实问题，重技术，轻市场；另一方面，政府研发投入缺乏市场针对性，缺乏对项目成果的持续管理。所以，对类似我国高技术研发计划（863计划）、国家重点基础研发计划（973计划）、星火计划（农村经济科技振兴计划）、火炬计划（高技术产业发展计划）、国家科技支撑计划（重大攻关）、国家自然科学基金等这样的国家重点科技工程，或其中的部分项目，有必要增加“大学与企业合作研发”的硬性规定，不但可使这些研发项目有国家科技核心竞争力的功能，还可增加项目对尖端人才培养的教育功能，尤其重要的是增强大学与企业在研发过程中的碰撞与交流，为成果转化提前准备了条件，提高了政府研发投入的资金效益，给中小企业也提供更多的低成本产业升级的机会。

虽然科技部出台的《关于大力推进国家863计划产业化工作的若干意见》（2003）和《国家科技支撑计划管理暂行办法》（2006）中都提及要“突出企业技术创新主体地位，加强产学研”，但基本流于形式。所以，建议对部分项目进行

"强制性产学合作研发"，在项目（除基础科学研究以外）招标或申请中，不但强制"大学（科学院）与企业"合作研发，还要对有利于成果转化的研发团队给予优先审批，在资金量方面有所优惠倾斜，扩大大学的理论优势与企业实践优势结合作用，提早进行科技成果市场转化"免疫"。此外，建议国家审计署、科技部等政府机构对重大研发成果进行后续监督和跟踪，以降低国家科技投入浪费，提高研发投入长远效益。

二、修改相关法律来激励企业主动与大学合作

为促进企业与大学互动合作，使企业依托大学进行可持续的产业升级与现代化，增强企业与大学联合创新研发的主动性，法律保障是基础和必要手段。为此，建议对我国《科学技术进步法》（2007）、《企业所得税法》（2007）、《国企业所得税法实施条例》（2007）等涉及大学与企业合作发展的优惠政策进行修订。在《科学技术进步法》（2007）第三章第36条，"企业按照国家有关规定享受税收优惠"的项目规定中有必要增加"与高等教育机构或大学联合建立研发机构的企业，或与大学联合展开研发的项目享受税收优惠政策"，并借此修改《企业所得税法》（2007）、《企业所得税法实施条例》（2007）中有关企业享受税收优惠政策的条文，实现政策统一。

三、鼓励和调动民间资本积极进行创投融资

国家创新发展不能完全依靠政府投资，民间资本参与创投更重要，政府创投可以强国，民间资本创投才能富国。

（一）创立专门服务于创新型国家建设的"国家创新发展银行"

科技创新发展在我国还没有形成日常化社会风气，《科学技术进步法》（2007）的第18条规定："国家鼓励金融机构开展知识产权质押业务，鼓励和引导金融机构在信贷等方面支持科学技术应用和高新技术产业发展，鼓励保险机构根据高新技术产业发展的需要开发保险品种。"但事实上，没有专门的科技创新发展金融机构，对国家科技创新发展仍然缺乏影响力和引导力，所以建议

我国设立“国家创新发展银行”，把社会闲置资金集中起来，专门进行科技创新贷款，资助科技创新发展项目，资助教育发展贷款。这种做法突出了科技创新发展的社会影响力和支撑作用，突出了科教强国，建设创新型国家，扭转“市场无法换技术”的被动局面，减轻政府科技投入压力，打造国内研发团队和国家品牌，换取更大科技发展社会效益。另外，还可以成立创投信用社，进行小额贷款，鼓励大学生或研究生从事创新创业发展，推动全社会形成科技创新发展氛围。

“创发银行”和“创投信用社”这两种贷款工具能够对城市群创新发展机构进行“多头统一”，就是把大学、科研机构、大中小企业统一到科技创新发展的日常轨道上来。特别对于那些没有能力和机会通过股市融资的大学、企业、中小研发机构、中介机构和个体科技创业者等都极为有利。青年研究者自主研发或与社会互动研发热情高，但通常资金不足。有了上述两个支持创新发展的金融机构以后，给他们提供了更多机遇，而且创立和运行“创发银行”与《科学技术进步法》（2007）和《促进科技成果转化法》（1996）是完全吻合一致的。

（二）鼓励和扶持“天使基金”参与大学群创投发展

天使基金对创新知识型产业的创投与一般信贷不同，在新兴产业孵化的初创阶段，基金管理者将对他们的投资项目进行跟踪监督、指导，天使基金持有者一般都有很丰富的新兴产业创业与发展经验，会对新兴产业创业者给予重要帮助和指导，有利于新兴企业成活，李开复的“创新工场”就是一个这样的天使基金创投公司。在发达国家，尤其美国的天使基金投资与一般风险投资是平分天下的。天使基金投入比例可以被看作是一个国家创新发展氛围和科技管理成熟度的标志，是新兴产业孵化的“母机”。所以，从政策角度鼓励、扶持“天使基金”参与大学群与城市群互动创新发展是重要路径。根据《国家重点支持的高新技术领域》（国科发火〔2008〕172号）及《中华人民共和国科学技术进步法》（2007）第17条都阐明了：从事技术开发、技术转让、技术咨询、技术服务的企业按照国家有关规定享受税收优惠。但对“天使基金”应该进一步加大优惠力度，减少办理程序，汇聚孵化资源为基础，把“天使基金”创投者吸引聚集到大学群中来，从而扭转我国国民投资中热衷于对不动产、股票、期货、黄金、文物等收藏投资或急功近利项目投资的传统偏好，让天使基金不但为大学群与城市群互动创新发展和成果转化提供资金，还提供市场信息和技术发展指导，一举多得。

总之，大学群与城市群互动规模、速率与效率是一个积累扩大的长期工程，也是一个缓慢的文化工程。为什么我国的《高等学校知识产权保护管理规定》（1998）、《促进科技成果转化法》（1996）、《关于促进科技成果转化的若干规定》（1999）等一系列与美国《贝多法案》相类似的促进大学科技成果转化政策，甚至比美国法案有更详细的个人激励办法，却没取得美国法案那样的效果呢？其中一个重要原因就是我国还没有形成美国那样的常态化创新发展文化，我们的工业底子仍然是农业和低水平加工业，农业科技还仅在“温饱线”徘徊，我国大学群与城市群互动化发展还要靠政策长期不懈地鼓动。

本章核心结论

城市群地域大学群互动化发展，从本质上说就是大学群与城市群内外机构之间高等教育资源要素的流动引起的相互作用。分为内部互动与内外互动、整体互动与个体互动、正式互动与非正式互动等类型，各形式之间是相互关联而综合的。其中内部互动为主，内外互动为辅，内部互动推动大学群的城市群地方使命发展和大学个性化使命发展，内外互动推动大学群的国家和国际使命发展。大学群互动化发展主要有四方面动力，即政府动力、市场动力、社会责任动力和学术动力。大学群互动化发展动力与阻力并存，常见的阻力有信息不畅、政策被动、文化落后、功能错位、学者个性和资金匮乏等。无论是积极动力还是消极阻力的作用，大学群互动化发展都有增益性、需求性、近邻性和累积性四个基本特征。根据大学群互动化发展动力、阻力和特点等，结合我国大学群互动化发展实际状况，对我国大学群未来发展提出了四点政策建议：第一，对部分科研项目基金增加校企合作研发的强制性规定；第二，修改相关法律来激励企业主动寻求与大学群的合作；第三，创设“国家创新发展银行”作为融资机构；第四，加大鼓励“天使基金”参与大学群创投的力度。

第八章　城市群地域大学群同城化发展

本章关键词：大学群；同城化发展；均质发展；政策展望

大学群同城化发展是把城市群大学作为一个共同体，在制度、人力、资金等方面实现均质流动与发展。这是在尊重大学群同地域、同文化、同历史的先天条件下，根据大学群整体系统性的特点所采取的一体化发展方式，有益于大学群突破各城市间行政界限实现功能匹配化、互动化、开放化发展，以获得更大规模的整合与集聚效益，以集体优势向国内卓越和国际知名的方向发展。

第一节　同城化发展是大学集群崛起的重要路径

在全球化背景下，跨省和跨国大学群走同城化发展道路是自身和区域发展需要，也是大学群信息化发展、竞争与合作发展的需要，国内外大学群选择同城化发展，无论对城市群还是对自身都有紧密相关的长远利益。

一、世界区域发展带动大学群同城化发展

从世界范围看，欧盟、东盟、北美自由贸易区、安第斯共同体、南美国家联盟、东非共同体等十几个国际共同体，都是以经济为基础的发展联盟。从经济合作开始，再向包括高等教育在内的其他合作领域扩展，这是世界区域共同体发展的基本路线。各共同体中，高等教育合作发展做的最出色的是欧盟，已经有了“博洛尼亚进程”的重大突破，建设“欧洲高等教育区”已初见成效，欧盟27个

国家的1800多所大学基本确立了学分与文凭互认、师生流动等框架体系。东盟一直在做高等教育合作发展的努力，但收效甚微。“上合组织”目前高等教育合作发展还没提到议事日程，但各国互派留学生数量快速增加，大学之间互动往来增多。

各国城市群“块状”区域发展通常会带动大学群发展。英国和法国都实行大行政区制，英国设有9大行政区，对区域大学有协调作用；法国设22个大行政区，与大学区之间保持合作关系；俄罗斯把全国分为11个经济区，大学在经济区的中心城市集群（见表8.1）；丹麦2007年把全国14个县整合为5个政区，突出了城市群发展地位。我国“四大板块”发展在一定程度上推进了大学群形成。区域一体化发展被世界各国所重视，为大学群同城化发展准备了条件，但我国大学群同城化发展尚在起步中，长三角、京津冀等大学群已经开始思考和探索。[1]

表8.1　俄罗斯11个经济区与大学群的对应分布状况

<table>
<tr><th>经济区</th><th>联邦成员数量</th><th>大学和科研院所数量</th><th>联邦成员平均拥有大学和院所数量</th><th>主要大学集群</th><th>中心城市的大学和科研院所数量</th></tr>
<tr><td>中央</td><td>14</td><td>667</td><td>48</td><td rowspan="2">莫斯科大学群</td><td rowspan="2">莫斯科、沃罗涅日（457）</td></tr>
<tr><td>中央黑土</td><td>4</td><td>92</td><td>23</td></tr>
<tr><td>西北</td><td>5</td><td>198</td><td>40</td><td rowspan="2">圣彼得堡大学群</td><td rowspan="2">圣彼得堡（145）</td></tr>
<tr><td>北方</td><td>6</td><td>118</td><td>17</td></tr>
<tr><td>北高加索</td><td>10</td><td>377</td><td>38</td><td>北高加索大学群</td><td>克拉斯诺达尔、罗斯托夫、斯塔夫罗比尔、马哈奇卡拉（119）</td></tr>
<tr><td>乌拉尔</td><td>7</td><td>259</td><td>37</td><td>乌拉尔大学群</td><td>叶卡捷琳堡、彼尔姆、车里雅宾斯克、乌法、奥伦堡（141）</td></tr>
</table>

[1] 2003年，苏浙沪三地政府签署了《长江三角洲人才开发一体化共同宣言》，三地教育部门逐步扩大合作内容，包括互派学生、学分互认、互聘教师和图书文献共享等。2006年又启动了“长三角名校联盟”计划。2009年，京津冀举办了首届高等教育合作发展论坛，以后每年举办一次，探索资源共享、优势互补，推动京津冀高等教育共同发展。

续表

经济区	联邦成员数量	大学和科研院所数量	联邦成员平均拥有大学和院所数量	主要大学集群	中心城市的大学和科研院所数量
伏尔加河流域	8	294	37	伏尔加大学群	下诺夫哥罗德、基洛夫、切博克萨雷（74）
伏尔加－维亚特卡	5	133	27		
西西伯利亚	9	272	30	西西伯利亚大学群	新西伯利亚、鄂木茨克、巴尔瑙尔(77)
东西伯利亚	6	115	26	东西伯利亚大学群	伊尔库茨克、赤塔、克拉斯诺亚尔斯克(54)
远东	9	164	17	远东大学群	哈巴罗夫斯克、符拉迪沃斯托克(42)

二、全球化竞争与合作推动大学群同城化发展

全球化发展，表现在经济、政治、文化、科学、教育等几乎所有领域，推动全球化发展的力量主要表现在以下三方面：第一，以芯片、卫星、光导纤维、因特网、物联网、云计算等为代表的数字信息技术发明与进步，把千变万化、相隔遥远的世界紧密连接在一起；第二，巨大、快速、高频、多样的交通运输工具的发明进步与应用缩短了世界时空，增加了各国间物流和人流规模，大大增加了互动机遇；第三，世界强国力量推动全球化，包括强国的经济、科技、货币、文化、军事、政治等因素对他国的广泛影响。与此同时，全球化也改变了包括国家、城市群、大学等在内的所有社会组织的生存方式。国内外社会组织同台竞争发展，竞争者数量剧增，核心竞争优势成为生存与发展的根本。一方面，在全球化竞争发展大环境下，城市群大学以其空间相近、地缘文化相同等原因具有便捷的凝聚起来、集体竞争基础条件。另一方面，全球化推动世界产生了更多的“全球化标准”及“区域化标准”，统一标准也推动了城市群大学向同城化发展方向靠近，参与的大学数量越来越多，大学群同城化发展特点越来越显著。

三、"合工时代"要求城市群大学同城化集群发展

200年前，英国经济学家亚当·斯密（Smith）就论述了劳动分工的作用，点燃了近代产业革命之火，劳动分工大幅提高了社会生产率，加快了专业化和职业化发展速度。马克思认为"国家生产力发展水平最明显地表现在社会分工的发展程度上"[1]，恩格斯也曾在《家庭、私有制和国家的起源》一书中盛赞三次社会大分工使人类进入到文明社会[2]，大学也是社会大分工的产物。然而，人类并没有享受更长时间分工劳作的"潇洒"。笛卡尔（Descartes）是最早提醒人类采用"合工"方法解决复杂问题的哲学家，可是直到300年后的20世纪60年代，在"阿波罗"登月工程中，人类才首次从实践中深刻体会到"合工"解决问题的必要与必须。随着信息技术、系统工程和空间成本理论发展，"合工"成为人类降低生产成本、提高生产效率、完成重大工程项目的有效途径，原先被分割得支离破碎的业务流程被重新"组装"回来，工序合并，合工劳作显示出特别的优势。到佩鲁（Perroux）、布德维尔（Boudeville）、弗里德曼（Friedmann）、米尔达（Myrdal）、赫希曼（Hischman）等经济学家的区域经济发展理论，以及马歇尔（Marshall）、克鲁格曼（Krugman）的产业空间集聚发展理论，使"合工经济"发展到了高级阶段，产业集群发展成为人类新经济的得意之作。至于大学作为创新经济的引擎，是连接教育与社会的黏合剂，无论人才培养、科学研究还是解决实际问题的社会服务，都不是单一知识和单一专业的教师或研究者可以独立完成的，需要多学科、多层次和多类型大学合作。所以"合工时代"使大学倾向于协

[1] 马克思,恩格斯.马克思恩格斯选集:第1卷[M].北京:人民出版社,1995:68.

[2] 第一次社会大分工发生在原始社会后期,农业部落从游牧部落的狩猎、采集业中分离出来,引发了农业与畜牧业的分离,推动了商品交换发展,为私有制的产生提供了物质基础,父权制代替母权制和家长制家庭的出现。第二次社会大分工发生在原始社会末期,铁器工具制造和使用促进了手工业从农业中分离出来,如纺织、榨油、酿酒、金属加工和武器制造等,它们逐渐从农业中分离出来。出现了直接以交换为目的的商品生产,贵金属成为占优势的货币商品,产生了流通货币,社会追求财富的产业门类日渐增多。劳动生产率提高,生产规模扩大。商品交换范围加速扩大,促进了私有制产生和原始社会迅速瓦解。第三次社会大分工发生在原始社会瓦解、奴隶制社会形成时期,专门从事商业贸易的产业从农业和手工业行业中分离出来,形成了专门从事商品交换的商人阶级。商业缩短了商品买卖时间,扩大了商品销路,提高了社会商品物流速度,商贸业发展使社会生产和消费效率跨越式发展。

作和集群发展，城市群大学同城化发展成为人才培养和科技进步的必然要求。

四、同城化发展有利于打破我国高等教育“块块分割”的格局

新中国成立后的我国大学发展可分为三个阶段来认识，每一阶段都是成就与问题并存。第一阶段（计划经济阶段，1949—1977）：一方面，结束了我国近代高等教育资源分布极度不均衡状态，基本实现了东、中、西部地域和工、农、林、医、师等院校结构均衡；另一方面，因为片面追求均衡，也造成了“一刀切”，忽略人口和经济实际需求，各省大学同构、行业院校条块分割、高等教育资源存在脱离实际需求的重复浪费问题。

第二阶段（计划经济向市场经济过渡阶段，1978—1990）：1978年以来的改革开放，掀起了人口流动的热潮，但是大学的结构、规模、质量等并没及时调配，造成了人均高等教育资源空间分布“西宽东紧”，出现了与劳动力人口“东南飞”相逆的高考移民“西北流”的现象。大学发展政策调整滞后，造成东部沿海城市群的技术劳动力供应不足，产业升级受阻。总体来说，我国国内移民潮产生后，大学与社会相适应发展的经验不足，反应滞后，这一点我们缺乏美国人始终保持的大学及时发展、优先发展意识。[1]我国计划经济的大学重复发展模式在向市场经济过渡时期，没有太大改变。

第三阶段（市场经济阶段，1991—）：20世纪90年代高等教育“两级管理”体制改革后，地方政府根据发展需要开始扩招、整合和新建大学，高等教育的市场调节作用增强，改善了地方大学与地方人口、劳动力需求的匹配状况，对地方经济社会发展起到了积极支持作用。但新问题又产生了，30多个省份高教彼此

[1] 美国大学发展起源于建国前的东北部13个殖民地。这13个殖民地是由受过良好的世俗和宗教教育的欧洲移民建立的。17世纪初大量欧洲移民纷纷涌向北美，今天美国的东北部成为聚集区。1636年哈佛大学就创办起来，之后大学陆续增多，使当时13个殖民地人口受教育程度超过了英国本土人口的受教育水平。到1776年美国建国时，这13个殖民地的250万人口拥有9所大学，即哈佛大学、耶鲁大学、玛丽学院、宾夕法尼亚大学、普林斯顿大学、哥伦比亚大学、布朗大学、鲁特盖斯大学、达特茅斯大学。美国大学第一个密集发展区域就从这13个殖民地开始，这里的大学成为后来美国大学衍生发展的母体范式，也广泛地影响了世界。哈佛大学随着移民到来的快速创建，西进运动开疆拓土时大学紧随政府成立而创建，社区学院随技术劳力需求及时兴起，这些都表明，美国大学与社会相适应发展能力和特点很强。

独立、分割发展。计划经济遗留的各省大学重复同构、资源浪费问题还没彻底解决，新的“诸侯割据”、重复投入问题又产生了；另一方面，各省内部“大一统”管理，缺乏有效针对性，比如让苏南、皖南、呼和浩特等地的大学服务全省（区），鞭长莫及，空间溢出很有限。所以大学群同城化发展有利于缓解当前“块块分割”发展局面，使大学群成为跨省合作的节点。

第二节　城市群地域大学群同城化发展目标：均质发展

从空间范围来说，大学群同城化发展成员包括大学群辐射圈以内地区的全部大学。大学群同城化发展的核心目标是促进大学群“均质发展”，而大学群均质发展的主要表现是大学群发展具有政策环境一致性和发展机遇均等性。大学群均质化发展并不是要消除大学个性，而是要实现在均质政策环境中彼此更多地交流合作、资源共享和公平竞争。

一、城市群地域大学群自然集合体的均质与非均质性

大学群自然集合体具有均质和非均质双重属性。说它有均质性是因为它具有同区位、同文化和同历史的特性；说它有非均质性是因为同一地域的大学群，主要指省际或国际城市群地域的大学群，由于行政分割，使同一城市群的大学分属不同省市或国家，在不同的财力、物力、制度和管理作用下，大学群呈现出非均质发展特点。所以，产生大学群同城化发展政策战略的源头有两个，一个是它的均质性，这是大学群可以同城化发展的先天基础。另一个是它的非均质性，这是它有同城化发展的必要，没有以城市群为基础的大学群行政割裂也就不必做同城化发展的努力了。大学群同城化发展就是要以先天均质条件为基础，通过人为努力消除或降低大学群一体化发展的行政障碍，促进大学群资源均质流动，推动大学群均质做强，均质化发展是大学群同城化发展的根本目标，这不是均质贫弱，而是均质强盛。所以，大学群同城化发展主要是以均质的政策环境保持城市群地域内的大学和人才发展机遇平等，人才流动自由。

二、城市群地域大学群同城化均质发展方式

大学群四项使命协调发展关系、功能的“三环”匹配发展关系、内循环互动与内外循环互动发展关系，都反复强调内生发展是基础，是大学群核心竞争力，外部发展是内部发展的动力来源和能力表现。对于大学群同城化发展来说，对内外发展关系的支持作用体现在“三维均质发展”方面，即大学群同城化功能匹配发展、同城化互动和开放发展，使大学群功能匹配化、互动化和开放化发展在原有基础上获得新的同城化推动力量。

（一）同城化功能匹配发展

大学群与城市群功能“三环”匹配发展的一个重要前提是“大学集群，整体发展”。如果大学群不能以共同体状态整体发展，那就会出现两种不利：第一，可能引发城市群 “三环”功能划分混乱，主体行业、发展性行业和潜力行业的功能划分也支离破碎，使大学群与城市群功能匹配失去科学和准确性，直接导致大学群功能匹配化发展的调整决策错误。第二，可能引发大学群专业方面的“三环”配置混乱无效而误导专业调整。所以，大学群同城化发展不仅为大学群功能匹配化发展明确了空间范围，而且还提供了整体均质的人文环境保障，为大学群制定统一的功能匹配化发展政策铺平了道路。

（二）同城化互动发展

大学群互动化发展基础是大学与城市群机构之间的资源流动，分为内部资源循环互动和内外资源循环互动两个系统。资源流动性越强，流动速率越高，表明大学群互动化水平越高。同城化发展与互动化发展相结合，就产生了同城化内循环互动和同城化内外循环互动。内循环互动如果得到同城化平台支持，则它可获得无障碍均质发展机遇，这是一种最佳，甚至是理想状态。这种状态随着我国城市群一体化发展规划的具体落实和大学集群发展水平提高，大学群完全有可能、有机会走出一条一体化发展道路，这会更加活跃同城化内外资源循环互动，支持大学群创造更多的对外集群竞争的机遇。

（三）同城化开放发展

同城化开放发展就是城市群内部的大学与大学之间、大学与社会机构之间，消除省际界限而达到自由合作、公平竞争的状态。一方面有助于大学群所在区域内部社会机构之间互补合作，另一方面，对外又具有整体影响力。总之，同城化的功能匹配化、互动化和开放化发展使大学群凝为一体，对内进行内生创新、特色和优势化发展，对外大学群则表现出集体竞争的整体影响力，保证了大学群各项使命协调发展。

第三节 城市群地域大学群同城化发展动力与调解因素

大学群同城化发展有阻力也有动力，积极加强调节因素建设，克服阻力，强化动力，才能使大学群在同城化发展支持下，获得功能匹配化、互动化发展的更大效益。首先要弄清楚大学群同城化发展的动力、阻力和调节因素是什么以及它们之间的关系。

一、大学群同城化发展的主要动力

尽管大学群同城化发展存在一定阻力，但无法改变大学群同城化发展脚步。城市群改变了人类经济发展模式和生活方式，大学群也必然会对大学发展方式产生重大影响，城市群大学同城化发展就是这其中的一个重要部分，推动大学群同城化发展的社会动力也完全是从社会需求和城市群民众的实际利益出发的。

（一）地方政府主导，区域共同利益驱动

国内与国际区域发展是大同小异的，世界上无论欧盟、东盟、阿盟以及正在形成的南美洲国家联盟，所有这些共同体，都是以谋求共同发展利益为基础的。彼此互补，相互开放，减免关税，建立统一共同市场。一国之内狭小城市群中的各城市间也存在着彼此土地、矿藏、产业、技术和人才等方面的利益互补关系。结为区域共同体，有利于城市群的科技、教育、文化、经济等连片发展，分工协作、降低成本，产生国内和国际规模化影响力和竞争力。所以，在区域共同利益驱动下，城市群各相关地方政府无不看好区域经济一体化、大学群同城化发展。正是这种利益驱动，我国2008年以来，城市群一体化发展规划接连不断地出台。大学群同城化发展可以成为城市群一体化发展的一部分或者是它的第一步，为城市群后续社会经济一体化发展率先奠定科教和人才基础。所以地方政府为了城市群共同利益，它们是推动大学群同城化发展的重要力量。

（二）中央政府主导，国家整体利益驱动

城市群对国家的核心战略地位及它们对主体功能区整体战略的枢纽作用，使城市群对国家具有"激活一点，带动一片"的地缘战略价值。从国家整体利益角度，城市群及相应的大学群必然会引起中央政府的高度重视，从东部优先发展到西部大开发，再到东北振兴和中部崛起，我国地缘发展战略已经取得了巨大成就，未来地缘发展战略的中心点就是以城市群为中心的主体功能区发展规划，大学群同城化发展将是我国新的地缘发展战略的重要组成部分，其价值正如瑞典政府在工作白皮书中所明确的："高等教育的核心作用是区域发展引擎"[1]，从这个意义上讲，中央政府具有推动大学群同城化做强的强烈愿望，这不但有利于大学群分散崛起，更有利于提高我国高等教育的国际竞争力。所以，中央政府从国家整体利益角度将成为大学群同城化发展的又一核心动力。

（三）公共管理机构主导，民生利益驱动

一般来说，越是土壤肥沃、经济繁荣的地区，历史上政治集团纷争就越频繁、越厉害，给后世遗留的行政区划也越琐碎，美国东北部、西欧、南欧、巴西东南部和我国长三角、珠三角等城市群都有历史形成的这样特点，狭小的城市群行政区，界限交织，给民众带来了生活的极大不便，尤其对于今天高度市场化的社会，对物流和信息高度依赖，区域壁垒使生活在本来连续的城市群中的人们失去了更大空间的公平竞争发展机遇。"过去学问都掌握在少数精英手里，他们制定什么制度就是什么制度，现在不一样了，平民也接受了大学教育，他们会对你

---

[1] TRYCKERI R.Stockholm regional growth for work and welfare[R].Proposition ,1997/1998:62.

制定的社会制度提出异样的看法”❶，比如我国长三角城市群，几百公里范围内就有苏、浙、沪、皖四省市交界，行政壁垒使城市群范围内与大学有关的自由求学难、自由就业难、自由转岗转职难、自由就医保障难等重重民生问题。所以，从民生角度，百姓希望获得更大的自由流动、公平竞争与发展的机遇和空间环境，大学群同城化发展正具有这种加快社会民主、民生进程的意义。为了实现这样的目标，代表公众利益的教育、人事、社保等公共管理部门，它们有支持配合大学群同城化发展的内在需求。

（四）大学管理主导，品牌利益驱动

2010年，我国普通大学数量达到2600多所，其中地方大学有2500多所，是1990年的2.4倍，是1978年的4.4倍。❷我国大学在量的积累上创造了历史新高，未来可以预见的是，我国大学主体基本形成了“部属”与“地方”两大院校阵营，部属大学目前综合实力总体强于地方大学，未来必然有相当一部分地方大学（“211工程”大学是地方大学的第一梯队）志在赶超部属大学，要跻身我国大学第一方阵中，向世界知名大学看齐。可是，我国地方大学经过十几年发展，现在基本进入了一个发展瓶颈状态，它们日渐受到生源、资金、师资、科研项目等综合因素所局限，很难有大突破，大学群同城化发展可以为地方大学打开一扇窗，使它们有机会在更大范围内遴选生源、交流师资、参与科研，它们有机会在我国高等教育新一轮靠质量、品牌为核心的比拼厮杀中站稳脚跟。我国大学群发展也的确需要个别大学崛起，从而带动大学群整体崛起，经济学把这种整体活跃效果称之为“反鲶鱼效应”。

二、城市群地域大学群同城化发展的主要阻力

从管理角度看，大学群同城化发展阻力主要来自城市群公共管理阻力和各大学的个性差异阻力。内容上主要可以概括为组织阻力、资金阻力、制度阻力等，很复杂，但无论怎么复杂，问题关键都在于利益分配和大学个性文化的冲突上。

---

❶ OECD. Higher education and regions:globally competitive, locally engaged[M]. [s.n.], 2007:63.

❷ 数据来源：根据《中国统计年鉴2011》和《中国教育统计年鉴1979》《中国教育统计年鉴1991》整理。

（一）强城与弱城之间：单边剥夺

自然集合体状态下的大学群和城市群都很难得到均质优化发展。城市群内部区域间的自然资源和自然环境差异本来就很小，几乎可以被忽略，但由于不同的行政区域管理所造成的差异是巨大的。强城与弱城差异分明，甚至还有可能出现强化或弱化发展的“马太效应”，就是强城更强，弱城更弱，造成这种效应的主因是城市群内部各城市行政分割，管理封闭，政策制度有差异，于是出现了集聚—溢出的“单边效应”，就是强城过度集聚，弱城过度溢出，这种现象也可被看作是“城市剥夺”，就是“大城吃小城，小城吃村镇”，层层利益“盘剥”。在大学群同城化发展谈判中，强城不乐于与弱城分享自己的优势，认为同城化发展会增加它们自己的发展风险，它们甚至更乐于长期保持这样的高低不均衡发展状态，以利于它们从弱城身上获得更大更多的低成本或零成本“盘剥”利益，这就是城市群内部强弱不平衡造成的单边剥夺阻力。在这样的情况下，弱城要与强城共同结成大学群发展共同体，当然就会利益纠葛繁复，谈判阻力重重。

（二）强城与强城之间：双边竞争

多核城市群在同城化发展谈判中，包括大学群同城化发展磋商中，通常都会出现强城与强城之间竞争的问题。我国许多大学群一体化发展都可能出现这种情况，因为它们已形成了自己卓有成效的发展政策体系和特色，加上同处一个城市群，实力相当，近邻之间彼此竞争发展历史已经很长了，所以在大学群同城化合作发展磋商过程中，竞争多于合作，利益和权力权衡、领导地位权衡等因素较多，在前景利益不明朗的情况下一般都不肯先让步，在小问题上争执不下的现象时有发生。可见，从政府层面，强城较多的大学群，要达成同城化发展意向更不容易，甚至有时即使达成了协议，也是表面协议，很难有实质性合作进展。

（三）中水平城市之间：多边离散

在城市群当中，有的城市群没有明显的中心城市，而是由多个中等发展水平城市组合而成，比如我国黄淮城市群就基本具有这样特点。一般来说，中等发展水平城市的非资源型经济发展水平不高，工业集群化程度和大学发展水平也不高。但是它们的发展潜力大，正处于城市化粗放发展的膨胀期，增长率较高，集约化发展、高附加值创新发展还没提到它们的议事日程，还不具备彼此分工合作的凝聚力，这种强烈的多边自主发展环境，使城市群优势离散、特色离散，大学群优势和特色也不容易集中。中水平城市之间对大学群同城化发展的热衷程度，远不如强城与强城或强城与弱城组合在一起的城市群。所以，无核心城市群的大学群同城化发展容易出现效益低下，合作不积极，组织管理不得法等问题，使它们对大学群同城化发展兴趣更低，甚至流于形式。

（四）城市群大学之间：狭隘的个性文化阻碍

即使城市群政府达成了同城化发展协议，各个大学在自身文化保持和提高过程中，也会对大学群同城化发展表现为“有限合作”或“合作中抵制”。这种现象在一定情况下，是合理的，因为大学本来就是个性文化实体。可是，当“消极抵制”发展到无法共生，丧失合作意义时，大学的个性文化就沦为戕害大学群同城化发展的阻力。每一所大学都是大学群同城化发展网络上的一个节点，在总共几十个节点的网络上，出现了若干个合作“死点”，无论这些“死点”是大学群中骨干大学，还是普通大学，都意味着大学群同城化发展质量深受影响，面临名存实亡的危险。

三、城市群地域大学群同城化发展的调节因素

事物之间的因果关系通常情况下都不是直接发生的，而是经过中间因素加以调节才完成的，心理学将这种因素称之为“调节变量”，日常情况下可以称之为“调节因素”。调节因素发挥作用的质量和效率对因果成就影响意义重大。大学群同城化发展，从政策目的到政策绩效，最重要的调节因素是组织和人才发展保障，需要得到充分重视和运用。

（一）大学群组织

大学群同城化发展阻力中，无论是单边剥夺、双边竞争、多边离散还是个性文化保护，主要围绕的是“同城化发展有什么利益”和“利益如何分配”的问题。大学群同城化发展从开始到发展都离不开大学群组织的宣传教育、组织

领导和制度建设，没有大学群组织的轴心作用，大学群从自然集合体向组织共同体转型就不可想象，要产生同城化竞争优势就更难。所以，大学群不但要有组织，还要有积极的组织协调作用，这才能把大学群同城化发展阻力扭转过来，推动大学群整体功能匹配化、互动化和开放化统一发展。可是，大学群同城化发展组织，是什么样子，它该怎样形成？在前文关于“大学群从自然集合体向组织共同体转变”一章中已经探讨过，我国大学群需要多样化的组织模式，以实效为重。

（二）人才发展保障

人是生产力中最活跃的因素，大学群发展的关键调节因素是城市群范围内的人才均质培养和均质流动。所谓专门人才均质培养是指城市群范围内的中等教育毕业生享有均等的大学入学选择权，大学群对整体专业进行整合，使各大学间相同专业的人才培养模式个性化特色增强，人才质量差异减小，大学群专业人才的整体竞争力更强，当然高等教育公平也是实现大学群内部人才培养质量均质发展的重要路径。所谓人才均质流动，它一方面表现在大学生入学有更宽阔的选择大学的空间、机会、自由度和开放度，另一方面表现在高校毕业生在城市群就业空间选择上有广泛自由性。专门人才均质培养水平和流动性越高，人力资源所带动的其他社会资源流动和科技创新均质化发展程度也越高。无论是大学群的学生在城市群范围内平等就学还是自由择业，都需要有同城化人才发展保障机制，包括保障城市群的大学生自由择校、公平竞争入学的权利，统一或无障碍衔接跨省劳动力社保、医保、人事、户籍、通信等方面因素，用保障机制促进大学群均质发展水平，最大可能地为城市群人才发展、就业和创业创造自由、平等的人文环境。

四、城市群地域大学群同城化发展的调节原则

大学群同城化发展有动力也有阻力，那么大学群同城化发展需要以怎样的原则去对大学行为作出判断，或者制定相关政策来保证大学群同城化均质发展呢？综合起来大致有以下几个原则。

（一）最小伤害原则

城市群地域大学群同城化发展是以均质发展政策和人文环境为基础的，无论城市群还是大学群，也无论与城市群相关的背后各省及其大学，同城化发展所要确立的是这些组织可以共同遵守而可以获得更大利益的共同制度体系，大学群运行也的确存在“共同利益发展”特点。为了能够同城化共赢，分享更大利益，无论制定同城化发展政策还是大学群实际运行，都应该本着“合作共赢”的态度和目标来开展工作，即使遇到矛盾冲突，也应该通过协商，尽量做到各方利益损失最小，实在无法避免的损失可以通过补偿手段来弥补，这样才能调动各方积极性，实现大学群同城化长远发展。

（二）整体利益原则

不同城市群承载国家竞争力的责任不同，特别是我国实行主体功能区规划以后，优化发展区、重点发展区与禁止和限制开发区的枢纽城市群承担的核心竞争责任更有明显差异。因此，国家发展战略有一定权威性，这是任何主权国家所共有的特点。地方利益固然很重要，但不可能凌驾于国家利益之上。比如对于我国来说，主体功能区和城市群一体化发展就是我国未来相当长时期的国家发展战略，在国家战略框架下地方政府有权力对大学群因地制宜地实行同城化发展策略，用这种方式实现国家利益与大学群利益协调一致。当大学利益与大学群整体利益、国家利益发生冲突时，大集体利益占有更高地位，需要对个体利益给予一定补偿，以实现国家利益与局部利益和谐发展。

（三）竞争发展原则

大学群同城化发展固然强调协调与合作，但大学群同城化发展只是全球化和市场经济大环境的一个“细胞”，它不可能脱离当今世界合作与竞争发展的主旋律，优胜劣汰的丛林法则对于同城化发展的大学群也同样存在。市场化发展原则所崇尚的是公平透明地竞争与合作发展，并不意味着大学就完全市场化或企业化发展，只是把市场化精神借用到大学群发展管理中来，为大学群创造自由协作、公平竞争、充满活力的同城化发展环境，在这样环境下，大学群因地制宜，百花齐放，特色各异地发展。

第四节　对我国城市群地域大学群同城化发展的政策展望

大学群从自然集合体向组织共同体转变的重要目标就是实现大学群同城化发展。但这需要过程，胡佛曾提出“最实用的经济区域划分应当符合行政区划的疆界”❶，大学群系统边界的确定也以与行政区疆界一致为最佳，这是大学群发展的理想状态。事实上，大学群同城化发展不是要改变行政区划，而是在现有行政区划基础上，依靠政府合作实现同城化均质发展，我国大学群可以在以下方面有所尝试。

一、建立“大学群联盟发展指导机构”试点

大学群组织模式多样，但政府牵头行动十分必要，我国可以选择部分城市群先行探索试验，总结经验，为其他城市群起到示范作用。比如，长三角大学群，中央政府出于对这一大学群和城市群发展的重视，可以考虑苏浙沪皖大学一体化统筹发展，设立官方的大学群管理机构，相当于一个苏、浙、沪、皖大学区，在不把长三角统一设置为一个大行政区的前提下，既可以避免过多的行政纠葛，又可以把长三角城市群及其周边地区高教资源统筹分配。中央政府与长三角相关省市政府联合起来推动长三角城市群大学合作发展，当然苏、浙、沪、皖四省市政府也可以自主联合，采用官方或半官方组织方式，由政府牵头成立“大学群联合发展指导委员会”，把行政与资金、项目杠杆结合起来运用，引导大学群同城化发展。当然，最好把大学群发展指导委员会作为城市群一体化发展机构的一部分，这更有利于大学群与城市群功能匹配协调发展。

二、设立“一站式”大学群创新服务中心的试点

设立的城市群大学创新服务中心，集信息咨询、合作洽谈、事务办理、科技产品交易、产业孵化等综合功能为一体，有“一站式”特点，有利于城市群机构

---

❶ 艾德加·M·胡佛，弗·杰莱塔尼.区域经济学导论[M].郭万清，等，译.上海：上海远东出版社，1992:220.

养成“科技问题找大学”的合作发展习惯，增强大学对城市群机构和人们的影响力。目前，北京海淀区中关村基本担负着类似科技服务中心的职责，最近也设立了“一站式”知识产业办理机构，但这还仅仅是一个产业园区的举措，不属于明确的“大学群创新服务综合枢纽”。在服务中心基础上，创建信息平台，共享大学群课程、图书资料、创业就业信息、大学社团活动、大学生发展论坛等综合信息。一个实体“中心”和一个虚拟“平台”，把大学群与城市群连接在一起，把城市机构与大学师生连接在一起，促进大学群同城化信息交流，提高均质发展水平。

三、建立城市群与大学群发展状况统计机制

城市群是经济、文化、教育、人力资源和科技等方面的中心，它的发展规划与决策需要以城市群或大学群翔实准确、全面综合的统计数据为基础。美国和欧洲都很重视城市群数据统计，我国城市群和大学群统计需要加强和系统化，包括对大学群与城市群功能匹配状况、互动状况、同城化及开放化发展状况，这对大学群政策决策与调整和城市群集约化、科学化发展特别重要。建议我国加强对包括大学群发展状况在内的城市群发展状况的综合统计，建立城市群与大学群地理信息系统数据库。

本章核心结论

城市群地域大学群同城化发展是世界普遍化区域发展的重要组成部分，对大学群功能匹配化发展和互动化发展有环境建设和推动作用，其根本目的在于实现城市群范围内高等教育均质化发展，并且城市群大学以整体组织形式率先突破城市群行政壁垒，为城市群经济一体化发展先打开一个先导缺口，实现城市群大学之间高等教育资源自由流动，为区域全面一体化发展、整体优势竞争发展打下科技和人才基础。虽然城市群大学同城化发展需要有中央政府、地方政府、民众和大学等多重力量的推动，但思想、组织、资金、利益、管理等方面的阻力也是显而易见的，具体表现为单边强势剥夺、双边强势竞争、多边离散发展等类型的大

学群同城化发展阻力，这严重影响到大学群与城市群共生发展和耦合集聚—溢出效益。所以，大学群同城化发展需要在利益最小伤害，国家利益为主、市场性竞争发展原则下，各级政府以官方、非官方、民间联盟等形式多样的大学群同城化发展组织模式，发挥大学群组织和人才发展保障等主要调节因素的作用，保证大学群同城化积极高效发展，当然，大学群同城化发展需要循序渐进。我国大学群发展政策，可以先在部分城市群设立大学群联合发展指导机构，进行前期试验，然后再逐步铺开；可以创建城市群地域大学群“一站式”创新服务中心；创建大学群综合信息平台及地理信息系统，从实体和虚拟两个层面把大学群与城市群统合起来，扎扎实实有所作为。

第九章　城市群地域大学群开放化发展

本章关键词：大学群；开放化发展；内开放发展；外开放发展；政策展望

历史和现实都已证明，20世纪是国家的世纪，21世纪是国际的世纪。典范的欧盟、快进的东盟、稳健的拉美南方共同市场（南锥体）、东非共同体，成功的南部非洲发展共同体（南共体），以及成长中的上海合作组织（上合组织）都表明世界区域化发展已成大势。在这样的大环境影响下，开放化发展必然成为每一所大学和每个大学群的属性。

第一节　大学群开放发展的核心特点：多元合作与竞争

大学群追求同城化的政策环境一致与发展机会均等。但是并不排斥竞争，而是要营造和拓宽大学群成员大学机构及相关人们在多元合作与竞争环境中自由、民主、公平地发展。开放化发展政策是“四维政策”中的基础政策，旨在推动大学群实现多元合作与竞争发展。

一、城市群地域大学群开放化发展的基本目标

“开放”一词的含义是与“封闭”相对应的，《辞海》对它解释的一个含义是“解除封锁、限制等”，另一个含义是“思想开通、解放”。由此可以判断，大学群开放化发展，从组织上，表示大学群与城市群内外所有社会机构之间可以依法保持“无限制”地自由交流与合作；从意识上，表示大学群依法具有改革创新的

权利。在不违背法律的前提下，大学群开放化发展意味着大学具有自由选择交流合作对象和创新发展方向的自主决策权。大学群开放化发展质量就是城市群大学之间自由宽松、民主和谐地交流合作，追求卓越的人文环境质量。大学群开放化发展的基本目标就是要努力为大学群发展来优化和营造最佳的有关高等教育的物质和意识流通环境，保持大学群与世界同步发展。

二、城市群地域大学群开放化发展的高级目标

决定大学群开放化发展质量的关键在于能否在公平环境下确立大学群合作与竞争发展的机制，合作与竞争是大学群取得开放化发展绩效的基本方式，也是大学群获得长远利益的两个基本主题，二者相互依赖，相互促进，共同成就了大学群活跃的发展状态。

（一）合作是城市群地域大学群共赢发展的主题

所有大学群都是合作与竞争、共赢与博弈并存的共同体。只讲合作不要竞争，或只讲竞争不要合作的大学群，都是不科学的。引导和调动大学群广泛合作与公平竞争相兼顾，这是大学群组织管理的重要任务。大学群科技实力有相对稳定性，相对稳定的科技实力又决定了大学群在开放化发展中合作对象具有相对稳定性，不同大学的不同发展使命倾向决定了它们各自有自己相对稳定的合作群体。

（二）竞争是城市群地域大学群博弈发展的主题

在全球化、市场经济环境下，竞争是必然存在的，大学群需要通过各种激励手段，营造竞争发展氛围，发挥“鲶鱼效应”，激活大学群的各大学之间、同类专业之间竞争发展氛围。大学群内部只有敢于让个别大学的优秀专业“吃掉”其他院校的低劣院系，或者尊重民众对教育市场选择的力量，迫使低劣院系“关门”，大学群的专业才会得到优化和整合。可是如果过分强调竞争，达到垄断状态，相当一部分地方院校就会陷入无法挣扎和崛起的境地，过犹不及，既要激励竞争，又要调控和保持市场化整合有度。

第二节　城市群地域大学群内外开放发展的辩证关系

大学群开放化发展类型多种多样，有内开放与外开放发展、匹配性与不匹配性开放发展、组织性和非组织性开放发展、实体开放和虚拟开放发展、边境开放和内陆开放发展等（见表9.1）。无论哪一种开放发展形式都在完成着大学群“四项使命”发展目标，只是各自效率和效益有所不同而已，其中内外开放化发展是最基本的类型。

表9.1　大学群开放化发展类型

	匹配性开放	不匹配性开放
内开放发展	匹配性内开放发展	不匹配性内开放发展
外开放发展	匹配性外开放发展	不匹配性外开放发展

一、内开放发展与外开放化发展的辩证统一关系

（一）什么是内开放发展与外开放发展

根据资源流动方向，可将大学群分为内开放发展和外开放发展两种类型。大学群与辐射圈层（周边省份所辖的城市群近邻区）以内社会机构的交流合作，被称为内开放发展。大学群与散射圈层（城市群周边省份辖区以外的区域）的社会机构的交流合作被称为外开放发展。大学群内开放发展包括大学与大学之间的彼此开放发展（大学行业内开放发展）和大学与城市群机构之间的开放发展（大学行业外开放发展）。大学群外开放发展包括国内的外开放和国际的外开放发展两类。

根据大学群与城市群功能是否匹配，可将大学群内开放发展分为匹配性内开放发展和不匹配性内开放发展。如果大学群的专业设置、人才培养和科学研究在结构、规模、质量等方面基本能与城市群发展功能相适应，就是大学群功能匹配性内开放发展。如果不具备这种功能匹配关系的内开放发展则成为不匹配性内开

放发展。功能匹配化发展是大学群有组织发展的基本目标，所以，如果大学群与城市群功能有较高匹配性，则大学群内开放化合作规模和质量更高，如果功能匹配性较低，则合作共赢的机会和效益就较低。所以，内开放发展是大学群开放化发展的根本，而功能匹配化内开放化发展才是更高效的内开放发展，是大学从自然集合体向组织共同体转变及长远发展的努力目标，功能匹配化发展是大学群开放化合作发展的基础。当然外开放发展中也存在匹配性和非匹配性外开放发展，匹配性外开放发展效益高，非匹配性外开放发展主要是一般性交流，合作效益较低。

一般来说，大学群匹配性内开放发展程度越高则大学与大学、大学与城市群机构之间资源流速越快，互动效率越高；匹配性外开放程度越高则集聚与溢出平衡发展效益越高，既有利于大学群整体质量提高，汲取外来信息和资源，又有利于对大学群以外地区产生更大的辐射影响作用；不匹配的内开放发展程度越高，大学群的高等教育资源外溢流量会越大，越有必要促进大学群与城市群向功能匹配化发展方向转变。不匹配外开放发展程度越高，则大学群高等教育资源对外合作机会较少，大学群汲取城市群外部高等教育资源的能力较弱。我国中西部大学毕业生、研究生长期流向沿海城市群，使中西部区域高等教育收益入不敷出（我国东部和沿海发达地区吸纳了全国64.7%的应届大学毕业生就业[1]），功能不匹配性内开放化发展是造成这一问题的重要原因。对于大学群整体来说，功能匹配性开放化发展比不匹配性开放化发展效益高，但是匹配性内开放化发展比匹配性外开放发展更有长远战略意义。

（二）内开放发展与外开放发展的辩证统一

大学群内与外开放发展是紧密相关、相互配合、区别又统一的资源要素循环系统。内开放发展是根本和主体，外开放发展是辅助。只有在特殊的加速追赶、缩小差距情况下，外开放发展才会发挥短暂的主体作用，为内开放发展更快地获得外来先进信息和资源，以求大学群尽快突破瓶颈而有较大跨越，但不会有多久，内开放发展就会回归到主体地位上来，所以内开放与外开放发展是主次分

[1] 赵雪.我国高等教育及就业人口布局不平衡[EB/OL]. (2010-08-18) [2011-11-18]. http://www.stdaily.com/kjrb/content/2010-08/18/content_220063.htm.

明、各司其职、相辅相成、不可分割的，是“两点”和“重点”的统一。

内开放发展质量决定着大学群功能匹配化、互动化发展质量，决定着大学群的城市群地方使命发展质量和大学个性化使命发展质量，是大学群内生创新发展、优势特色发展、核心竞争发展的关键。外开放发展是为内开放发展提供外部动力的渠道，外开放发展质量决定着内外互动发展质量和大学群国家国际使命发展质量。大学群内外开放发展需要兼顾，片面追求外开放，而忽略内涵发展，或片面追求内开放，对外部需求不予关注的单一做法对大学群发展都是不可取的，可能要么红火一时，要么被外界边缘化，大学群没有可持续前程。总之，大学群内外开放发展关系不能模糊，不能本末倒置，否则大学群就迷失了发展方向。

大学群资源流动主要包括人力、资金、信息、知识等方面要素的流动。大学群开放化发展时资源要素流动主要存在三种情况：当内开放资源流动速率过强时，大学群处于强烈的内聚状态，溢出影响力相对较低；当外开放资源流动速率过强时，大学群外溢旺盛而内聚不足，内开放发展滞后引发了后劲不足，容易出现繁荣景象“昙花一现”，不可持续发展的现象；当内开放资源流动速率强于外开放资源流速时，内开放发展居于主体状态，大学群处于功能匹配化的优势特色发展和健康的耦合集聚—溢出发展状态。

二、大学群内外开放化发展效益在不同大学身上的不同表现

大学群开放化发展的一层含义是大学群整体有组织地开展内外开放化发展活动，另一层含义是大学个体开展内外开放化发展活动。对于一个大学群整体来说，内开放发展是根本性的，外开放发展一般居于从属地位。而对于具体某一所大学来说，情况会有所不同，内外开放发展并不是均匀地体现在每一所大学身上，有的大学以内开放活动为主，资源内循环活跃；有的大学以外开放活动为主，资源内外循环活跃。这是因为不同大学的能力、举办者及社会关系网络不同，承担城市群内外的人才培养、科研项目任务也不同，有的大学经费主要来自城市群内部，有的大学经费主要来自于城市群外部。

一般来说，越是研究能力强或专门化水平高的大学，对外合作能力越强、机会越多，尤其我国的部属大学，它们是城市群所有大学中拥有外开放资源最多和

能力最强的大学，是大学群内外高等教育资源流动中枢，承载国家或国际项目和人才培养任务多，是大学群中的国家和国际使命发展的大学主体。在它们身上，内开放发展规模所占自身的比例较小，但这不表明它们的内开放能力差，只是对于它们自身来说，内开放发展贡献没有外开放发展贡献高，而它们的内开放发展实际贡献可能还比许多地方院校大许多。地方举办的大学，一般比较突出教学和职业技术人才培养，所以多数大学的研究能力较弱，服务于地方发展，经费也主要来源于地方。对大学群来说，外开放发展比重大的大学数量需要与内开放比重大的大学数量保持适当的比例关系，研究型大学过多或应用型大学过多，失去了平衡，就意味着大学群内外开放发展关系失衡，大学群未来可持续发展就可能出现问题。

三、内外开放发展关系对我国城市群地域大学群发展的意义

（一）内外开放发展关系为大学群专业设置与调整提供了参考依据

当前我国大学群中部分大学的专业设置出现追求“高大全”或“小而全”、对热门专业“跟风”以及毕业生缺乏实践力和创新力等问题，很重要一个原因是由于不尊重内外开放发展关系而造成的，忽视了内开放发展为根本，忽视了对本城市群人才市场需求的评估和对本校办学实际状况的客观评价，盲目扩大对大学群散射区所需人才的供给，从而造成了大学专业设置重复率居高不下。特别是教育部颁布出台《普通高等学校本科专业设置规定》（1998）和《关于做好普通高等学校本科学科专业结构调整的若干意见》（2001）以后，地方大学自主设置专业的权力增加，如果对大学群内外发展关系不清楚，就会更进一步加剧专业设置和调整的主观性和盲目性，直接后果就是造成我国大学毕业生就业难、人才“相对过剩”、高等教育资源浪费等现实问题。

（二）内外开放发展关系为大学和大学群科研定位指明了方向

立足和面向本城市群及周边区域创新发展需求而开展科技研发工作，这不仅是本土化科研发展需求，也是大学群及大学成长需要。内开放发展主次关系要求大学群和大学在立项、制定研发计划时重视本区域发展实际，这会为大学师生赢

得更多成功机遇。所以，大学群内外发展关系对大学群人才培养和科研的区域特色和优势发展有重要指导意义，大学群内外开放发展关系的区别与统一，又提醒人们在重视城市群本土化创新研发的同时，不能忽视外开放研发合作，二者要兼顾起来，“重点”和“两点”相统一。

（三）内外开放发展关系为大学和大学群发展定位找到了依据

大学和大学群到底该往何处去？是面向全国“高大全”发展，还是“奋不顾身”地向国际化进军？这始终是困扰各大学的问题，所以在发展方向、目标定位上始终摇摆不定。如果大学发展定位模糊，则大学群的发展定位也就不可能明确，更无法做好长效规划。内外开放发展关系为大学和大学群明确了发展方向：全面加强与城市群功能匹配化、互动化、同城化和开放化发展，坚持内外开放发展相统一、“两点”和“重点”相结合。这为大学和大学群确定发展定位提出了一个基本方向和原则，有助于大学群的城市群地方使命发展、国家和国际使命发展及大学个性化使命发展协调共进。

总之，从大学群内外开放发展关系来看，我国大学群在改革开放初期属于外开放发展居于优势的追赶发展期，高等教育毛入学率快速上升、国际会议频繁、引进国外教育理论、课程等比比皆是。目前我国已进入了从外开放发展主导状态向内开放发展主导状态转型阶段，从高等教育大国向高等教育强国，从追赶发展向追踪和自主创新发展转型期。一方面，我国高等教育自身优势和特点正逐步显现，成为世界上高等教育规模最大的国家，为世界高等教育发展的经验贡献越来越多；另一方面，也处在新问题频发和发展抉择的艰难期、探索期和关键期。有效地处理好大学群内外开放化发展关系，无论对大学群整体还是对城市群大学个体发展来说，都十分重要。

第三节　城市群地域大学群内外开放发展的管理战略

大学群开放化发展是一项创造性的管理事业，需要通过管理手段来创建大学群合作与竞争性的开放发展环境，管理作用主要表现在软件和硬件两个方面的环境建设上。

一、城市群地域大学群开放化发展的硬件环境建设

（一）挖掘大学群地理区位优势

不同大学群的国内开放化发展与国际开放化发展优势是不同的，这与城市群区位状况、资源基础和发展状态是紧密相关的。临近国境的城市群很明显有更多机会与邻国开放合作，而且实实在在地会收到国际化开放发展效益。正因为如此，产生了多个跨国际的城市群和大学群，比如北美洲五大湖大学群与城市群、北欧厄勒大学群与城市群、欧洲西北部大学群与城市群等，特别对于国土狭小国家来说，国际化开放发展是它们行之有效的强国之路；而身居国土内部的城市群，根据它们的地理区位优势，同样可以寻求更多的大学群外开放发展机会。比如美国佐治亚理工学院面向美国南部发展大格局和南部都市圈快速发展背景来实施其创新研发战略；芬兰首都大学群面向大赫尔辛基城市群与国家创新发展署合作进行高技术产业孵化，使赫尔辛基城市群成为世界上孵化中心密度最大的区域，也是世界著名创新经济中心。

我国以西安、兰州、银川、青海为核心的西北大学群，以郑州为核心的中原大学群，以成都、重庆、昆明、贵阳为核心的西南大学群及以武汉、长沙、南昌为核心的中三角大学群，它们各自地理区位的核心地位都很显著，为它们创造了内外开放发展优势条件。所以，无论哪一个大学群如果要取得更好的开放化发展效益，需要首先实事求是地尊重自身区位特点，运用区位优势来提高大学群开放化发展效率，避免脱离实际地盲目跟风。

（二）挖掘区位势能为大学群发展补充动力

从区域经济学角度看，任何一个城市群的自然条件、资源分布、交通方式、人口状况、技术经济水平、人为发展政策等先天和后天因素都会组合形成当地特殊的区位势能（见表9.2），且不同城市群之间又会产生位势差。区位势能强的城市群相关大学群的开放化发展优势也强，反之则弱。大学群能否立足于自身区位势能，科学地挖掘本城市群区位资源，合理利用现存物质和人文条件与城市群联合起来改革发展，使大学群区位势能占据比较优势，这是大学群内外开放化发展

管理的基本路径，需要得到重视和实践。

表9.2　城市群位势差的主要表现因素

类　别	因　素
1. 绝对位势差（先天因素）	（1）自然资源禀赋差异 （2）人文资源禀赋差异 （3）城市化程度与经济总量差异 （4）地理位置与区位优势差异
2. 相对位势差（后天因素）	（1）产品商品化率和生产率差异 （2）人均收入差异 （3）市场条件差异 （4）技术创新效益差异 （5）企业与公共管理差异

（三）推动城市群地域大学群圈层交互，提高内外开放化发展效率

城市连绵区一般有多中心的特点，于是大学群也随之具有多个核心圈层、辐射圈层。通常情况下，大学群核心圈与城市群的首位城市总是匹配在一起的，这样一来，多核大学群的多个核心圈与辐射圈就可能交织在一起，交叉辐射，形成多核交互辐射的块状或带状地域。京津冀大学群双核交互，廊坊大学城就是一个重要的交互产物。另外，北京也有大学在天津设立分校，天津的大学开通了到北京的大学之间的往来巴士，这些都是大学群圈层交互作用的表现（见图9.1）。长三角大学群以上海、南京、合肥、杭

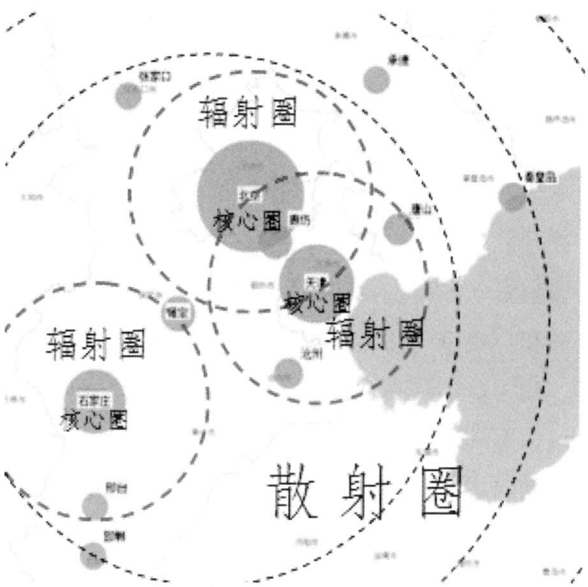

图9.1　大学群圈层交互作用示意图

州为内核交互辐射，形成了一个有世界一流潜力的多核交互的大学群；美国东北部波士华大学群也是典型的多核交互带。大学群“圈层交互”使其内开放发展效益倍升，外开放发展核心竞争力稳增。所以，大学群开放化发展管理需要有意识地推动大学群“圈层交互”，尤其与城市群产业集聚相结合，创造更大社会效益。

（四）建设城市群地域大学群高质量的专业群和专家群

专业和专家群实力是大学群内外开放化发展质量的硬件基础。专业质量首先表现在大学群专业与城市群功能匹配的结构状况上，包括水平结构和层次结构两方面，实际就是大学群与城市群是否做到了功能“三环”匹配发展，然后就是能力状况的表现，主要是专家群的实力。如果大学群云集一大批有影响力的专家，不但专家们成就卓越，以他们为核心的学术团队作用大学群对内外开放化发展也有积极推动作用，卓越专家在国内和国际科技组织中担任兼职角色越多，大学群的国内和国际地位、竞争力和影响力也越高。类似德国法兰克福社会学派（以法兰克福大学为中心）、美国芝加哥建筑学派、芝加哥社会学派及加州大学（伯克利）和麻省理工的工程专家群等。而且占据国际前沿的专家群具有相当长时期的传承和延续性，对大学群持续保持国内和国际影响有非凡意义。所以发达国家的区域发展从来都把打造专家群作为一个常规战略手段，这毫不奇怪。

另外，城市群基础设施建设，尤其是通信交通、自然环境整治保护等也是大学群开放化发展硬件环境建设的基础内容，特别对于我国这样的陆地广阔，“陆陆”集聚—溢出重要的国家，发达的陆空交通网、通信网和物联网，宜人的自然环境和与城市群功能匹配的大学群等基础设施条件，对大学群开放化发展特别关键。我国空港和高铁发展为大学群开放化发展提供了良好条件，目前已有175个机场，覆盖了全国91%的经济总量、76%的人口和70%的县级行政单元，“十二五”期间还将新增机场45座[1]，航空覆盖率和运力将更高。我国铁路1997—2007年先后进行了六次大提速，之后进入了全新的高铁时代，目前已有1.3万公里投入运营，是世界上高铁通车里程最长的国家，22个城市群的核心城市已经不同

[1] 谢玉婷.中国未来5年将新建45座机场[EB/OL].（2011-02-25）[2011-09-03]. http://quyu.news.chengdu.cn/content/2011-02/25/content_647686.htm.

程度地成为公路、铁路、民航枢纽中心，随着我国“7918”高速公路网，“四纵四横”高铁网[1]和1000公里以上快速航空网的加速建设，社会为大学群开放化发展提供的硬件环境会得到更高水平的优化。

二、城市群地域大学群开放化发展的软件环境建设

大学群开放化发展软环境包括自由、公平、透明的合作与竞争发展的管理理念，政策制度、组织文化、公民信念与素养等方面的完善和建设。这是一个长期渐进的工程，是持续创新工程和区域凝聚工程。大学群软环境是城市群软实力的核心内容，与大学群硬环境相比，软环境更具有“上层建筑”的宏观指导意义。

（一）在政府先导和主导下进行系统的组织建设

大学群软环境建设是国家创新发展环境建设的重要组成部分，要依靠政府先导和主导来建设它。政府是民众公共利益的总代表，没有政府对“蛋糕如何做大”的思考，而完全依赖民众自发形成集体发展意识，这样的效率会很低。世界上创新发展卓有成效的国家都是政府在其中发挥了最重要的先导和主导作用。芬兰是世界上最具竞争力的国家经济体之一，“芬兰奇迹”的创造得益于它是世界上第一个从国家高度构建创新体系的国家。国家研发基金（SITRA）、国家出口信贷的芬维拉公司（Finnvera）、芬兰工业合作基金（Finnfund）、芬兰贸易协会（Finpro）等支撑芬兰创新发展的四大基金公司，早先都是由政府投资创办的，20世纪50年代起，政府陆续卖掉部分股份，使这些基金公司成为半官方性质的融资服务机构，芬兰政府就这样实现了从先导到主导的转身。此外，瑞典完善的公共研发体系，日本“官产学研”有机联合，美国重视国民教育、人才引进和健全科技立法体系等，都堪称是世界创新发展软环境或大学群软环境建设的经典策略。

所以，在大学群软环境建设中，政府需要先导和主导，用“蛋糕做大”的思想引导社会和企业在“分享蛋糕”中创造公共利益。政府不但要有首创精神，还

[1] 2004年和2008年，国务院先后审议通过了《国家高速公路网规划》和《国家高速铁路网调整规划》，这是目前和未来我国高速公路、高铁发展的指导性骨架布局。高速公路由7条首都放射线、9条南北纵向线、18条东西横向线组成，合称“7918”网。高速铁路由京哈、京沪、京广深港、杭福深（四纵线）和青石太、徐兰、沪汉蓉、杭长贵昆（四横线），合称“四纵四横”网。数据来源于中华人民共和国交通运输部网站。

要从中央政府、地方政府两个层面建立立体化创新发展组织机构，政府的先导是为了长远主导，主导需要从先导开始，并以科学方式抽身和淡出，也就是说，政府先导、主导是基础，系统的组织建设才是保持大学群稳步持续创新发展的关键。

（二）在区域亚文化基础上建设区域现代发展新文化

城市群相近的地理区位、相似的历史和文化为大学群开放化发展软环境提供了以相同相近的文化习俗为基础的彼此理解和认同的初始凝聚力，这成为大学群开放化发展的重要基础。但一国之内，各大学群之间，除了因地缘文化特色和差异外，不同地域发展时机和境况又为城市群和大学群现代发展创造了新文化。

区域现代发展新文化是指在知识和技术主导下的非资源型经济强势发展时代，城市群和大学群面临机遇或发展需求的刺激和激励时，区域民众和政府对区域未来发展所形成的共同思想认识、前景信心、行为约束和管理规范等等，汇聚起来就构成了区域现代发展新文化。比如，北京经过改革开放后的国际化发展，特别是2008年奥运会的推动，北京形成了非资源型经济发展新理念，城市环境和产业结构发生了很大变化；再比如重庆和成都从西部大开发开始，它们的内陆中心城市群的现代化气息增加，逐步向高新产业中心转型，使今日成渝人民从生产生活理念到经营管理制度等方面都发生了巨大变化，逐步成为我国西南部现代化发展前沿和中心。受外部和内部双重因素作用，城市群和大学群现代发展新文化形成有早晚、速度有快慢、力度有大小、成效有高低。珠三角曾是我国改革开放起步的窗口，珠三角城市群与大学群的现代发展新文化起步早，接着是以浦东为龙头的长三角新文化崛起，然后是川渝、武汉、长株潭、中原等中西部重要大学群和城市群在“西部大开发”和“中部崛起”战略中新文化活跃起来。

此外，中国—东盟自由贸易区（CAFTA）、两岸三通等政治和经济环境变化分别激活了北部湾和海西大学群与城市群的新发展，而城市群一体化和主体功能区发展战略，将使我国城市群和大学群发展新文化有更大提高。国际方面也存在着发展新文化兴起的现实，当一个地区受国际环境影响或内生崛起时，那里民众的生活和工作节奏、态度、效率及社会管理水平都会有明显变化，比如受我国产业技术改造升级和劳动密集型产业转移的利好影响，东南亚的越南、柬埔寨、泰国、印度等国的出口加工业迅速兴起，现代发展新文化也同步兴旺起来。区域现代发展新文化对大学群发展有重要和积极影响作用，城市群和大学群需要抓住时机，二者积极配合才能取得良好效果，目前，我国山西、关中、中原、黄河三角洲、青海柴达木盆地等地区，正处于区域一体化发展和特色发展新文化起步阶段，需要各级政府、大学群和大学共同重视，顺势有为，不错过时机。

第四节　研究型与应用型大学的开放化发展职能

各国大学，根据职能比重大致可分为研究型、研究与应用型和应用型大学。研究型大学在校研究生比例一般大于本专科生比例，以科研职能为主；研究与应用型大学的教学与科研职能比例大体相当，在校研究生与本专科生比例也大体相当；应用型大学的教学职能突出，在校生以本专科生为主，职业技能教育是工作重心，专业设置灵活、贴近社会。根据各国大学举办者和经费来源比重，又基本可以把每个城市群的大学总体划为国立、省立和市立大学，综合起来，城市群大学类型就会更丰富（见表9.3）。

表9.3　城市群大学的主体类型结构

大学举办面向的地域空间	大学职能角度划分		
	研究型大学	研究与应用型大学	应用型大学
国家	国立研究型大学	国立研究与应用型大学	国立应用型大学
省域	省立研究型大学	省立研究与应用型大学	省立应用型大学
地市	市立研究型大学	市立研究与应用型大学	市立应用型大学

一、研究型与应用型大学互补发展

（一）研究型大学从外开放向内开放竞争与合作发展延伸

研究型大学是大学群外开放发展的主力军，对大学群开放化发展有领导作用，有能力促进和改变城市群创新发展环境。从世界普遍经验看，研究型大学在大学群中是外开放发展的主体，它们通常都是区域的名牌大学，但在全球区域化发展大趋势下，研究型大学逐步从以外开放发展为主向兼顾内开放发展转型，它们与城市群关系越来越紧密，并且日益担当起城市群创新发展的领导者角色，因为“大学研究质量与产业互动可能性成正相关关系”❶，大学群作为一个整体，在创新发展、优势特色发展过程中，又可为研究型大学创造更多的与城市群沟通合作的机会。

美国佐治亚理工学院（GeorgiaTech）以其精湛的科技研发力与佐治亚州政府、亚特兰大市政府及企业的创新发展愿望一拍即合。1990年，以GeorgiaTech为首的佐治亚六所研究型大学主动合作❷，利用州政府投资和私企战略研发投资，与产业界联合发起成立了非营利法人团体——乔治亚研究联盟（GRA），实施卓越学者计划（Yamacraw）、传统产业振兴计划（TIP）、高技术发展中心计划（ATDC）等一系列创新发展项目工程。GeorgiaTech对佐治亚大学群内生开放创新发展所发挥的领头羊作用是无可替代的，它用州政府“创新发展支持计划”初始投入的4亿美元（现在每年约投入200万美元），撬动了20多亿美元社会综合投资资金，现在每年仅ATDC项目就可以创收约20亿美元。❸把众多私人创投机构和政府创新支持机构吸引到了GeorgiaTech校区周边，形成了著名的“佐治亚理工科技广场”。GeorgiaTech从校长到学术单位，普遍投身到了随着外面世界发展的创新和创业活动中。“根据对美国164所大学对地方区域经济影响的评估，佐治亚理工学院是美国一枝独秀的创新型大学领袖”。❸所以，研究型大学在内外开放化发展中可以起到杠杆作用，它们是内生创新发展中心，也是大学群外开放发展的内外资源互动的连接纽带，它们有可能改变城市群创新发展的组织、资金及政策环境状态，但有实力的研究型大学能否站出来和站出来以后能否具备整体共赢观念是很重要的。

---

❶ MANSFIELD E, LEE J Y. The modern university:contributor to industrial innovation and recipient of industrial R&D support.Research Policy ,1996(25):1047-1058.

❷ 佐治亚理工学院（Georgia Institute of Technology）、佐治亚大学（The University of Georgia）、埃默里大学（Emory University）、佐治亚健康大学（Georgia Health Sciences University）、佐治亚州立大学（Georgia State University）、克拉克大西洋大学（Clark Atlanta University）。

❸ YOUTIE J, SHAPIRA P.Building an innovation hub: a case study of the transformation of university roles in regional technological and economic development. Research Policy, 2008, 37: 1188-1204.

（二）应用型大学从内开放向外开放竞争与合作发展延伸

应用型大学是大学群内开放发展的主力军。应用型大学最早起源于法国和俄罗斯等欧洲国家的建筑、航海、造船、勘测、矿业、军事等各种专门技术学校，这是人类高等教育史上有重大意义的人才培养分工的创举。可以肯定地说，应用技术人才培养和应用科学研究极大程度地提高了社会生产效率和集约化发展质量。到了现代，西方国家，尤其是西欧和北欧的技术学院发展更兴旺，且有了新发展，既不是纯粹的职业技术学院，也不是普通的理工学院，而是含有“工艺”和“职业技能”两方面因素，增加了“工艺创意”元素的教学和科研的大学，且进行应用型本科生和研究生培养。英国最新发展的工艺设计大学（universities of polythchnics），荷兰、芬兰、瑞典等国正加紧改革和建设的应用科技大学（universities of applied sciences）。应用型大学在各国的名称不同，但内容相近，比如英国的城市学院、法国的工程技术大学、德国的应用技术大学、美国的理工学院和社区学院、我国的职业技术学院等。把有限资金用在建设新型国际化应用技术大学，也是世界高等教育发展的一个新动向，甚至有些传统本科大学因为招生和就业困难，也在向应用型大学转型。应用型大学除了占据就业优势以外，它们还向高水平应用技术和工艺研究方向发展，所以，世界大学队伍中正在发生“研究型大学应用化、应用型大学研究化”的交叉发展趋势。应用型大学有从内开放发展向外开放发展扩展的趋势，与研究型大学形成了对应互补，对大学群整体来说，是内外开放化发展主次分明、和谐的一体。

我国城市群地域大学群的应用型大学主体是省立应用型大学（包括省部共建院校）和市立应用型大学，其中比例最大的是职业技术学院及农、工、医、师等行业专门学院。职业技术学院已经占据我国普通高校的半壁江山，未来的专门技术人才和工程技术研究将更深入，与社会发展结合更紧密。总之，应用型大学从过去到现在，从国外到国内，它们的功能日渐拓展，对国家核心竞争力的基础战略价值越来越大，大学群中的应用型大学开放化发展需要得到格外重视。

二、提高研究型大学与应用型大学开放化发展效率

（一）研究型大学开放化发展阻力与发展方向

研究型大学与城市群共生发展道路并不是一帆风顺的，特别对于我国城市群研究型大学多属于部属大学，行政隶属和经费来源都主要来自中央政府，这些大学与城市群地方联系相对较少。此外，学术、组织等方面都存在阻滞研究型大学与城市群功能匹配、开放互动发展效益成长，需要得到重视。

1. 发挥政府主导作用消除大学群与城市群认识障碍

一般来说，城市群政府、大学和企业等要达成创新发展共识并不容易，经常出现的问题要么是对共生利益认识不足、各自积极性不高，要么是实质性战略投入不到位，要么是有规划有投入但半途而废，连续性不够。发达国家创新发展的通常路径是“政府先导”，引领“社会组织共舞”，研究型大学发挥核心作用。政府先导包括组织制定创新发展规划，先期投入创立风险投资组织，重视把“产学研合作”作为城市群创新发展基本动力等。大学群发挥“智囊”作用，与社会机构和政府实事求是地制定出明确的“创新发展方案”，这是首先也是最重要的一步。美国各州最大的特点是各有各的创新发展战略计划，“美国50个州之间巨大的科技能力差距正是由于地方政府科技政策和经济基础的差异所致”[1]，政府是增强区域内聚力的主导者，比如佐治亚州着力打造电子通讯及相关产业链，加州重点发展电子集成、生物制药、机械和电子制造业等，马萨诸塞的生物制药业没有斐然成效，但它们目标依然明确。

2. 各部门协调努力消除研究型大学与城市群合作障碍

城市群所有创新发展相关机构都有各自专门工具，政府部门工具是政策和资金，企业部门工具是资金和应用转化，大学的工具是人力和研发的综合支持，社会研究机构的工具是专门领域技术支持。工具功能各不相同，各主体的工具运用技术也不同，这就是城市群创新发展技术鸿沟问题，政府、企业、大学等主体机

---

[1] GEIGER R L, CRESO. Beyond technology transfer:US State policies to harness University research for economic development[J]. Minerva,2005(43):1-21.

构把各自创新发展工具放在一个“篮子”里，由谁“提篮”总体协调？现实中，不同国家或不同城市群做法不一。国际普遍经验，一般是政府主导的居多，或者是政府支持和委托大学及其他专门成立的机构主导执行。不过研究型大学主导城市群创新发展是一种新倾向，它们在城市群非资源型经济发展中扮演的角色越来越重要和主动。

各国大学与城市群的行政归属关系并不一致，美国城市群大学完全是地方所属大学和私立大学，日本城市群大学包括国立、公立、私立大学，英国、法国城市群与大学都是合作伙伴关系❶，德国城市群大学则完全是地方所属公立大学。我国研究型大学一般都为部属大学，资金主要来源也是各大部委。要解决研究型大学与城市群行政联系障碍，需要城市群政府主动将国立研究型大学“平等”纳入大学群之中，给予它们平等参与城市群创新发展规划和实施的权力与义务，赋予它们对城市群发展的责任和利益，使这些大学慢慢调整内部机构功能，把支撑城市群研发创新和人才培养纳入大学发展机制之中，适应城市群创新发展需求。另外，需要城市群政府加强对城市群所属的二线研究型大学的学科建设，以缓解部属研究型大学压力，和提高部属大学与地方大学之间的竞争发展。正如马克思的精彩论断：“只有当一切民族都卷入竞争斗争的时候，保持已创造出来的生产力才有了保障”❷，虽然不能把大学完全置于市场化竞争状态中，但丧失了危机和自省意识，研究型大学也会陷入低迷懈怠状态，需要在竞争中活跃发展。

（二）应用型大学开放化发展定位与方向

职业技术与产业工艺是紧密相关的效益因素。市场经济就是创新经济竞争，而工艺创新是其中一个重要组成部分，换句话说，“现代工业从来不把某一生产过程的现存形式看成和当作最后的形式”❸，所以，马克思在论述资本与生产关系时反复提到“工艺”的重要意义。“工艺”是实用的造型艺术，它不只追求美

❶ 法国实行大学区制，一个大学区通常跨越几个省，大学区与大区是平级行政实体，政务分开，全国共有30个大学区，22个行政大区；英国大学自治性很强，并不隶属于地方政府，由大学基金委员会（UFC）和大学拨款委员会（UGC）具有第三方性质机构代表中央政府拨款，九大区对大学仅是咨询协作关系；德国大学由各州教育部主管和拨款，联邦教育部不管理高等教育，只是以项目资助方式影响大学发展走向。

❷ 马克思，恩格斯.马克思恩格斯选集：第1卷[M].北京：人民出版社，1995:107-108.

❸ 马克思.资本论[M].北京：人民出版社，1975:532.

的外形，更追求美的内质。人类生产劳动史就是一部工艺技术发展史，现代商业文明把“工艺”上升到了前所未有的创意产业和创新经济高度。这就意味着应用型大学在大学群和城市群发展中的价值地位也是继往开来，前所未有的。

1. 区域定位是应用型大学内开放发展的先天优势

应用型大学创办者一般首先是从区域视角出发的，应用型大学人才培养和科研与区域发展相适应基础强，区域定位性成为应用型大学的显著特点。20世纪60年代开始的产业智能化和区域经济专门化、集约化，对应用技术人才和工程创意研发需求，引发了世界范围的应用型大学创建和扩张高潮，至今不衰，北美、西欧、北欧、日本、韩国、我国等都是应用型大学发展的巨大受益者。“美国许多大学深入参与到社会经济中，它们不仅重视知识和学术的使命，而且承担着州和区域发展义务。”[1]州政府和区域社会捐赠成为美国大学经费的重要来源。卡内基高等教育委员会的《开放学院》一书集中论述了不断拓展联邦、州、地方、社区学院开放化合作，对课程管理、教师质量改善以适应区域社会需求。20世纪80年代以来，我国也创建了许多新的面向区域发展的职业技术院校、院系。

应用型大学明确区域定位下的专业设置、人才培养和科技研究，有利于大学群与城市群功能匹配化发展，也有利于应用型大学发展。城市群创新发展规划始终是各国应用型大学创建和发展的契机。我国最新的城市群创新发展规划和主体功能区规划将是应用型大学、院系和专业配置的重要转型期。丹麦的奥尔堡大学，德国的科隆应用科技大学、慕尼黑应用科技大学，芬兰的于韦斯屈莱应用科技大学，我国的天津职业大学、宁波职业技术学院等都是在城市群创新发展驱动下新建的充满活力的应用型大学。

区域定位性，显然对应用型大学与城市群机构合作极为有利，这种有利使它们比研究型大学更有内开放发展优势。但在看到它内开放发展优势的同时，还需要注意到我国同一城市群的职业技术院校因分别隶属于不同省市而存在院校、院系、专业重复设置的问题，不利于应用型大学集约化和高水平发展，也不利于应用型大学产生领军的核心大学。未来我国应用型大学院系和专业整合是大学群发展中的重要工作。

---

[1] OECD. Higher education and regions:globally competitive, locally engaged[J].[s.n.], 2007:52.

2. 灵活与前瞻性的专业设置是应用型大学持续发展的动力

专业设置是应用型大学竞争力和生命线，保持专业设置的灵活与前瞻性，才能保证应用型大学鲜活的生命力。所以应用型大学专业设置与调整应严格遵行四个原则：调查研究原则、学科轴心原则、区域定位原则、质量监督反馈原则。

（1）调查研究原则。

调查研究原则就是应用型大学的一切专业设置与调整需要以对大学群核心区、辐射区的人才需求及自身办学能力为依据，实事求是地调查研究，为准确做出适应本城市群人才需求的专业决策提供参考。调查包括大学群核心区、辐射区，也包括对大学群散射区，就是对城市群以外的国内、国际人才需求状况的了解，作为大学群应用型大学专业配置与发展的决策依据。

（2）核心优势原则。

核心优势原则就是应用型大学专业设置应该以本校优势专业为核心。一方面，发挥大学优势；另一方面，从大学群与城市群功能匹配的角度，确定本校核心发展专业，甚至要扶持成为本校优势专业。无论从哪一角度出发所产生的应用型大学专业，都应该是大学的轴心专业，在大学群中有优势、特色和竞争力。这样的大学才能实现个性化发展使命，也成就大学群具有城市群地方化发展使命。当这样的大学向“高精尖特”发展到一定水平，国内和国际竞争力也会日渐显现，外开放水平凸显出来。核心优势原则对应用型大学发展十分重要。

（3）区域定位原则。

区域定位原则是应用型大学专业配置和调整的基本准绳。根据大学群与城市群功能的“三环”匹配特点，使大学群中的应用型大学的专业整体得到主体性、发展性和潜力性的三个梯度的发展定位匹配。一方面保持主体功能专业相同的大学之间各有分工，各有特色和优势；另一方面保持发展性和潜力性专业在不同的应用型大学有分工调配，使大学群专业与城市群行业的功能需求在“三环”匹配基础上保持数量、质量和结构的协调匹配。避免了大学群专业重复设置的浪费，也避免了跟风追捧热门，最大可能地保持大学群专业链与城市群产业链相匹配。

（4）质量监督反馈原则。

应用型大学专业发展灵活性和实用性决定了大学群专业发展质量、规模状况需要持续不断地跟踪调查，及时反馈信息，保持畅通的反馈通道。特别有一部分应用型大学开办短期培训、非学历教育，没有市场监督和质量反馈措施，无法保证应用型大学发展质量。所以，大学群需要从整体发展质量出发，创建竞争发展环境，根据公众反馈、调查问卷等手段所获得的质量监督状况，及时勒令应用型大学整改，优胜劣汰，保证应用型大学和大学群持久生命力。

总之，研究型大学与应用型大学发展具有互补性，发展侧重不同。研究型大学是承载国家使命发展的高等教育核心体，一般来说，地方政府命令很少会对高水平研究型大学支持地方发展产生实质作用，而地方政府资金又有限；能像宾西法尼亚大学那样长期与周边城区和企业保持广泛合作的大学是不多见的。所以，如何把有限资金用在刀刃上，谋求研究型大学扩大内开放发展，支持应用型大学扩展外开放发展，实现大学群内外开放化发展科学统一，这是大学群现代化发展管理的实践挑战。

第五节　对我国城市群地域大学群开放化发展的政策展望

通过上述对大学群开放化发展所进行的理论分析，找到了一些制定政策的参考依据。关于我国大学群内外开放化发展需要做的和可做的事情很多，这里主要强调以下三点。

一、对领军大学做可持续发展的政策调整

“985”和“211”工程大学建设是我国向世界高水平大学进军，从“科教兴国”向“科教强国”迈进的重要举措。目前这两大工程又成为我国贯彻落实《纲要》中关于加快推进世界一流大学和高水平大学建设的重要内容。但两大工程第一阶段已经完成，教育部已决定两大工程院校数量不再增加。[1]今后将进入长期可持续发展时期，需要对“两大工程”院校可持续发展机制进行探索和政策调整。

[1] 袁贵仁.985与211已关门,改革要向地方学校放权[EB/OL].[2011-11-18]. http://news.eastday.com/c/2011lh/u1a5766981.html.

根据《“211工程”专项资金管理办法》（2003）和《“985工程”专项资金管理办法》（2010）规定，专款专用，要求把“211工程”资金用在重点学科建设项目、创新人才培养和队伍建设项目、校内公共服务体系建设项目；把“985工程”资金用在机制创新、队伍建设、平台建设（研究中心、实验室等）、条件支撑（基础设施、数字化环境等）、国际交流与合作方面。从各大学具体执行情况来看，“两大工程”资金历经10年多的基础设施和人力方面的硬件建设，已经具备了相当实力，有的大学硬件设施甚至超过了国外先进国家大学的水平。可是，软件方面，主要在创新人才培养、创新研究能力方面与国际一流大学差距巨大。

从世界经验看，多数国家倾向于研究经费集中使用，英国集中力量打造世界级的研究中心，三分之一以上的研究经费投入分配到伦敦和英格兰东南部；西班牙首都地区得到的地方科研经费投入优势大，美国优秀大学获得国家研发经费更多。只有少数国家，如瑞典、荷兰对科研经费均衡分配。所以，建议将“985”和“211”工程的中央财政拨款部分实行“二分制”，一部分继续用于重点院校硬件建设，另一部分资金（一定比例的）专款专用，支持各大学进行科技创新、研发和成果转化，打造重点大学或重点学科的科技内涵、创新内涵，增强它们在国内和国际相关领域的知名度、影响力和竞争力。

二、大学群设立“专业发展状况咨询专家委员会”

大学群内外开放发展关系表明，内开放发展对大学群和城市群具有内生创新的根本意义。而且研究型大学逐步从外开放发展向内开放发展延伸，应用型大学的专业具有区域定位性、灵活性和前瞻性。无论研究型还是应用型大学都对大学群与城市群相适应的专业发展状况需要有完整的了解，也希望了解本大学的专业设置与城市群需求的匹配状况和专业发展水平在大学群中的位置。建议城市群大学联合成立“大学群专业发展状况咨询专家委员会”，可以直接负责大学群专业配置状况的综合调研，也可以对第三方机构承担的专业发展状况调研工作进行监督、指导，或者由委员会对轮值调研的大学进行指导监督，定期发布大学群专业发展报告，为大学群与城市群互适发展提供整体信息，供各大学专业发展决策。

三、内陆边疆大学群实施“引领国际区域发展”战略

全球化背景和中华文化复兴对世界日渐提高的影响力为我国边疆大学群国际化发展提供了良好契机。内陆边界大学群根据内外开放化发展关系，可进行国际区域开放化发展，汇聚和利用邻邦的国际高教资源振兴大学群。松嫩、北疆、河套、西南、北部湾等大学群都有这样机会，但需重视以下几点。

（1）加强大学群功能匹配化发展，提高边疆大学群的优势与特色水平，促进边疆大学群内生创新发展。因为边疆大学群的优势特色与邻国相邻区域有功能相近性，我国边疆大学群具备高水平优势和特色会对邻国相邻区域的高教资源产生较强吸引力。

（2）尽管扩大留学生规模能够带来更多的经济效益，但边疆大学群需遵照《留学中国计划》（2010）及教育部对留学生相关管理规定，在重视规范和提高留学生招生质量的同时，加强对留学生学习过程的指导和服务，加强预科教育，提高培养质量，保持长远的国际声誉，提升国际区域责任感，有利于大学群今后可持续发展。

（3）汇聚国际区域师资队伍。目前我国在吸引海外人才方面仍然以留学生归国为主，真正意义上的外籍专家、学者来华执教和工作的人员比例仍有限，有影响力的外籍科学家更少。我国对发达国家精英人才吸引力不大，但对发展中国家优秀学者的吸引力很大，边疆大学群与邻国近地域和近似的文化，具有吸引邻国优秀人才的条件。创造良好的工作和生活环境，吸引邻国精英来我国发展，打造国际区域专家团队是边疆大学群强盛发展的路径。

（4）挖掘相邻国际区域的科技合作潜力，把边疆大学群打造成为国际区域高等教育发展中心。科技研究国际化发展也是当前全球化大势所趋，边疆大学群能否树立国际区域化发展理念，扩大大学群国际区域影响力、竞争力，与邻国城市群或区域政府建立友好合作关系，增加互信，外包国际研发项目，这对我国边疆大学群发展很有意义。我国中央政府对国际研发合作也大力支持，在《国际科技合作与交流专项经费管理办法》（2007）中对经费使用还做了专门规定。

本章核心结论

大学群开放化发展的中心内容是创造合作与竞争的交流发展环境。大学群开放化发展可分为内开放和外开放两个发展子系统，内开放发展目的是大学群与城市群共生发展和内生创新发展，外开放发展目的是保持大学群内外信息与资源交流。内外开放发展是辩证统一体，内开放发展是根本和主体，外开放发展是辅助和外部动力源泉，二者相互支撑，缺一不可，是两点论与重点论的统一。内外开放发展关系对大学群和大学发展定位有重要参考作用，也为大学群科学地功能匹配化、互动化、同城化发展提供了理论支持，明确了内生创新对城市群和大学群共生发展的关键与核心作用。但是，大学群内外开放发展状况并不是平均体现在每一所大学身上，研究型大学与应用型大学的开放化发展各有侧重，前者偏重外开放发展，后者偏重内开放发展。但研究型大学逐步从外开放发展向内开放发展延伸，增加与城市群功能匹配和互动，应用型大学逐步从内开放发展向外开放发展延伸，二者具有互补性和趋近性。未来我国大学群有必要对“985”和“211”工程类的大学群外开放发展领军院校做长期可持续发展的战略调整；有必要成立大学群专业发展状况咨询专家委员会，作为大学群专业发展的非官方咨询机构；边疆大学群有必要注重实施“引领国际区域发展”战略。

第十章　大学群发展评价的初步设计

本章关键词：大学群；发展评价；初步设计

第一节　大学群四项使命协调发展状况评价

大学群的城市群地方使命发展状况考查的是核心圈层与辐射圈层的大学与城市群相结合发展的状况；国家使命发展状况考查的是大学群承担散射圈层（国内部分）的发展任务状况；国际使命发展状况考查的是大学群承担散射圈层（国际部分）的发展任务状况；大学个性化发展状况考查的是城市群大学的优势特色发展方面的状况。

一、操作指标

四项使命协调发展指标的确定主要是以辐射圈层与散射圈层交界线为界，根据对大学群辐射圈层以内的各成员大学所承担的国家、国际、本城市群以及为自身特色与优势发展所开展的教学、科研项目活动状况的统计（见表10.1）。

表 10.1　大学群“四项使命发展”的评价指标

<table>
<tr><th>四项使命发展</th><th>一级指标</th><th>二级指标</th></tr>
<tr><td rowspan="15">国家使命发展</td><td rowspan="9">教学</td><td>（1）大学群招收城市群相关省外本专科学生数占当年招生总人数的比例（%）</td></tr>
<tr><td>（2）本专科毕业生到城市群相关省外就业者占当年毕业生总人数的比例（%）</td></tr>
<tr><td>（3）大学群招收城市群相关省外研究生人数占当年研究生招生总数的比例（%）</td></tr>
<tr><td>（4）毕业研究生到城市群相关省外就业者占当年毕业研究生总数的比例（%）</td></tr>
<tr><td>（5）大学群招收城市群相关省外非学历学生人数占当年在校生比例（%）</td></tr>
<tr><td>（6）结业的城市群相关省外非学历学生人数占当年毕业生总数的比例（%）</td></tr>
<tr><td>（7）大学群招收城市群相关省外访问学者当年在校人数占当年专任教师数量的比例（%）</td></tr>
<tr><td>（8）大学群获得中央教育财政拨款数量占当年财政支出总量的比例（%）</td></tr>
<tr><td>（9）大学群获得城市群相关省外社会捐助经费数量占当年大学群社会捐助总量的比例（%）</td></tr>
<tr><td rowspan="6">科研</td><td>（10）大学群获得城市群相关省外各级政府和企业科研经费数量占当年大学群研发经费总量的比例（%）</td></tr>
<tr><td>（11）大学群与城市群相关省外相关的专利数量占当年大学群专利总量的比例（%）</td></tr>
<tr><td>（12）大学群与城市群相关省外合作著作数量占当年大学群著作总量的比例（%）</td></tr>
<tr><td>（13）大学群与城市群相关省外合作科研项目数量占当年大学群科研项目总量的比例（%）</td></tr>
<tr><td>（14）大学群在技术市场与城市群相关省外成交技术合同资金数额占当年大学技术合同总成交额的比例（%）</td></tr>
<tr><td>（15）大学群发表论文按专任教师数量平均被引用频次（次）</td></tr>
</table>

续表

四项使命发展	一级指标	二级指标
国际使命发展	教学	(16) 大学群招收国外本专科留学生数占当年招生总人数比例 (%)
		(17) 本专科留学毕业生归国或到境外就业者占当年毕业留学生总数的比例 (%)
		(18) 大学群招收国外研究生人数占当年研究生招生总数的比例 (%)
		(19) 留学毕业研究生归国或到境外就业者占当年毕业留学研究生总数的比例 (%)
		(20) 大学群招收国外非学历学生及访学者当年在校人数占当年专任教师的比重 (%)
		(21) 结业的国外非学历学生及访学者归国或到境外就业者占当年毕业生总数比例 (%)
		(22) 大学群获得国际社会捐助经费数量占当年大学群社会捐赠总额的比例 (%)
	科研	(23) 大学群获得国外研发经费数量占大学群当年研发经费总量的比例 (%)
		(24) 大学群与国外合作及相关的专利数量占当年大学群专利总量的比例 (%)
		(25) 大学群与国外合作著作数量占当年大学群著作总量的比例 (%)
		(26) 大学群与国外相关科研项目数量占当年大学群科研项目总量的比例 (%)
		(27) 大学群发表论文被世界三大科技文献检索系统检索量 (篇)
		(28) 大学群在技术市场与国外成交技术合同资金数额占当年大学群技术合同总成交额的比例 (%)
		(29) 大学群教师担当国际兼职人次

四项使命发展	一级指标	二级指标
城市群地方使命发展	教学	(30) 大学群招收本城市群及相关省本专科学生数占当年招生总人数比例（%）
		(31) 本专科毕业生在本城市群及相关省就业者占当年毕业总人数的比例（%）
		(32) 大学群招收本城市群及相关省研究生人数占当年研究生招生总数的比例（%）
		(33) 毕业研究生在本城市群及相关省就业者占当年大学群毕业研究生总数的比例（%）
		(34) 大学群招收本城市群及相关省非学历学生人数占当年在校生总数的比例（%）
		(35) 结业的本城市群及相关省非学历学生数占当年毕业生总数的比例（%）
		(36) 大学群招收本城市群及相关省访问学者人数当年在校人数占当年专任教师总量的比重（%）
		(37) 大学群本城市群及相关省政府教育财政拨款数量占当年支出经费总量的比例（%）
		(38) 大学群获得本城市群及相关省社会捐助经费数量占当年大学群获得社会捐助总量的比例（%）
		(39) 每万名大学生拥有社会兼职教师数量（人/万名学生）
	科研	(40) 大学群获得本城市群及相关省政府研发经费数量占当年大学群研发经费总量的比例（%）
		(41) 大学群获得本城市群及相关省的企业科研经费数量占当年大学群研发经费总量的比例（%）
		(42) 大学群与本城市群及相关省合作或独立发明专利数量占当年大学群专利总量的比例（%）
		(43) 大学群与本城市群及相关省合作著作数量占当年大学群著作总量的比例（%）
		(44) 大学群与本城市群及相关省政府及企业合作科研项目数量占当年大学群科研项目总量的比例（%）
		(45) 大学群在技术市场与本城市群及相关省成交技术合同资金数额占当年大学群技术合同总成交额的比例（%）
		(46) 大学群专利在本城市群及相关省内转化率（%）

续表

四项使命发展	一级指标	二级指标
大学个性化使命发展	教学	(47)大学群各院校当年自主招收文化、体育学生数量占招生总量的比例（%）
		(48)大学群各院校当年毕业生一次就业者占毕业生总量的比例（%）
		(49)大学群各院校当年非学历在校生占当年在校生总量的比例（%）
		(50)大学群各院校当年获得校友捐助资金占社会总捐助的比例（%）
		(51)大学群各院校当年自投教育经费数量占当年大学群支出总量的比例（%）
		(52)单位网络终端承载的大学师生数量(人/个端口)
		(53)大学群各院校当年开设选修课总量(门次)
	科研	(54)大学群各院校当年产学研及校办企业创收经费数额占当年大学群支出总额的比例（%）
		(55)大学群各院校当年自投科研经费数量占大学群研发经费总量的比例（%）
		(56)大学群各院校当年校内科研项目数量占当年大学群科研项目总量的比例（%）
		(57)大学群各院校师生专著数量占当年著作总量的比例（%）

二、四项使命发展的单项分析与评价

大学群“四项使命发展”的单项实效怎样？单项比较优势如何？单项自适度怎样？通过指标度量、横比和自比的方式来把握和衡量每一项使命发展的实际状况，以便针对具体情况，制定和调整政策。单项实效分析可以采用标准分加权求和的方法来处理。数值越大表示单项发展实效越好。公式是：

$$F = \sum_{i=1}^{n} k_i \times x_i \tag{10.1}$$

F表示大学群单项使命发展标准分数，n表示单项使命发展统计指标数，i表示n个统计指标中的第i项，k_i表示第i项发展指标的权重值，x_i表示第i项指标值。

单项比较优势可采用区位商系数（QWS）的方法来考查分析。这种方法可以考查大学群某项使命发展状况在国内的比较优势。公式是：

$$\mathrm{QWS}_{ij} = \frac{\sum_{i=1}^{n} k_i \times x_i}{\sum_{j=1}^{m}\sum_{i=1}^{n} k_i \times x_i} / \frac{\sum_{t=1}^{p}\sum_{i=1}^{n} k_i \times x_i}{\sum_{t=1}^{p}\sum_{j=1}^{m}\sum_{i=1}^{n} k_i \times x_i} \tag{10.2}$$

QWS表示大学群使命发展的区位商系数，m=4，表示大学群四项发展使命，j=1、2、3、4，表示四项使命中的第j项，n表示大学群第j项使命发展考查的指标数量，i表示n项指标中的第i项指标，p表示全国大学群总数量，t表示p个大学群中的第t个大学群。当QWS > 1时，表明大学群该项使命发展在全国处于优势状态，数值越大表明发展成就越突出。当QWS < 1时，与上述情况正好相反，数值越小表明状态越弱；如果为0，表明该项使命发展为空白。当QWS=1时，表明大学群该项使命发展与全国水平相当。

单项使命发展的自适度分析与评价，需要运用多元回归分析方法，建立回归方程，然后进行预测和检验。大学群某项使命发展的现实水平与预期水平差值越小，表明这项使命发展自适度越高，差值越大表明发展自适度越低。

当然，上述分析中权重的确定是非常重要的，方法也很多，比如采用信息量权数法、熵权法、标准离差法、层次分析法（Analytic Hierarchy Process，

AHP)、德尔菲法（Delphi Method）等进行指标类型的权重确定[1]，但无论哪一种方法，都需要以全国大学群的总体数据作为统计样本，这样才能保证所确定的权重更接近科学和准确。

三、四项使命角色定位状况的分析评价

“四项使命”协调一体发展是大学群发展政策的总目标，其中协调发展的关键就在于“四项使命”能否有科学的发展目标定位。如果不能给予大学群的城市群地方使命发展以核心地位，不能给予大学个性化发展以基础保障地位，或者四项使命发展内容有缺失，这都意味着大学群需要及时进行政策调整。所以“四项使命发展”是怎样的定位关系？这是衡量四者能否保持各自角色合理定位、相互支撑、和谐一体地可持续发展的关键。这个分析可以采用单向实效分析的数据进

---

[1] 信息量权数法：这是根据各评价指标包含的分辨信息来确定权数。采用变异系数法，变异系数越大，所赋的权数也越大。计算各指标的变异系数，将CV作为权重分值，再经归一化处理而获得信息量权重系数。熵权法：熵最先由申农引入信息论，现已在工程技术、社会经济等领域得到比较广泛的应用。其基本思路是根据指标变异性的大小来确定客观权重。一般来说，某个指标的信息熵 E_j 越小，表明指标值的变异程度越大，提供的信息量越多，在综合评价中所起的作用越大，其权重也越大。相反，某个指标的信息熵 E_j 越大，表明指标值的变异程度越小，提供的信息量越少，在综合评价中所起的作用越小，其权重也越小。把实际数据进行标准化后转变为标准化数据 d_{ij} 后，依据以下公式计算第j项指标的信息熵：$E_j = -(\ln m)-1\sum m_i=1p_{ij}\ln p_{ij}$，其中m为被评价对象的数目，n为评价指标数目，并且 $p_{ij}=d_{ij}\sum m_i=1d_{ij}$，如果 $p_{ij}=0$，则定义 $\text{lm}p_{ij}\rightarrow 0p_{ij}\ln p_{ij}=0$。利用熵计算各指标客观权重公式为：$w_j=1-E_jn-\sum n_j=1E_j(j=1,2,3,\cdots n)$。标准离差法：这一方法的思路与熵权法相似。通常，某个指标的标准差越大，表明指标值的变异程度越大，提供的信息量越多，在综合评价中所起的作用越大，其权重也越大。相反，某个指标的标准差越小，表明指标值的变异程度越小，提供的信息量越少，在综合评价中所起的作用越小，其权重也应越小。其计算权重的公式为：$w_j=\sigma_j\sum n_j,(j=1,2,3,\cdots n)$。层次分析法：是一种多因素、多目标、多准则的定性与定量相结合的系统化、层次化分析方法，非常适用于不确定情况下复杂决策问题解决，是美国运筹学家，匹兹堡大学的萨迪（Saaty T.L.）教授基于在决策中大量因素无法定量地表达出来而又无法回避决策过程中决策者的选择和判断所起的决定作用，于20世纪70年代初提出的。此法必须将评估目标分解成一个多级指标，对于每一层中各因素的相对重要性给出判断。它的信息主要是基于人们对于每一层次中各因素相对重要性作出判断。德尔菲法：是在20世纪40年代由赫尔默(Helmer)和戈登(Gordon)首创，1946年，美国兰德公司为避免集体讨论存在的屈从于权威或盲目服从多数的缺陷，首次用这种方法用来进行定性预测，“二战”以后该方法被迅速广泛采用。在德尔菲有座阿波罗神殿，相传是一个预卜未来的神谕之地，于是人们就借用此名，作为这种方法的名字。德尔菲法主要特点是吸收专家参与预测，充分利用专家的经验和学识，采用匿名或背靠背的方式，使每一位专家独立自由地作出自己的判断，预测过程有几轮的反馈，使专家的意见逐渐趋同。德尔菲法的这些特点使它成为一种最为有效的判断预测法。德尔菲法最初产生于科技领域，后来逐渐被应用于军事、人口、医疗保健、经营管理、教育等方面的评价、分析、规划与管理决策。

行衡量比较，运用德尔菲法做出具体分析判断。还可以采用层次分析法对全国大学群“四项使命发展”的总体协调比例进行统计，作为对具体大学群“四项使命”协调发展状况的参照标准。如果条件具备，可对世界大学群四项使命协调发展状况进行总体分析，所得的参照标准会更有科学价值。对某一大学群四项使命发展协调状况的了解，就可以为大学群政策制定和调整提供科学依据。

四、四项使命综合发展状况的分析评价

大学群“四项使命发展”状况综合分析是一个全面分析判断和决策的过程。一方面，采用对“四项使命”发展的各项指标进行加权求和，获得一个综合值，以便与全国其他大学群进行比较，作为衡量本大学群发展状况在全国乃至国际发展地位的量化参考。另一方面，结合“四项使命发展”单向实效、优势比较、自适度、角色定位、和谐度等状况进行综合分析，结合区位商系数和多元线性回归方法衡量各大学群之间的优势和未来潜力，找到大学群正确的发展方向。

第二节　大学群“四维政策”发展状况评价

一、大学群功能匹配化发展水平分析评价

对大学群功能匹配化发展质量和水平评价需要从大学群专业配置、教学过程、课程设置、科研创新和大学校园文化等几方面考查大学群与城市群功能匹配状况，这个评价需要把定量和定性评价相结合，还要运用“三环”匹配特点，对大学群与城市群功能匹配进行规模、质量和结构三方面的综合分析评价。

（一）操作指标

大学群功能匹配化发展指标确定的主要根据是辐射圈以内的大学群各成员大学的教学与科研因素，与城市群行业的功能“三环”匹配的资源集中度的匹配状况所进行的综合统计分析（见表10.2）。

表 10.2　大学群功能匹配化发展的综合评价指标

指标类型	一级指标	二级指标
"三环"功能匹配指标	专业	（1）城市群各行业劳动力数量占城市群总劳动力的数量比重（%） （2）大学群各专业在校生数量占大学群总数量的比重（%） （3）大学群主体专业在校生数量与城市群主体行业劳动力数量比例（%） （4）大学群发展性专业在校生数量与城市群发展性行业的劳动力数量比例（%） （5）大学群潜能专业在校生数量与城市群潜能性行业劳动力数量比例（%） （6）大学群主体专业与城市群主体行业的匹配与不匹配数量比重（%） （7）大学群发展性专业与城市群发展性专业的匹配与不匹配数量比重（%） （8）大学群与城市群"三环"非匹配专业的在校生数量占全部在校生数量比重（%） （9）大学群"三环"专业中与大学群行业相匹配所有专业的在校生数量占总在校生数量（%）
	教学	（10）大学群主体专业当年在城市群辐射圈以内招生数量占招生总量的比重（%） （11）大学群主体专业中与城市群主体行业匹配的专业招生数量占主体专业招生总数的比例（%） （12）大学群"三环"专业中与城市群行业匹配的所有专业的招生数量占招生总数的比例（%） （13）大学群主体专业当年毕业生在城市群主体行业就业的比例（%） （14）大学群主体专业当年毕业生在城市群就业人数占毕业生总量的比例（%） （15）大学群主体专业中与城市群主体行业相匹配专业的毕业生在主体行业就业人数占这些专业毕业生总量的比例（%） （16）大学群发展性专业与城市群发展性行业相匹配专业的毕业生在城市群就业比例（%） （17）大学群"三环"不匹配专业的毕业生在城市群就业人数占不匹配专业毕业生总数的比例（%） （18）大学群聘任辐射圈以内区域的社会兼职教师占大学群兼职总量的比例（%）
	科研	（19）大学群主体专业科技经费中来自城市群主体行业的经费占总经费的比例（%） （20）城市群主体行业研发经费中拨付给大学群的所占城市群主体行业研发经费总量的比重（%） （21）大学群主体专业中与城市群主体行业匹配的专业拥有城市群这些行业经费占这些专业总研发经费的比例（%） （22）大学群主体专业中与城市群主体行业匹配的专业拥有城市群这些行业经费占这些行业研发经费总量的比例（%）

续表

指标类型	一级指标	二级指标
综合指标		（23）大学群当年毕业生在城市群就业人数占大学群毕业生总数的比例（%） （24）大学群当年毕业生在城市群就业人数占城市群就业人口总量的比例（%） （25）大学群当年毕业生在城市群就业人数占城市群大专以上学历就业人口的比例（%） （26）大学群当年研发经费中来自城市群的经费占大学群总经费的比例（%） （27）大学群当年研发经费中来自城市群的经费占城市群当年研发经费总投入的比例（%） （28）大学群当年与城市群机构的技术市场成交合同金额占城市群技术市场成交合同总金额的比例（%）

注:行业统计根据国家统计局公布的《国民经济行业分类与代码(GBT4754-94)》;专业统计根据《普通高等学校本科专业目录》《普通高职高专专业目录》。

（二）运算与评价方法

对大学群功能匹配化发展量化分析评价仍然可以采用加权求和法（见式10.1）对大学群总体情况进行量化评价，也可以采用区位商系数法（见式10.2）对大学群功能匹配化发展一级指标与国内外其他大学群进行比较，考查其比较的优劣势，当然也可采用多元线性回归方法进行预测，作为政策制定的参考。根据量化指标，可以对大学群与城市群功能匹配的专业、教学、科研等状况进行分类统计分析，对大学群“三环”功能匹配状况进行具体分析，包括对“三环”中的专业与城市群行业功能匹配和不匹配的专业的招生、在校生、就业状况等进行分析，考查它们之间的比例，尤其对主体功能和发展功能匹配的分析是极有参考价值的。

定量分析不能完全反映出大学群功能匹配化发展的全部情况，因为大学群与城市群功能匹配内容中有相当一部分是无法量化的，比如大学群课堂教学过程、大学校园文化对学生的熏陶影响作用等等，这些都是不好量化或者难于获得可统计数据的。因此，大学群的评价不仅是一个终结性评价，还是一个过程性评价，定性与定量评价相结合。分析判断大学群专业结构与城市群行业匹配状况、专业总体是否具有“三环”匹配梯度、主体专业是否具有核心优势、潜力专业是否有潜能等，尤其需要重视专业结构是否具有先进性，因为专业结构有先进性的大学群才能有更强的转型应变力，新旧专业转型快，与城市群发展适应能力强。大学群“三环”功能匹配专业中的不匹配专业比例越大，边缘专业数量过多时，就会造成大学群毕业生因为在本城市群就业竞争无力而外流，城市群科技研发资金也外流，大学群对城市群支撑力受到影响，城市群科技化发展受阻，这样的大学群投入越多，人才与科研就越外流，我国中西部城市群经常出现这样的问题，所以对大学群进行功能匹配化发展状况分析与调整是大学群发展的基础。

二、大学群互动化发展水平分析评价

既然互动速率是衡量大学群互动化发展规模和质量的关键。那么遵循全面、可比、合理、可操作和数据可获得的统计研究原则，对大学群资源互动速率进行有效统计，对指导大学群互动化发展有重要意义。

（一）主要操作指标

大学群互动化发展指标的确定主要是根据大学群与政府、企业、社区、教育部门、第三组织、国际组织等六个类别的行业部门之间的人力、经费、知识产品等资源的流动量和空间分布位置的统计。

(1) 反映大学群与政府互动联系的指标。大学群受邀参与各级政府（中央、省级、城市群、地县等）主持的区域或行业发展计划制定的智囊专家数量；大学群接受各级政府委托的研发项目数量、专利数量、研发资金数量；大学群当年接受各级政府指派招生数量、毕业生当年进入各级政府部门就业的学生数量。

(2) 反映大学群与企业互动联系的指标。大学群参与企业研发项目的教师数量、学生数量、研发项目数量、研发资金数量、专利数量、股份数量及地理分布状况；企业接受大学培训人员数量、大学生当年进入企业就业者数量、大学生当年进入企业参与实习、产学研实践的人员数量及地理分布。

（3）反映大学群与社区（乡村）互动联系的指标。大学群参与社区（乡村）科技下乡活动的教师数量、学生数量及地理分布状况。

（4）反映大学群与教育部门互动联系的指标。大学教师与其他大学、中小学进行合作、指导的专家数量、学校分布状况；跨大学之间的选课、转学、对换、访问、学分互认等学生数量；校际合作项目数量、研发资金数量和伙伴院校数量及地理分布状况。

（5）反映大学群与第三方组织互动联系的指标。大学群与第三方组织合作项目数量、资金数量、人才流动数量及地理分布状况。

（6）反映大学群与国际组织互动联系的指标。大学群在国际专业协会兼职专家数量、与国外机构合作的专家数量、项目数量、经费数量、专利数量、国际机构数量及地理分布状况。

（二）运算与评价方法

1. 大学群与六个行业部门互动速率及结构统计分析

把上述六大项指标内容，按照六项结构分别进行单位时间内数量统计，求得每一大部门与大学群的互动速率，然后分别求得每一部门所占总互动量的比例。这项统计的目的是分别考查大学群与六大行业部门的互动速率及大学群与六大部门互动速率的结构是否合理。计算公式：

$$V_i = \frac{\sum_{i=1}^{n} k_i \times f_i}{t} \tag{10.3}$$

V_i表示大学群与政府互动速率，n表示大学群与政府互动所有项目，f_i表示n个互动项目中第i项互动指标数量值，k_i表示n个互动项目中第i项互动指标权重值，t表示时间阶段。

大学群与企业、社区、教育行业、第三方组织、国际组织等其他五项互动速率的统计可以根据上述公式统一处理。然后，根据大学群与六个行业部门互动速率状况进行互动状况结构分析。大学群与每一行业部门互动频次占总互动频次的比例的公式是：

$$P=\frac{S_i}{\sum_{j=1}^{N}q_j\times S_i} \tag{10.4}$$

P 表示大学群与每一行业部门互动频次占总互动频次的比例；S_i 表示大学群与政府互动频次的加权和；$N=6$，表示大学群与六个行业部门的互动发展；q_j 表示 N 个行业部门中第 j 个行业部门的加权值。

2. 大学群互动总速率的统计分析

大学群互动总速率以大学群与六个行业部门互动指标统计量为基础，进行加权求和，求得大学群互动总速率。总速率可以考查出大学群互动状况的整体情况，还可以与往年互动状况进行比较，或与其他大学群互动状况进行比较，增加了比较的可操作性和管理决策参考性。计算公式为：

$$V_{总}=\frac{\sum_{j=1}^{N}q_j\times S_i}{t} \tag{10.5}$$

$V_{总}$ 表示大学群互动总速率，S_i 表示大学群与政府互动频次的加权和；$N=6$，表示大学群与六个行业部门的互动发展；q_j 表示 N 个行业部门中第 j 个行业部门的加权值。

3. 人、财、智三类结构速率的统计分析

对上述六大部类的数据，统一按照人才、资金、智力产品这三类进行单位时间内流量统计，求得它们各自的互动速率，这项统计的目的一方面是为了考查大学群在人、财、智三方面的互动发展结构状况，进而考查三方面的互动质量。另一方面可以考查出三者之间的结构关系和效益，以便于下一步对三者进行合理调整。计算公式：

$$V_{ij}=\frac{\sum_{j=1}^{N}\sum_{i=1}^{n}r_i\times h_i}{t} \tag{10.6}$$

V_{ij}表示人力（资金、智力产品）流动速率；N=6，表示大学群与六个类别行业部门互动；j表示六个类别行业部门中第j个行业部门；n表示每一类别行业部门与大学群互动项目数量；r_i表示n个项目中第i个项目权重值；h_i表示第n个项目中第i个项目互动频次数量。

4. 区位商系数分析

大学群互动化发展六项速率的比较优势，可以通过区位商系数方法（见式10.2）做出国内比较分析，有利于对六项互动速率国内优劣势有一个基本判断，为政策判断提供参考。另外，如果对上述互动速率分析进行回归处理，还可以查看它们之间的线性关系，对未来发展状况进行预测，更有助于决策。

三、大学群同城化发展水平分析评价

大学群同城化发展的核心目的是使大学群均质发展，均质发展主要表现在城市群范围内高等教育政策具有一致性，大学组织、大学师生发展具有机遇均等性。大学群同城化发展水平测量主要集中在对大学群辐射圈层以内地区的人力、资金、信息等因素的均质化水平衡量（见表10.3）。

（一）操作指标

大学群同城化发展目的主要是为了消除城市间政策差异和行政隔阂，创造均质发展环境，所以大学群同城化发展评价指标要紧扣“均质发展”的目标，考查大学群相关主体（大学组织和大学师生）的发展政策是否接近一致，发展机遇是否达到均等。所以同城化发展指标主要考虑的是大学群辐射圈以内的各成员大学，它们的人力、资金、信息等高等教育资源在省际城市之间的“交互”状况，交互率越高，表明大学群同城化均质水平也越高。

表 10.3　大学群同城化发展评价指标

一级指标	二级指标
教学	(1)大学群招收本城市群及相关省本专科学生省际交互人次数占当年招收本城市群学生总数比例（%）
	(2)本专科毕业生在本城市群及相关省省际交互就业人次占当年本毕业总人数的比例（%）
	(3)大学群招收本城市群及相关省研究生省际交互人次占当年招收本城市群研究生总数的比例（%）
	(4)毕业研究生在本城市群及相关省省际交互就业人次占当年大学群毕业研究生总数的比例（%）
	(5)大学群招收本城市群及相关省非学历学生省际交互人次占当年招收本城市群非学历学生总数的比例（%）
	(6)结业的本城市群及相关省非学历学生省际交互人次占当年本城市群非学历毕业生总数的比例（%）
	(7)大学群招收本城市群及相关省访问学者省际交互人次占当年招收大学群访问学者总量比重（%）
	(8)大学群的本城市群及相关省师资交互调转人次占当年大学群内部师资流动总量的比例（%）
	(9)大学群聘用本城市群及相关省的社会兼职教师省际交互人次占聘用城市群社会兼职教师总数比例（%）
	(10)大学群范围内省际交互产学研基地占产学研基地或签约单位总量比例（%）
	(11)大学群获得本城市群及相关省省际交互社会捐助经费数额占当年大学群获得城市群社会捐助总量比例（%）
	(12)大学群获得城市群范围内跨省教育财政经费拨款数量占当年城市群的政府财政拨款总量比例（%）
	(13)大学群城市群范围内省际学分互认人次占大学群学分互认总人次比例（%）
	(14)大学群在城市群范围内省际学生互换人次占大学群在本城市群学生校际互换总人次比例（%）

续表

一级指标	二级指标
科研与社会服务	(15)大学群获得本城市群跨省政府交互研发经费数量占当年大学群获得政府研发经费总量比例（%）
	(16)大学群获得城市群跨省企业交互研发经费数量占当年大学群获得本城市群企业研发经费总量比例（%）
	(17)大学群申请城市群的跨省发明专利数量占当年大学群申请专利总量的比例（%）
	(18)大学群在城市群范围内跨省合作著作占当年大学群合作出版著作总量的比例（%）
	(19)大学与本城市群跨省企业合作研发项目数量占当年大学群在本城市群研发项目总量的比例（%）
	(20)大学与本城市群跨省成交技术合同资金数额占当年大学群与本城市群成交技术合同总成交额比例（%）
	(21)大学群在本城市群跨省专利转化率占大学群在本城市群专利转化率总量的比例（%）

（二）运算与分析方法

根据上述指标可以对大学群同城化发展状况进行量化分析，具体方法包括线性回归法，对大学群同城化发展状况进行未来预测；加权求和法（见式10.1），对大学群同城化发展状况有直接了解；区位商系数法（见式10.2）对大学群教学、科研、社会服务等职能在国内所有大学群中发展地位状况进行比较分析。

大学群同城化均质发展有利于活跃大学群内开放发展，对大学群内部建立统一开放的环境有积极影响作用，为大学和人才发展与合作提供了更方便的具有一致性衔接的政策环境，使省际城市群高等教育在空间上得到无差别的一体化发展，在大学个体和人的个体发展层面保持自由与平等机遇。所以大学群同城化均质发展并不是要消除大学个性，更不是要使大学均质发展。

因为政策对大学群的调控发展作用有延迟或信息滞后等问题，所以对大学群同城化发展政策制定和执行质量的评价不能仅凭一次评价结果做结论，很可能是绩效暂时欠佳，政策效果还没有充分表现出来，一次评价结果不足以说明政策制定或执行存在绝对问题或者政策没有未来潜力，大学群同城化发展需要政策的长周期实施和不断地反馈修正，做全面综合和科学审慎地考量，把过程跟踪与终结绩效评价结合起来，以科学有效的评价结果指导政策实践。

四、大学群开放化发展水平分析评价

对大学群开放化发展评价是复杂的，要真正全面了解和评价大学群开放化发展状况，需要对程度、宽度、高度进行综合分析，不能简单依赖于量化统计，需要与专家讨论分析、具体政策分析等相结合。

（一）分析与评价内容

1. 程度评价

程度评价是对大学群开放化发展成果总量的评价。是针对大学群辐射圈层以内地区和散射圈层地区，对单位时间内人才流、信息流、资金流、知识流等四类资源内开放流量，外开放流量和内外开放发展总流量的统计分析。还可以对大学群高等教育资源集聚、溢出及内外对冲平衡状况进行统计分析。

2. 宽度评价

对大学群开放化发展宽度的评价，是对大学群内外开放化发展人才流、信息流、资金流、知识流等高等教育资源所涉及的行业领域、科技领域、空间地域的分析评价。这样就产生了对大学群开放化发展的行业宽度、空间地域宽度、科技领域宽度的分析评价。

①行业宽度评价。行业宽度分析与评价是按照《国民经济行业分类》（GB/T 4754－2002）和高等教育资源统计指标进行单位时间流量统计，由此可以分析大学群开放化发展在各个行业分布状况，能够考查出大学群功能与城市群社会发展功能的匹配吻合状况，针对大学群开放化发展在行业领域的强弱、偏离与缺失状况，制定出大学群下一步发展政策。②科技领域宽度评价。科技领域宽度分析与评价是根据我国《普通高等学校本科专业目录》（2011）和《普通高等学校高职高专教育指导性专业目录》（2005）对大学群高等教育资源在各个专业上的分布状况进行统计分析。这是一种基于学术视角对大学群开放化发展状况的分析

评价，由此可以获得大学群专业发展的优劣势状况，可以与大学群开放化发展的行业宽度进行对照，进一步对大学群与城市群发展的相互适应性作出判断。③空间宽度评价。对空间地域宽度的分析评价是对高等教育资源在大学群辐射区域以内、国内散射区、国际散射区流量所进行的统计分析与评价。空间地域宽度分析可以了解大学群高等教育资源在空间上的集聚、溢出集中程度、强弱程度。空间宽度分析评价是了解和衡量大学群内外开放化集聚、溢出发展活动空间和强度的重要参考。

3. 高度评价

对大学群进行开放化发展高度的评价是一种比较评价，主要是与国内大学群或国际大学群进行比较，考查大学群开放化发展的先进和前沿状况，考查大学群总体高度或内外开放发展的分类高度在国内外大学群中的地位。对大学群开放化发展状况国际高度的分析评价，就是就人才流、信息流、资金流、知识流的指标把国内大学群与国外大学群进行比较分析。通常情况下，要获得国外大学群完整数据是非常困难的，所以，国际比较分析需要在零散实证基础上，运用定性分析评价方法，对大学群在科技领域前沿和领先程度进行大致描述。但是大学群开放化发展高度及其评价是很重要的，没有高度的大学群开放化发展无法支持城市群成为科技高地、非资源型经济高地、本土品牌高地。

（二）操作指标

大学群开放化发展指标的确定，根据全面、可比、合理和可获得的数据统计原则，主要以人才流、信息流、资金流、知识流等四类资源在大学群辐射圈层内外的流动量为统计内容，并分别针对大学群开放化程度、宽度和高度这三个维度进行指标确定。

（1）人才流可用大学群在城市群内外招生数量、毕业生去向与数量、专任教师调动与转职流向与数量等指标来表示。

（2）信息流可用大学群单位网络终端的师生承载量、大学群长短期入访和出访学者人次占专任教师总量的比例、城市群内外学生参与产学研社会实践、访问、交流学生人次占大学群在校生总数的比例、每万名学生拥有社会兼职教师的比例等指标来表示。

（3）资金流用大学群获得来自城市群内外各级政府的教育拨款、研发经费、企业提供的研发经费、社会和校友捐助经费、参与技术市场交易经费、大学企业创收经费等指标来表示。

（4）知识流用大学群每万名师生拥有专利数量、每万名师生著作数量、每万名师生发表论文被世界三大科技文献检索系统（SCI、EI、ISTP）收入数量、精英学者（院士、长江学者、首席科学家、国家杰出青年基金获得者）占大学群专任教师的比重、参与政府决策与研究的专家占大学群专任教师数量的比重等指标来表示。

大学群开放化发展指标统计是一个矢量性统计，需要对资源流动来源和去向做详细统计，这是开放化发展指标统计的重要内容。所以，大学群开放化发展分析评价比其他三项的分析评价更复杂，是综合分析评价，互动化发展和同城化发展统计指标对确定开放化发展指标有重要参考作用。

（三）运算与分析方法

对大学群进行发展评价是一个很有决策和管理意义的工作，也是一项十分复杂的工程，需要过程与结果并重、质化与量化分析并重、单项与综合分析并重、自身分析与比较分析并重。在统计分析方法方面以基本方法为基础，综合运用多元分析手段，以增强对大学群发展状况的客观把握。因为本研究刚刚开始对大学群进行研究探索，初步定位在理论层面的研究，所以，对于大学群分析评价中需要以更多的大学群统计数据为基础的诸多权重值研究还没来得及去做，目前只是做了一个初步的评价设计。无论对于大学群开放化发展程度、宽度还是高度的量化分析都可以采用加权求和法、区位商系数法和多元回归等多种统计分析方法综合在一起，对大学群开放化发展总体状况有一个较好的了解，尤其宽度和高度分析评价更突出对大学群发展质量的考查。

本章核心结论

本章对大学群发展政策设计框架从“4+4”的角度，即“四项使命协调发展”与“四维政策组合螺旋”的综合框架，进行了大学群政策效益评价体系的初步设计。首先对四项使命协调发展的评价指标和分析方法进行了交代，然后对四维政策发展状况，即大学群功能匹配化发展、互动化发展、同城化和开放化发展分别进行了指标定义。由于本研究定位在大学群发展政策的一般性理论研究层面，主要突出了对大学群发展政策的理论框架的构建，属于大学群发展政策研究的初级阶段，所以虽然也零散地对我国部分大学群和城市群做了数据统计和初步分析，以此作为理论分析和论证依据。但要真正按照本章所设计的大学群发展评价体系的150多项指标把我国17个大学群及相关城市群的数据完整搜集并作出具体分析，那是下一步的工作。也正因为如此，本书没有对评价体系的指标权重做具体分配，提出了每一部分分析评价的基本结构内容。在运算和分析方法上，初步提出了运用加权求和法、层次分析法、德尔菲法、区位商系数和多元线性回归等方法做分析判断，提出了定量与定性、过程评价与终结评价相结合评价分析基本主张。

第十一章　结论与展望

一、全书核心思想

本书从大学群“小极化，大均衡”，“化整为零，集零为整”的建设高等教育强国、建设创新型国家的空间整体格局出发，从修正我国海陆溢出半径过长的地缘不利条件出发，考虑如何推动内陆城市群与大学群耦合集聚—溢出，形成国家多极化带动、多轮驱动的整体创新强国格局，以此对本研究进行了研究定位，就是从兼顾国家整体利益和大学发展利益、城市群发展利益与大学群发展利益出发，探寻大学群发展政策的路径。并且基于对大学与城市发展的历史特点追踪、基于世界各国大学群与城市群发展经验和政策，以及基于对大学群自身运行特征的探寻等，提出了大学群发展政策的框架。它由两部分组成，一部分是发展政策的总目标——大学群四项使命协调发展，另一部分是发展政策框架——四维政策组合螺旋，这就形成了“大学群发展政策的4+4战略总框架”，然后根据这一框架对我国大学群的部分现行发展政策进行了反思，这就是本文研究的主体逻辑过程。全书主要理论观点概括如下。

（一）大学群与城市群耦合集聚—溢出发展关系

城市群与大学群二者作为国家核心竞争力两大引擎，耦合在一起发展，这是大学与城市历史发展的必然趋势，同时，随着后现代工业社会的非资源型经济日趋占据优势，大学群与城市群二者共生发展需求越来越强，今天和未来二者共生发展程度还将进一步加深，这是人类社会发展进步的必然结果。大学群与城市群耦合集聚—溢出发展关系的核心内容包括：

第一，大学群与城市群具有耦合集聚—溢出性。二者的这个特性对周边地区创新发展会产生积极的影响带动作用，可以成为推动国家多极化发展的有效手段。对我国未来相当长一段发展时期来说，实施主体功能区战略和城市群一体化发展战略毫无疑问地为大学群与城市群共生发展提供了良好机遇，是我国大学群从组织形成到深度发展的重要和关键转型期，更是城市群能否以大学群为依托实现向非资源型经济和生态经济转型的关键期和机遇期。

第二，大学群与城市群具有匹配发展的绝对性与相对性的辩证关系。人类社会科技创新需求推动二者功能无限趋近匹配和对接发展关系，但由于二者作为相对独立和有特殊性的社会组织，又不可能完全从属发展，任何一方从属于另一方发展都会带来悲剧性的扼杀生命力的效果，不但会损伤了二者共生发展方式，还会严重影响共生发展效益的优化，平等的共生发展关系才符合大学群与城市群共生共赢要求。

第三，大学群与城市群具有相互引领和紧密伴随两种共生发展形式。这两种形式的集聚与溢出呈“S型”盈亏变化，体现出“平衡—不平衡—平衡”的变化周期，这个过程使大学群与城市群二者共生质量得到循环上升；第四，城市群经济基础和大学群科技文化基础对二者共生发展状态起到了决定作用；第五，内生发展是根本，外部支持需要通过内生发展因素发挥作用。

（二）大学群四项使命协调发展关系

大学群具有国家和国际发展使命、城市群地方发展使命及大学个性化发展使命，这四项使命发展是紧密关联，需要协调统一的，如果这种协调关系无法得到科学合理地保持，就会使大学迷失发展方向，因此，保持大学群四项使命协调有序发展是大学群发展政策的总体目标，有了这个协调发展目标才能保证大学群产生核心竞争力。而且，不但大学群与城市群共生发展关系明确了内生发展为根本，外部支持需要通过内生发展起作用，才更有支持效益。四项使命协调有序发展关系也同样揭示和强调大学个性化使命发展为基础，大学群的城市群地方使命发展为核心，国家与国际使命发展是内生发展竞争力的体现和外部动力源泉。

大学群四项使命协调发展关系既强调大学群整体四项使命兼备和协调有序发

展，又强调和尊重每一所大学能对四项使命中的部分使命进行专门的优势和特色表现。由此可见，大学群四项使命协调发展关系不但为大学群发展定位提供了方向，也为其下属的大学管理提供了定位参考，大学群发展管理需要以四项使命协调发展关系为指导，制定和实施管理政策。

（三）大学群资源内循环与内外循环辩证统一关系

与城市群相伴的大学群是国家高等教育资源最密集的区域，大学群资源流动存在着内循环和内外循环两个系统。通常情况下，内循环是主体，内外循环是辅助，二者相互为用，是“两点”和“重点”的辩证统一。这种辩证统一关系为大学群内生创新发展进一步找到了理论依据，明确了大学群内生创新发展的核心地位，为大学群功能匹配化、互动化、同城化和开放化发展的重要指导思想。成为大学群“三环”功能匹配化发展、大学群内部互动与内外互动化发展、同城化均质发展和内开放与内外开放化发展理论基础。这是大学群四维政策组合螺旋与大学群四项使命协调有序发展相衔接的纽带，由此也衍生了大学群内外互动发展关系、内外开放发展等辩证统一关系，为大学群及大学的发展管理和定位提供了参考依据。

（四）大学群发展的四种基本组织模式

大学群组织模式具有因地制宜的多样性，一般来说，政府无论在大学群从自然集合体向组织共同体转型中，还是转型后深度发展中，都发挥着核心组织者的作用。当然，大学群民间联盟的作用也是不可忽视。所以，综合起来，大学群组织发展模式，主要有政府、半政府、非政府和混合型四种模式。政府模式一般是中央政府或地方政府联合成立大学群发展管理机构；半政府模式是由政府出资由第三方、常设委员会或轮值执行机构代为执行，属于软管理形式的引导发展模式；非政府模式是指由大学群自行联盟形成的城市群大学集群发展组织；通常情况下大学群内部组织是复杂的，有层次的，是多组织多机构共同作用的，大学群处于由主导机构联络的混合型组织发展状态。我国大学群众多，各大学群基础条件不同，需要政府积极引导，并保持大学群灵活多样的组织模式，这有利于各大学群个性化、特色化和相互学习发展。

（五）大学群发展政策设计的“4+4框架”

通过综合分析，最后得出了这样一个大学群发展的政策总战略：大学群以“四维政策组合螺旋”推动“四项使命协调有序发展”。“四维政策”相互作用，相互支持，组合螺旋上升，形成大学群发展推动力。大学群功能匹配化、互动化、同城化与开放化发展本身也是发展政策的四维目标，而“四项使命协调有序发展”则是大学群发展政策的总目标。“四维发展政策”通过大学群资源流动的内循环和内外循环关系、内外互动关系、内外开放化发展关系、“三环”功能匹配发展关系和大学群同城化均质发展来支持实现“四项使命协调有序发展”，这就是大学群发展政策的4+4战略总框架。

总之，本书核心思想可以概括为以“一框架”“三关系”“四模式”。“一框架”，即大学群发展政策设计“4+4框架”；“三关系”即是大学群与城市群耦合集聚—溢出发展关系、大学群四项使命协调发展关系、大学群高教资源内外循环辩证统一关系；“四模式”即是大学群四种基本组织模式（政府、半政府、非政府和混合型四种模式）。“三关系”“四模式”是大学群发展政策“一框架”形成与发展的基础。根据上述理论初步构建了大学群发展评价体系，对大学群发展有了一个基本完整的理论认识。

二、对我国城市群地域大学群发展政策的建议

每一个大学群都有普遍性和特殊性，本研究主要针对我国大学群“四维发展政策”的普遍性，结合我国现实基础提出以下宏观建议。

（一）大学群功能匹配化发展政策建议

主体功能区战略是我国未来发展的一个长期战略，“十二五”规划已从国家层面开始实施。与之相适应，我国需要在城市群适当创建和配置“主体功能区院系、院校或研究院”，增强大学群与城市群及主体功能区的发展匹配度，保证大学群的城市群地方使命发展质量和效益；另外，我国已经批复了42个创新型城市试点，取得了一定经验和成就，为了形成城市群区域整合的创新发展效益，我

国有必要启动“创新型城市群试点计划”，以此推动大学群与城市群功能紧密配合发展。

（二）大学群互动化发展政策建议

当前我国大学科技成果转化率低，企业科研缺乏人才培养功能，不利于我国科技人才发展。要改善我国科研机构“三轨制”的不足，汲取国外先进经验，首先，建议对我国部分科研基金项目增加校企合作研发的强制性规定，以弥补我国大学与社会科研机构之间合作不足以及成果转化率低的问题；其次，修改相关法律来激励企业主动寻求与大学群合作；最后，创新型国家建设不能完全依靠政府投入，民间资本更是创新型国家建设的长远力量，建议创建专门的“国家创新发展银行”、“创投信用社”，扶持鼓励“天使基金”参与大学群创投发展，改善创新型国家融资大环境。

（三）大学群同城化发展政策建议

第一，建议在部分城市群设立大学群发展联合指导机构或成立大学区，进行试验。如果没有初始的“试验组织”则大学群可能永远没有机会向“组织共同体”挪动脚步；第二，创建大学群“一站式”创新服务中心，使大学群与城市群合作发展日常化，这个“一站式”服务中心除了具有行政功能、孵化功能以外，还有信息功能，要创建大学群综合信息平台，从实体和虚拟网络把大学群与城市群统合起来；第三，建立城市群和大学群统计机制，逐步与正在兴起的云计算和地理信息系统接轨[1]，因为管理决策需要统计先行，这是社会集约发展、信息化发展和科学发展的要求。

（四）大学群开放化发展政策建议

建议对“985”和“211”工程大学进行长期可持续发展的战略调整。第一，

[1] 2010年我国首个国家级地理信息科技产业园在北京顺义区奠基。地理信息产业作为一个新兴朝阳产业，不仅是国民经济和社会信息化的重要基础和有力支撑，同时也与经济运行和人民生活息息相关，是战略性新兴产业的典型代表。近年来，我国地理信息产业发展迅猛，产业规模年均增长20%以上，从业人员超过40万人。

因为它们是大学群的龙头，是连接大学群外开放化发展的枢纽，需要具备长期竞争发展活力；第二，建议大学群设立专业发展咨询专家委员会，作为大学群专业发展调查与评估的非官方或半官方咨询机构，以引导大学群和大学专业科学发展；第三，边疆大学群有必要重视实施引领国际区域发展战略，立足国际区域寻找和把握发展机遇。

三、本研究的创新点

如果本书有值得欣慰的创新之处，首先，最大的亮点可能就是从空间和地缘角度，提出了以大学群与城市群耦合集聚—溢出发展为基础，整体布局，“小极化，大均衡”，“化整为零，集零为整”的建设高等教育强国、建设创新型国家的宏观策略。

其次，抓住我国城市群正在崛起，主体功能区刚刚实施的时机，在谋划做强城市群的框架下思考如何做强大学群。并理清和认识到了大学群与城市群共生发展关系、四项使命协调发展等一系列有关大学群发展战略管理、政策制定与实施的重要关系，找到了内生创新发展为本，外部支持更需要通过内生过程发挥作用，不但为我国大学群、大学与城市群发展定位提供了理论参考，更重要的是为我国正在进行的西部、东北和中原等地区对高教发展支持及城市群新兴科技产业园区建设提供了有意义的理论参考。

最后，本研究兼顾国家利益、大学群利益和大学利益和城市群利益四个角度，从多角度把理论知识与社会实践相结合，始终以大学群如何发展为主题，以跳出教育看教育和跳出教育来把握教育的态度，确立了大学群发展政策框架，即4+4发展政策总框架。这一框架内含了丰富的分析与思考，是用一点一滴的小思考积累起来的一个相对完整的政策观念体系。对不同大学群制定和实施具体发展政策可能有一些有益启发。

四、对本研究的下一步展望

大学群发展研究是一个十分有意义和有趣的研究领域。尽管本书对大学群发展及其政策设计有了一些探讨，但由于时间、知识和能力等主客观原因所限，现在的思考和探讨还很初步和肤浅，下一步有待深入研究的内容目前想到的有以下几点：

（一）对国际大学群的案例与比较研究

发达国家优秀城市群与大学群的和谐发展可以为我们提供很好的经验，发展中国家也可能存在后发优势，尤其是中国、俄罗斯、巴西、印度、南非这样的后发实力强劲的大国，国土面积广大，国民经济发展迅速，国际影响力与日俱增。它们的城市群大学所选择的发展道路将成为世界未来高等教育发展的重要理论和实践新经验，成为人类高等教育发展的宝贵财富，所以值得我们从现在就去总结和把握。

（二）对国内大学群的案例与比较研究

我国因为人口众多，随着未来70%的城市化目标的接近，未来我国将成为世界上巨型城市群数量最多的国家，目前已有24个左右大城市群的雏形，城市群作为新经济体正在改变着我国经济版图，对我国国民经济的主宰力越来越大。面对这样一个城市群资源大国，大学群作为城市群非资源型经济的创新发展支撑者，对我国大学群进行长期跟踪和比较研究，获得翔实的信息资料，总结出科学可靠的发展理论，为大学群之间交流发展，推动城市群大国向城市群强国跨越，其意义是不言而喻的。

（三）对大学群发展评价体系的深入研究

政策评价不是完全可以依靠量化来完成的，定性与定量分析评价、过程与效益评价都需要兼顾。虽然本研究也进行了评价体系的初步探讨，但因为时间和资源限制，对大学群评价指标体系建设、权重确定、验证方法等都深入的不够，今后需要进一步专门探究，并把这一评价体系“软件化”，载入数据以后直接自动生成分析结果，甚至与地理信息系统链接，统计参考更便捷，这就可以把量化统计分析结果转化为方便的管理决策依据，转化为城市群和大学群日常管理决策工具，那会更有社会应用价值。

英国经济学家、哲学家哈耶克（Hayek）曾说：任何一个人的心智，都不可能通盘考虑到所有特定的事实，这些事实实际都是被不同人所知道的，如果作为一个整体，那这些事实更是任何一个特定个人都难于完全掌握的了。[2]城市群、大学群、大学和国家作为一个整体，从如此庞大的全局中寻找大学和大学群的发展路径，这同样也具有整体综合的巨大难度，虽竭尽全力，也无法做到透彻。此文到现在为止，言犹未尽，亦不得不止笔，一切未了之意，未善之策，留待未来，留给更多更有智慧的人们去继续。

❷ 哈耶克.法律、立法与自由[M].邓正来,等,译.北京:中国大百科全书出版社,2000:13.

参考文献

(一)期刊论文

[1] 艾小平,安燕. 新疆高等教育区域化阻滞因素研究[J]. 喀什师范学院学报,2006(3):74-78.
[2] 蔡俊兰. 中国高等教育规模与经济发展相关的实证分析[J]. 高等教育探索,2008(3):49-52.
[3] 陈上仁. 浅谈高等教育区域化发展的均衡机制[J]. 国家教育行政学院学报,2006(10):50-54.
[4] 陈建敏,李子和,等. 世界大学科技园建设模式比较研究[J]. 高教探索,2001(2):20-22.
[5] 陈上仁. 我国区域高等教育发展失衡及其解决对策研究[J]. 中国高教研究,2005(3):38-41.
[6] 蔡丽竑. 社会心理学家乔治·H·米德的共同体思想[J]. 学习月刊,2010(3):40-42.
[7] 董泽芳,柯佑祥. 高等教育区域化研究[J]. 江苏高等教育,2000(5):32-33.
[8] 邓尚民,韩青. 高校合作参与机制的博弈分析[J]. 软科学,2007(6):79-82.
[9] 董志惠,沈红. 论中国大学战略联盟[J]. 教育发展研究,2006(3):48-50.
[10] 董锁成,王培县. 三大都市圈经济发展的动力、模式对比分析[J]. 开发研究,2006(5):41-43.
[11] 杜国海,王涓. 区域高等教育学科专业结构调整与建设的机制与策略[J]. 贵州社会科学,2007(8):59-62.
[12] 冯向东. 高等教育结构:博弈中的建构[J]. 高等教育研究,2005(5):1-5.
[13] 高国力. 如何认识我国主体功能区划及其内涵特征[J]. 中国发展观察,2007(3):23-25.
[14] 戈飞平. 美国高等教育财政政策分析及其启示 [J]. 华东经济管理,2004(3):194.
[15] 侯龙龙,薛澜. 我国高等教育地区差距的实证分析[J]. 北京大学教育评论,2009(1):152-159.
[16] 华长慧. 服务型教育体系:区域高等教育发展的新模式[J]. 高等教育研究,2006(4):35-38.
[17] 胡赤弟. 论区域高等教育中学科—专业—产业链的构建[J]. 教育研究,2009(6):83-88.
[18] 黄小平,赵研科. 试析我国公立高校的委托代理问题[J]. 湖南社会科学,2006(1):174-177.
[19] 贺祖斌,李东航. 广西区域高等教育发展规模与区域经济发展的适应性研究[J]. 学术论坛,2007(8):172-176.

[20] 江珂珂，邬智，等. 美国高等教育区域化发展及其对我国的启示[J].教育学术月刊，2009(4)：31-33.

[21] 金凤，朱洪镇，等. 美国CIC大学联盟探析[J]. 现代教育科学，2007(4)：88-90.

[22] 刘丹. 浅析高等教育区域化[J]. 求实，2006(3)：261-262.

[23] 李化树. 论高等教育的区域化发展方向[J].高等师范教育研究，1994(3)：55-59.

[24] 李凌. 区域高等教育发展的哲学观[J]. 辽宁高等教育研究，1994(6)：50-57.

[25] 李国杰，关嘉. 区域高等教育可持续发展的标志研究[J]. 辽宁教育研究，2007(9)：60-63.

[26] 卢红梅，马杰. 浙江省高等教育区域化多元办学模式研究[J]. 浙江树人大学学报，2005(7)：41-44.

[27] 林荣日. 我国转型期中央与地方高等教育权力博弈的方式和特点[J]. 复旦教育论坛，2007(2)：54-58.

[28] 李晓明，刘波. 公立高校的委托代理博弈分析[J].西安工业大学学报，2007(6)：599-602.

[29] 李雪峰. 高等教育与区域经济的可持续发展[J].呼伦贝尔学院学报，2005(3)：42，44.

[30] 刘丽. 区域高等教育发展实力分析[J].教育发展研究，2009(19)：41-44.

[31] 赖艳玲，吴智鹏. 我国区域高等教育竞争力的实证研究[J].煤炭高等教育，2006(9)：56-60.

[32] 吕林. 都市圈理论与我国城市化进程[J].承德民族师专学报，2004(11)：74-77.

[33] 刘振新. 国内外城市群理论初探[J].珠海市行政学院学报，2008(3)：54-58.

[34] 林宏. 世界都市圈发展的共性与启示[J].政策瞭望，2007(6)：24-25.

[35] 林源源，蒋序标，等. 基于成长能力的都市圈评价指标[J].企业经济，2009(1)：79-82.

[36] 刘海波. 江浙沪高等教育资源整合与发展[J].江苏高等教育，2005(5)：28-30.

[37] 刘帮成，等. 基于I-P-O模型的都市圈建设过程中人才一体化开发战略研究[J]. 华东经济管理，2008(4)：27-31.

[38] 马燕. 从区域经济发展的非均衡性分析中国高等教育区域化[J]. 宜宾学院学报，2004(4)：95-97.

[39] 毛良虎，赵国杰. 都市圈协调发展机制研究[J]. 安徽农业科学，2008(7)：2955-2956.

[40] 潘忠岐. 地缘学的发展与中国的地缘战略：一种分析框架[J]. 国际政治研究，2008(2)：21-39.

[41] 郄海霞. 美国大学与城市互动的案例分析[J]. 清华大学教育研究，2006(5)：42-48.

[42] 秦岩等. 从科技园到科学城：瑞典西斯塔ICT产业集群的演进及其功能提升[J].科技进步与对策，2008(5)：72-74.

[43] 孙继红，杨小江，缪榕楠. 区域高等教育发展综合评价实证分析[J]. 科学学与科学技术管理，2009(12)：122-127.

[44] 石虹. 我国区域高等教育和谐发展的目标重构[J]. 重庆工商大学学报，2008(11)：37-42.

[45] 上海智力开发研究所. 国际高等教育发展研究比较及对我国的启示(续) [J]. 教育与经济，

1993(1):13-15.

[46] 岁玥,谢富纪. 都市圈科技创新评价体系的研究[J]. 科技进步与对策,2008(2):131-134.

[47] 石忆邵. 从都市圈战略到空间均衡发展战略[J]. 城市规划学刊,2008(1):44-50.

[48] 盛垒,高丰,等. 国外创新型国家的主要经验及其对我国的重要启示[J]. 重庆社会科学,2006(6):86-91.

[49] 苏秉琦,殷玮璋. 关于考古学文化的区系类型问题[J]. 文物,1981(5):10-17.

[50] 唐斌,尹艳秋. 走出象牙塔:从"威斯康星思想"到"相互作用大学"[J]. 辽宁高等教育研究,1997(4):90-91.

[51] 谭震威,张希胜. 大学的城市,城市的大学:"三区"联动之同济模式研究[J]. 高等教育发展与评估,2007(2):6-12.

[52] 覃玉荣. 东盟高等教育一体化的发展历程[J]. 东南亚纵横,2009(4):54-57.

[53] 陶希东. 中国跨界都市圈规划的体制重建与政策创新[J]. 城市规划,2008(8):36-43.

[54] 吴岩. 高等教育强国—中国教育的新使命[J]. 北京教育(高教),2009(1):4-9.

[55] 吴岩,刘永武,等. 建构中国高等教育区域发展新理论[J]. 中国高教研究,2010(2):1-5.

[56] 王守法,王云霞. 高等教育与区域经济发展关系的理论探讨[J]. 北京工商大学学报:社科版,2006(3):89-92.

[57] 王为民. 借鉴国际经验改善我国高等教育财政体制[J]. 现代经济探索,2004 (3):37.

[58] 王学成. 坚持科学发展观搞好地方高校办学定位[J]. 技术与创新管理,2006(1):7-10.

[59] 王宇,张旭辉. 区域经济发展模式及其支撑体系[J]. 商业时代,2007(1):102-103.

[60] 王舒,张淼. 构建大众化条件下区域高等教育战略预警系统[J]. 辽宁教育研究,2007(4):42-44.

[61] 吴晓隽,高汝熹. 全球化时代都市圈中心城市极化效应的新模式[J]. 世界经济研究,2006(11):28-32.

[62] 王勇,杜德斌. 芬兰科技创新之路及对我国西部大开发的启示[J]. 经济地理,2007(4):538-542.

[63] 夏鲁惠. 高等教育区域化发展的政府主导模式研究[J]. 西南大学学报:社会科学版,2008(2):126-128.

[64] 徐同文. 论区域高等教育的特殊战略地位[J]. 临沂师范学院学报,2003(2):12-15.

[65] 许光清,邹骥. 系统动力学方法:原理、特点与最新进展[J]. 哈尔滨工业大学学报:社科版,2006 (4):72-75.

[66] 徐建中,李有彬. 基于DEA的高等教育资源整合评价[J]. 哈尔滨工程大学学报,2007(4):469 -473.

[67] 徐海贤. 省级都市圈高位协调机构的建立与实施机制[J]. 城市规划,27-32.

[68] 谢守红. 都市区、都市圈和都市带的概念界定与比较分析[J]. 城市问题,2008(6):19-23.

[69] 夏琛桂,石金涛. 我国都市圈人才流动的研究框架:集聚、扩散与共享[J]. 管理现代化,2008(2):48-50.

[70] 谢富绩,朱苑秋. 我国三大都市圈创新要素配置分析[J].技术经济,2008(2):16-21.

[71] 徐俞. 东盟五国高等教育发展初探[J]. 外国教育动态,1991(1):11-13.

[72] 杨秀芹,范先佐. 高等学校行为的博弈分析[J]. 高等教育研究,2005(5):40-45.

[73] 杨勇,高汝熹. 都市圈发展要素分析[J]. 求索,2007(3):4-6.

[74] 杨启光. 高等教育国际化中的区域院校联盟发展[J]. 清华大学教育研究,2009(3):32-35.

[75] 张可云."主体功能区"划分显我国区域管理新进展[N]. 中国联合商报,2008-08-04(D03).

[76] 周江林. 高等教育区域化理论基础述评[J]. 理工高等教育研究,2003(5):10-11.

[77] 赵庆年. 多维视域中的区域高等教育基本特征[J]. 教育研究,2008(6):72-77.

[78] 张小刚. 论高等教育与区域经济的协调发展[J] ,湖南师范大学教育科学学报,2006(3):43-44.

[79] 周绍森. 储节旺. 地方高校如何走出误区科学定位[J]. 中国高等教育,2004(2):8-9.

[80] 张立新,吴绍春. 论区域高等教育的组织制度安排[J]. 民办教育研究,2007(1):12-15.

[81] 张宗海. 试论区域高等教育发展战略的规划[J]. 教育研究,2006(9):122-124.

[82] 赵庆年. 区域高等教育发展的典型模式分析[J]. 教育发展研究,2009(3):23-27.

[83] 朱长风,杨再明. 构建高校服务支撑体系服务于地方经济建设[J]. 煤炭高等教育,2006 (6):100-101.

[84] 张伟.都市圈的概念、特征及其规划探讨[J]. 城市规划,2003(6):47-50.

[85] 张从果,杨永春. 都市圈概念辨析[J]. 城市规划,2007(4):31-47.

[86] 庄士英,张路平等. 京津冀高等教育一体化战略构想[J]. 产业与科技论坛,2009(2):102-103.

[87] 张红霞,曲铭峰. 长三角高等教育一体化:学科与课程层面[J]. 教育发展研究,2005(9):63-65.

[88] 赵拴豹,张让刚等. 中外都市圈建设的优势、经验[J]. 城市发展研究,2009(5):7-12.

[89] 张彤,谢作栩. 论区域高等教育的发展趋势[J]. 开放教育研究,2007(3):22-25.

[90] 赵宏斌. 中国区域高等教育竞争力研究[J]. 国家教育行政学院学报,2008(8):25-30.

[91] 张颢瀚. 长江三角洲都市圈经济与行政区经济的矛盾和整合[J]. 江海学刊,2009(4):75-81.

[92] KUKIN A. The role of universities in stimulating regional development and educating global[J]. Higher Education in Europe, 2001, 26(3):437-444.

[93] SCHULZE A, HOEGL M. Organizational knowledge creation and the generation of new product ideas:a behavioral approach[J]. Research Policy, 2008(37):1742-1750.

[94] FELDMAN B J. Technology transfer and the academic department:who participate sand why [R]. Copenhagen:DRUID, 2003:12-14.

[95] MENDONCA B. Proximity to knowledge sources and the location of knowledge-based start-ups

[J]. Ann Reg Sci . , 2009(1):5-29.

[96] BOUCHER G. CONWAY C. VAN DER MEER E. Tiers of engagement by universities in their region`s development[J]. Regional Studies:The Journal of the Regional Studies Association, 2003(5):887-897.

[97] COOKE P, URANGA M G, ETXEBARRIA G. Regional systems of innovation:an evolutionary per spective[J]. Environment and Planning A, 1998(30):1563-1584.

[98] CHRISTINE HUDSON. Regional development partnerships in sweden:a way for higher education institutions to develop their role in the processes of regional governance [J]. Higher Education, 2006 (51):387-410.

[99] GRAY C. The continued primacy of geography [J]. Orbis, 1996, 140(12):1247-1259.

[100] LECUYER C. The riddle of the valley[J]. Minerva, 2008(46):127-132.

[101] DAVID B A, ERIK E L. Does the knowledge spillover theory of entrepre neurship hold for rregions[J].Research Policy, 2005(34):1191-1202.

[102] BRUNNER D, VOIGT T. Innovation processes in cooperative organizations:results of a case study research[J]. Springer-verlag, 2008:47-62.

[103] RENAULT G. Estimating universities' contributions to regional economic debelopment:the case of the U. S. [J]. Interdisciplinary Studies in Economics and Management, 2005(4):71-91.

[104] PETER H. The university and the city [J]. GeoJournal, 1997(4):301-309.

[105] HARVEY A. The 'entrepreneurial turn' and regional economic development mission of universities[J]. Ann Reg Sci. 2008(1):83-109.

[106] JIN D J, STOUGH R R. Learning and learning capability in the fordist and post-fordist age:an integrative framework [J]. Environment and Planning A, 1998(30):1255-1278.

[107] KETTUNEN J. The strategic evaluation of regional development in higher education[J]. Assessment & Evaluation in Higher Education, 2004, 29(3):357-368.

[108] KNIGHT J. Regional education hubs and cities in the knowledge economy-opportunities and risks[R]. Beijing Forum, 2009.

[109] YOUTIE J, SHAPIRA P. Building an innovation hub: a case study of the transformation of university roles in regional technological and economic development[J]. Research Policy, 2008(7): 1188-1204.

[110] KIVSTO J. The government-higher education institution relationship:theoretiacal consideration from the perspective of agency theory[J]. Tertiary Education and Management, 2005(11):1-17.

[111] JAMES M F. A contractual approach to higher education performance:with an application to australia[J]. Higher Education, 1992(24):503-516.

[112] DRUCKER J, GOLDSTEIN H. Assessing the regional economic development impacts of universities:a review of current approaches[J]. International Regional Science Review, 2007(1):20-46.

[113] MARTIN R, SUNLEY P. Slow convergence [J]. The New Endogenous Growth Theory and Regional Development-Economic Geography, 1998:201-227.

[114] MORGAN K. The learning region:institutions, innovation and regional renewal[J]. Regional Studies, 1997(5):491-503.

[115] WALL M T, BINNS R. European unionassociated university websites[J]. Scientomet rics. 2002 (1):95-111.

[116] MARYANN P F. The university and economic development:the case of johns hopkins university and baltimore[J]. Economic Development Quarterly, 1999, 8(1):67-76.

[117] COOKE M, LANG D. The effects of monopsony in higher education[J]. High Educ., 2008, 57 (5):623-639.

[118] HARLOE M, PERRY B. Universities, localities and regional development: the emergence of the 'mode 2' university [J]. International Journal of Urban and Regional Research, 2004(1): 212-223.

[119] NICOLE A M, BALICKI G. Science and technology in the region:the output of regional science and technology, its strengths and its leading institutions[J]. Scientometrics, Dordrecht, 2005,63(3):463-529.

[120] SIMHA O R. The economic impact of eight research universities on the boston region[J]. Tertiary Education and Management, 2005(11):269-278.

[121] PALOM, MAURI. New Universities and Their Cities, the Case of Vaasa, Finland [J]. GeoJournal, 1997,41(4):311-318.

[122] DESTE P, PATEL P. University-industry linkages in the UK:what are the factors underlying the variety of interactions with industry [J]. Research Policy, 2007(36):1295-1313.

[123] WESTHEAD P, STOREY D J. Links between higher education institutions and high technology firms[J]. Omega. Int. J. Mgmt Sci.,1995,23(4):345-360.

[124] MIDDLEHURST R. University challenges:borderless higher education, today and tomor row [J]. Minerva, 2001(39):3-26.

[125] ROSS R. The geography of the peace:eastasia in the twenty first century [J]. Interna tional Se-

curity, 1999, 123(14):118-181.

[126] ROGERL, GEIGER, CRESO. Beyond technology transfer:us state policies to harness university research for economic development[J]. Minerva, 2005(43):1-21.

[127] BRAUN S, DWENGER N. Success in the university admission process in germany: regional provenance matters[J]. HighEduc, 2009(58):71-80.

[128] STORPER M, SCOTT A. Pathways toiindustrialization and regional development[C]. London: Routledge, 1992:3-17.

[139] PARK S C, LEE S K. The regional innovation system in sweden:a study of regional clusters for the development of high technology[J]. AI & Soc, 2004(18):276-292.

[130] STIMSON, ROBSON, SHYY. Modeling regional endogenous growth:an application to the nonmetropolitan regions of australia[J]. Ann Reg Sci ., 2008,43(2):379-398.

[131] VAN DER MEER E. The university as a local source of expertise[J]. GeoJournal, 2008, 41 (4): 359-367.

(二)专著

[1] 安虎森. 新经济地理学原理[M]. 北京:经济科学出版社,2009.

[2] 埃德加·M·胡佛.区域经济学导论[M]. 王翼龙,译. 北京:商务印书馆,1990.

[3] 埃莉诺·奥斯特罗姆. 公共事务的治理之道:集体行动制度的演进[M]. 上海:上海三联书店,2000.

[4] 保罗·肯尼迪. 大国崛起[M]. 蒋葆英,等,译. 北京:中国经济出版社,1989.

[5] 贝尔纳. 科学的社会功能[M]. 桂林:广西师范大学出版社,2003.

[6] 伯顿·R·克拉克. 高等教育系统——学术组织的跨国研究[M].杭州:杭州大学出版社,1994.

[7] 陈才. 区域经济地理学[M]. 北京:科学出版社,2009.

[8] 陈萍. 城市经济发展——理论与实践[M]. 北京:经济管理出版社,2009.

[9] 崔国豪,等. 区域分析与规划[M]. 北京:高等教育出版社,1999.

[10] 陈学飞. 美国高等教育发展史[M]. 成都:四川大学出版社,1989.

[11] 陈振明. 政策科学——公共政策分析导论[M]. 北京:中国人民大学出版社,2003.

[12] 陈华友. 组合预测方法有效性理论及其应用[M]. 北京:科学出版社,2008.

[13] 杜才平,张明龙.地方高校专业结构调整研究[M]. 北京:知识产权出版社,2010.

[14] 冯云廷. 区域经济学[M]. 大连:东北财经大学出版社,2010.

[15] 方创琳,姚士谋,等. 2010中国城市群发展报告[M]. 北京:科学出版社,2011.

[16] 方创琳,宋吉涛,等. 中国城市群可持续发展理论与实践[M]. 北京:科学出版社,2010.

[17] 傅桦,吴雁华,等. 生态学原理与应用[M]. 北京:中国环境出版社,2008.

[18] 范国睿. 教育生态学[M]. 北京:人民教育出版社,1999.

[19] 弗朗西斯·福山. 国家构建:21世纪的国家治理与世界秩序[M]. 黄胜强,等,译. 北京:中国社会科学出版社,2007.

[20] 贺国庆,王保兴,等.外国高等教育史[M].北京:人民教育出版社,2003.

[21] 贺祖斌.高等教育生态论[M].桂林:广西师范大学出版社,2005.

[22] 哈维·阿姆斯特朗,吉姆·泰勒.区域经济学与区域政策[M].刘乃全,等,译.上海:上海人民出版社,2007.

[23] 纪宝成,赵彦云.中国走向创新型国家的要素:来自创新指数的依据[M].北京:中国人民大学出版社,2008.

[24] 经济合作与发展组织,面向未来的学校[M].北京:教育科学出版社,2009.

[25] 克拉克.高等教育新论:多学科的研究[M].杭州:浙江教育出版社,2001.

[26] 克拉克·克尔.高等教育不能回避历史:21世纪的问题[M].王承绪,译.杭州:浙江教育出版社,2001.

[27] 卡尔·波兰尼.大转型:我们时代的政治与经济起源[M].杭州:浙江人民出版社,2006.

[28] 刘玉.中国区域政策[M].北京:经济日报出版社,2007.

[29] 李玉江.城市群形成动力机制及综合竞争力提升研究[M].北京:科学出版社,2009.

[30] 李濂水,STOUGH R R,等.都市圈发展[M].北京:科学出版社,2006.

[31] 李志红.大学与城市互动研究[M].济南:山东大学出版社,2009.

[32] 陆大道,等.2050:中国的区域发展[M].北京:科学出版社,2009.

[33] 刘敬鲁.经济哲学[M].北京:中国人民大学出版社,2008.

[34] 林岗,黄泰岩.三元经济发展模式[M].北京:经济科学出版社,2007.

[35] 龙献忠.治理理论视野下的政府与大学关系研究[M].长沙:湖南大学出版社,2007.

[36] 罗云力.西方国家的一种新治理方式:社会民主主义第三条道路研究[M].重庆:重庆出版社,2003.

[37] 李旭.社会系统动力学[M].上海:复旦大学出版社,2009.

[38] 曼瑟尔·奥尔森.集体行动的逻辑[M].陈郁,等,译.上海:上海人民出版社,2007.

[39] 马戈利斯.高等教育中的潜在课程[M].上海:华东师范大学出版社,2005.

[40] 马克思.资本论[M].北京:人民出版社,1975.

[41] 宁骚.公共政策学[M].北京:高等教育出版社,2003.

[42] 彭世华.发展区域教育学[M].北京:教育科学出版社,2003.

[43] 彭正波,赵瑞峰.现代公共政策分析概论[M].北京:航空工业出版社,2009.

[44] 郄海霞.美国研究型大学与城市互动机制研究[M].北京:中国社会科学出版社,2009.

[45] 邵益生,石楠,等.我国城市发展问题观察[M].北京:中国建筑工业出版社,2006.

[46] 萨缪尔森·诺德豪斯.经济学[M].北京:中国发展出版社,1992:5.

[47] 孙福全.主要发达国家的产学研合作创新:基本经验及启示[M].北京:经济管理出版社,2007.

[48] 沈云锁,陈先奎.我国模式论[M].北京:人民教育出版社,2007.

[49] 孙炎,等.应用统计学[M].北京:机械工业出版社,2007.

[50] 石伟,等.地理信息系统详解[M].北京:科学出版社,2009.

[51] 藤田昌久,保罗·克鲁格曼.空间经济学:城市、区域与国际贸易[M].梁琦,等,译.北京:中国人民大学出版社,2010.

[52] 屠启宇.谋划我国的世界城市[M].上海:上海三联书店,2008.

[53] 唐代兴.生态理性哲学导论[M].北京:北京大学出版社,2005.

[54] 唐代兴.文化软实力战略研究[M].北京:人民出版社,2008.

[55] 天野郁夫.高等教育的日本模式[M].陈武元,译.北京:教育科学出版社,2005.

[56] 王文奇,赵静华.区域化的世界:地区分据还是全球同归[M].长春:长春出版社,2011.

[57] 吴贵生,魏守华,等.区域科技论[M].北京:清华大学出版社,2007.

[58] 王旭.美国城市经纬[M].北京:清华大学出版社,2008.

[59] 王枫云.城市管理学新编[M].北京:高等教育出版社,2010.

[60] 王定云.王世雄.西方国家新公共管理理论综述与实务分析[M].上海:上海三联书店,2008.

[61] 吴殿廷.区域分析与规划高级教程[M].北京:高等教育出版社,2003.

[62] 汪明生,胡象明.公共管理实用分析方法[M].北京:中国人民大学出版社,2003.

[63] 吴喜之.统计学:从数据岛结论[M].北京:中国统计出版社,2006.

[64] 夏鲁惠.我国高等教育区域化发展研究[M].桂林:广西师范大学出版社,2009.

[65] 向德平.城市社会学[M].北京:高等教育出版社,2005.

[66] 姚向军.集群的力量:一场实践与理论的对话[M].北京:中华工商联合出版社,2006.

[67] 姚士谋,汤茂林等.区域与城市发展论[M].合肥:中国科学技术大学出版社,2009.

[68] 姚奇富.高等职业教育办学模式创新研究[M].杭州:浙江大学出版社,2009.

[69] 伊继东,刘六生,等.高等教育区域均衡发展研究[M].北京:科学出版社,2009.

[70] 余明.地理信息系统导论实验指导[M].北京:清华大学,2009.

[71] 朱鸣雄.整体利益论:关于国家为主体的利益关系研究[M].上海:复旦大学出版社,2006.

[72] 朱美光.空间知识溢出与中国区域经济协调发展[M].郑州:郑州大学出版社,2007.

[73] 赵玉林.产业经济学[M].武汉:武汉理工大学出版社,2003.

[74] 张振助.高等教育与区域互动发展论[M].桂林:广西师范大学出版社,2004.

[75] 周光迅,方建中,吴小英.哲学视野中的高等教育[M].青岛:中国海洋大学出版社,2006.

[76] 詹姆斯·杜德斯达.21世纪的大学[M].刘彤,等,译.北京:北京大学出版社,2005.

[77] 赵中建.创新引领世界——美国创新和竞争力战略[M].上海:华东师范大学出版社,2007.

[78] 我国科学院.中国至2050年先进制造科技发展路线图[M].北京:科学出版社,2009.

[79] 张忠家.多学科视角下的和谐社会及其构建[M].武汉:武汉理工大学出版社,2007.

[80] HANNU T.Regionaldisparitiesinsmallcountries[M].Berlin:springer,2005.

[81] OECD. Higher education and regions:globally competitive,locally engaged[M]. [s.n.],2007.

[82] OECD. Higher education and regions[M]. [s.n.],2007.

[83] OECD. Cities and region in the new learning economy[R]. [s.n.],2001.

[84] PHILIP G. A,PATHI M P.Higher education in the 21st century:global challenge and national response[M].Annapolis Junction,1999.

[85] SASSEN S. The global city:London,New York,Tokyo[M]. Princeton:Princeton University Press,1991.

(三)硕博论文

[1] 曹如中.城市知识竞争力决定因素评价的理论与方法研究[D].上海:东华大学,2008.

[2] 蔡岚.面向科技人力资源开发的大学联盟研究[D].杭州:浙江大学,2009.

[3] 葛璐.中国三大城市群高等教育与城市化发展研究[D].苏州:苏州大学,2008.

[4] 李晓霞.中国高等教育系统的生态平衡问题研究[D].兰州:兰州大学,2008.

[5] 吕昕.区域中心城市与区域高等教育发展关系的研究[D].石家庄:河北师范大学,2008.

[6] 苗招娣.我国区域高等教育竞争力研究[D].上海:上海交通大学,2008.

[7] 那书博.黑龙江省高等教育资源整合研究[D].哈尔滨:哈尔滨工程大学,2007.

[8] 邵争艳.我国区域高等教育资源优化配置评价与对策研究[D].哈尔滨:哈尔滨工业大学,2006.

[9] 孙珂.欧洲高等教育一体化进程中的学生流动研究[D].石家庄:河北师范大学,2009.

[10] 所晓虹.区域高等教育空间布局与教育均衡发展[D].昆明:云南师范大学,2005.

[11] 唐铁.欧洲高等教育一体化研究[D].南京:南京理工大学,2004.

[12] 王庆.大学集群三维资本整合研究[D].上海:同济大学,2007.

[13] 郑阳.长三角都市圈高等教育资源整合研究[D].上海:华东师范大学,2009.

[14] 张雷.中国东部三大都市圈城市体系及演化机制研究[D].上海:复旦大学,2008.

[15] 张志刚.高等教育区域优化研究[D].济南:山东师范大学,2009.

[16] 张倩.山东省高等教育与区域经济发展互动模式研究[D].天津:河北工业大学,2008.

附录 攻读博士学位期间取得的研究成果

（一）参与著作

[1] 新世纪教学研究所,《中国高等教育教学质量发展报告》编委会. 中国高等教育质量发展报告(2008)[M]. 北京高等教育出版社,2009.

[2] 吴岩,等. 高等教育强国梦:中国高等教育区域发展新论[M]. 北京:高等教育出版社,2013.

（二）发表论文

[1] 刘祖良.我国大学集群状况研究:动力·生态·展望[J]. 学术论坛,2011(6):203-207.

[2] 刘祖良,高桐杰.建设高等教育强国的政策环境分析[J]. 当代教育论坛,2011(6):51-53.

[3] 刘祖良,高桐杰.我国大学群集聚—溢出发展研究:模式·状况·对策[J].现代教育管理,2011(8):25-28.

[4] 刘祖良.我国高技术产业发展动力研究:因素与对策[J].中国高教研究,2011(3):9-11.(此文被国务院发展研究中心信息网收录)

[5] 吴岩,刘祖良.世界高等教育高端发展走向与我国应对战略[J].中国高教研究,2011(1):23-26.(此文被国务院发展研究中心信息网收录)

[6] 刘祖良.大学优化本土科技文化:战略与路径[J].北京航空航天大学学报,2010(5):101-104.

[7] 刘祖良,赵强.高等教育强国战略的历史发展与现代功用[J].北京航空航天大学学报,2010(2):105-108.

[8] 刘祖良,闫保平.对我国区域高等教育发展的战略思考[J].教育理论与实践,2010(6):1-5.

[9] 吴岩,刘永武,李政,刘祖良,王怀宇.建构我国高等教育区域发展新理论[J].中国高教研究,2010(2):1-5.(此文被国务院发展研究中心信息网收录)

[10] 刘祖良.我国大学发展问题诊断与对策:基于SCP框架实证研究[J].中国高教研究.2010(1):19-22.

[11] 吴岩,刘祖良.优化本土科技文化:大学发展的一项重任[J].中国高等教育,2009(15):25-27.

(三)参加研究课题

[1] 2007年:我国高等教育质量状况研究,高等教育出版社,新世纪教学研究所委托.

[2] 2008-2011年:国家社会科学基金“十一五”规划2008年度教育学重点课题、中国高等教育学会重大研究课题:“遵循科学发展,建设高等教育强国”之十三:做强省一级高等教育.(项目号分别为:AGA080340、08QG01013)

致 谢

四年学习生活即将结束，值本研究将面世之际，念蹉跎岁月，无限谢忱与感慨喷涌于心底。

首先要感谢的是我的导师吴岩教授，他是对我人生有重大影响的恩师，没有他的推助、指引和“咬牙坚持”一类恳切话语的勉励，我恐怕不会鼓足勇气、踏实钻研到底的。现在回忆起随他做“建设高等教育强国”课题，受他耳提面命，仰望星空，聆听大家的滔滔演说，那时日真是一生中难得的幸福。吴老师治学严谨，唯美务实，授业有方，指点迷津，言传身教，授我以渔，教我以大观、大德和大学之道，非单治学之门径，更兼为人之表里，这是我后世平生餐用之本。此研究自选题立意、布局谋篇、行文修正，直至终稿成形，皆倾注恩师皎皎心力。毕业在即，蓦然回首，感恩师惠慧而乏于言语以表达，唯后日倍加“奋蹄”，方可不负恩师的拳拳重望。

诚谢郑晓齐、李汉邦、张海英、马永红等教授及邓丽芳、宋中英、刘洋、汪涵等诸多老师对我日常学习过程中的热情关怀，令我没齿不敢忘。由衷地感谢北京教育科学研究院高等教育研究所的王晓燕所长、刘永武书记及李政、王俊、杨振军、王怀宇、王新风和更多老师，与他们在一起交流学习我感到无比紧张又快乐，使我得到了强化训练，感受到了学业成长的曼妙。特别要感谢北京大学的文东茅教授、清华大学的史静寰教授、北京师范大学的毛亚庆教授、北京航空航天大学的赵婷婷和雷庆教授，在本文收官阶段，他们在百忙中挤时间全文审阅指导，提出了全面而中肯的修改建议，在与他们接触过程中，我不仅得到了学术智慧的启发，更从他们身上学到了为人、为师的风范。

这里还要感谢田华、任志光、孙其信、张艳红、李少华、王晓飞、黄昭旭、徐明慧、刘宁、刘法虎、巩翔、赵强、曹森孙、王琛、崔慧广、国兆亮、王楠、秦琴等学友及其他所有未能一一列名的老师、同学和朋友对我的一切帮助，与他们的讨论、争论和交流让我受益良多，永将回味。

春来秋去，四年时光，短暂而悠长，其情其景，言辞难述。毕业并不意味着学业终结，恰“学问”道路之蒙始，面向未来，我将努力工作、学习和生活，也为更多人的幸福贡献自己的一份力量。

刘祖良

2012年1月1日于北京航空航天大学